모든 것이
달라지는 순간

모든 것이 달라지는 순간

세계 최고 혁신 전문가
리타 맥그래스가 발견한
변곡점의 시그널

리타 맥그래스 지음
김원호 옮김

SEEING
AROUND
CORNERS

청림출판

추천의 글

많은 이가 잊고 있지만, 누구도 현재 시스템의 파괴를 이야기하지 않던 때가 있었다. 그렇게 오래된 일도 아니다. 그때만 하더라도 혁신은 극소수 사람들만이 관심을 갖던 틈새 주제였고, 디지털화가 이루어낼 변화에 대해서는 어렴풋이 상상만 했을 뿐이다. 겨우 30년 전까지만 하더라도 우리는 그런 세상에 살았다.

하지만 그때도 초기 신호들은 분명하게 나타나고 있었고, 몇몇 사람들은 그 신호를 감지했다. 이 책의 저자 리타 맥그래스와 나는 1980년대 말에 박사과정을 밟고 있었다. 리타는 와튼에서, 나는 하버드에서였다. 그 무렵 우리는 비즈니스 성공법칙의 전제들이 완전히 바뀌고 있음을 직관적으로 느끼고 있었다. 나는 기업의 리더들이 '혁신가의 딜레마'에 직면하게 되었고, 그때까지 '좋은 경영방식'이라고 여기던 것들이 오히려 기업을 파멸로 이끌 수 있다는 주장을 펼쳤다. 그리고 리타는 기업의 리더들이 극도로 불확실한 상황을 통상적인 상황으로 오인할 수 있다고 지적했다. 리타와 나의 주장은 1995년에 〈하버드 비즈니스 리뷰 Harvard Business Review〉에 동시에 실리기도 했다. 우리는 모두가 옳은 것으로 받아들이던 방식에 도전했고, 이 도전은 지금도 이어지고 있다.

오늘날의 경쟁 환경에서 더 이상 유효하지 않은 과거의 전제들에 바탕을 둔 성공법칙들은 그 전제들과 마찬가지로 유효하지 않다. 사람들은 높은 시장점유율이 좋은 거라고 말한다. 그러나 리타와 나는 시장점유율이 무엇을 의미하냐고 되묻는다. 사람들이 말하는 '산업'이라는 개념 자체가 매우 인위적인 구분이며, 기업들이 맞닥뜨리는 가장 강력한 경쟁자는 기존 산업이 당연시하는 전제들의 제약을 받지 않는 신규 진입자인 경우가 대부분이다. 이런 현실을 다루는 것은 꽤 까다로울 수 있으나, 잘 만들어진 이론을 통해 효과적으로 설명할 수 있다. 여기서 이론이란 어떤 현실을 만들어낸 원인이 무엇인지를 설명하는 논리를 의미한다.

'이론'이라는 단어는 종종 '실용적이지 않은'이라는 의미로 연결되곤 한다. 하지만 이론은 인과관계를 설명하는 수단이다. 어떤 행동이 어떤 결과를 만들어냈는지, 그리고 왜 그렇게 됐는지를 설명해준다. 따라서 좋은 이론은 완전히 실용적이다. 경영자가 어떤 계획을 수립하거나 무언가를 실행할 때는 자신이 기대하는 결과가 나올 거라고 믿기 때문이다. 어떤 행동에 따라 특정한 결과가 나오리라 믿는 것, 이런 것이 이론을 믿는 것이다. 이런 의미에서 본다면 경영자들은 이론을 매일같이 활용하는 사람들이다. 우리가 어떤 시장에서 일어나는 현상을 잘 이해하고 있다면 이런 상황에서는 이렇게 해야 하고, 저런 상황에서는 저렇게 하면 안 된다는 식의 결론을 낼 수 있다. 그리고 이와 같은 결론을 통해 누군가를 도울 수 있다. 모르는 사람의 눈에는 행운처럼 보이는 일도, 인과관계를 아는 사람의 눈에는 충분히 예상할 수 있는 결과다.

유용한 이론을 개발하는 첫 번째 단계는 어떤 현상의 범주를 올바르게 선정하는 것이다. 나는 시장에서 일어나는 현상을 제품이나 인구통계학적 특성을 기준으로 이해하려는 시도는 잘못된 접근법이라고 생각한다. 피터 드러커는 말했다. "소비자들은 기업들이 팔릴 거라고 생각하는 제품을 거의 사지 않는다." 그래서 나는 '소비자들이 추구하는 일'을 기준으로 시장의 현상을 이해하려고 한다. 소비자들은 자신의 삶에서 추구하는 바를 이루는 데 도움이 되는 제품과 서비스를 구입한다는 것이다(사용 거부의 형태로 나타날 수도 있다).

지난 수십 년 동안 기업들의 전략은 우리가 아는 산업의 범주를 중심으로 수립되고 실행돼왔다. 그와 같은 틀이 더 이상 유효하지 않은 상황에서 리타 맥그래스는 새로운 기준을 제시한다. 리타는 특정 산업의 특정 제품군이 아닌, 사람들이 자신의 삶에서 이루고자 하는 바를 중심으로 시장을 규정하고, '아레나'라는 개념을 중심으로 전략을 제시한다. 그리고 이와 같은 개념은 전에 없던 변화 속에서 조직을 이끌어나가는 리더들에게 새로운 시야를 열어주고 있다.

이 책에서 리타는 성공적인 혁신이란 무엇이고, 어떻게 해야 이를 이루어낼 수 있는지를 알려준다. 그녀는 리스크를 줄이면서 미래를 지향하는 방법으로 '상황에 따른 계획planning to learn'이라는 접근법을 제시하는데, 나는 이 '상황에 따른 계획'이 어떤 효과를 만들어낼 수 있는지 오래전부터 인식해오고 있다. 하버드 비즈니스 스쿨에서 내가 맡은 과정에서도 이 내용을 다루고 있고, 내 회사인 이노사이트^{Innosight}에서 전략 컨설팅을 할 때도 이 개념이 적극적으로 활용되고 있다.

혁신은 고통스러운 과정도 아니고, 운의 작용으로 결과가 정해지는 것도 아니다. 커다란 변화를 유발하는 변곡점을 일찍부터 분명하게 알아보기란 어렵지만, 그렇다고 해서 경영자들이 결과를 운에 맡긴 채 아무렇게나 전략을 수립할 수는 없다. 이 책은 다가오는 변화 앞에서 혁신 전략을 수립하려는 기업의 리더들에게 변화를 이해하고, 더 나아가 변화를 예측할 수 있는 방법을 제시해줄 것이다.

2019년 봄

클레이튼 M. 크리스텐슨^{Clayton M. Christensen}

전략적 변곡점은 시장과 사회에 엄청난 변화가(좋은 변화일 수도, 안 좋은 변화일 수도 있다) 일어났음을 나타낸다. 그리고 하나의 변곡점은 변화를, 특히 외부 환경 변화를 나타내며, 이로 인해 기존 방식은 엄청난 변화의 압력을 받는다. 기업은 변곡점이 발생하면 기존 비즈니스 모델을 바꿔야 한다는 엄청난 압력을 받는다. 이런 압력 아래에서 올바른 판단을 내릴 경우, 여러분의 사업은 새로운 위치로 올라설 수 있다. 반면에 변화의 압력에 저항하고 아무것도 달라지지 않았다는 듯 사업을 운영할 경우, 여러분의 사업은 파멸에 이를 수도 있다.

코로나19의 세계적 유행이 만들어낸 변화로 인해 우리는 지금 변곡점의 발생을 직접 목도하고 있다. 여러분이 지금의 팬데믹이 만들어내는 변화를 헤쳐 나가는 데 이 책의 내용과 구체적인 접근법들이 도움이 되길 바란다.

미래는 이미 여기 와 있다.
다만 널리 확산되어 있지 않을 뿐이다

▶▶▶

과학소설가 윌리엄 포드 깁슨이 한 말이다. 같은 맥락에서 세계는 한국을 바라볼 필요가 있다. 오늘날 우리가 쓰는 스마트폰의 개발 초기에 나는 AT&T나 도이치텔레콤 같은 기업들의 혁신 리더들과 종종 만나곤 했다. 그 자리에서 그들은 한국을 방문해야 한다고 말하곤 했다. 오늘날 우리는 문자메시지, 비디오채팅, 모바일플랫폼 기반의 소셜그룹핑 같은 것들을 자연스럽게 쓰는데, 한국인들은 이것들이 유럽이나 미국으로 파고들기 몇 년 전부터 널리 썼기 때문이다. 내 친구 하나는 이런 말을 하기도 했다. "우리는 한국에서 일어나는 일들을 그대로 베끼면 된다는 결론에 이르렀어. 그게 미국을 디지털 커뮤니케이션의 시대로 이끄는 길이라고 말이야!"

코로나19의 세계적 유행이 만들어낼 범지구적 규모의 시장 변곡점을 어떻게 타고 넘어야 할지 그 방법을 구상하는 것 역시 마찬가지다. 우리가 가장 먼저 바라봐야 할 곳은 혁신을 중시하고, R&D 부문을 제대로 평가하고, 국가의 혁신 이행 노력이 상당한 성과로 이어지는 몇몇 나라들이다. 나는 이들 나라 가운데 하나가 한국이라고 생각한다. 한국이 이루어낸 성과는 '평상시'에도 유용하지만, 포스트 코로나 시대에는 특히나 다른 나라들에게 도움이 될 것이다. 그리고 이 책을 읽어보면 내가 왜 이렇게 생각하는지 알 것이다.

불확실한 상황에서 더욱 널리 쓰일 수 있는 혁신 도구

▶ ▶ ▶

어느 정도 예측이 가능한 세상에서는 기존의 전통적인 경영 도구들이 상당히 유용하다. 잘못된 결과들을 관리하고, 성공방식을 다듬어 적용 범위를 지속적으로 확대해나가면 된다. 그러나 코로나 이후 어떻게 전개될지 현재로서는 예측이 불가능하다. 코로나19 확산을 막기 위한 봉쇄, 공급체인 쪽에서 생겨나는 급격한 변화의 필요성은 이미 전 세계 기업들에서 진행 중이던 디지털화를 가속시키고 있다. 우리는 지금까지 새로운 유형의 문제들을 대상으로 새로운 도구와 접근법을 계속 실험해왔다. 그리고 우리가 찾아낸 새로운 방식의 효용은 우리 예상을 넘어설 정도로 놀라웠다. 물론 기존 업무 환경에서 누리던 경험과 기존 방식에 대한 아쉬움도 있지만 말이다.

다음에는 어떤 세상이 올지 예측하기 위해서는 혁신 도구들이 필요하다. 확신이 있어야만 움직이는 전통적인 방식으로 미래에 대응하려는 국가와 기업은 혁신 도구를 활용하는 국가와 기업에 비해 훨씬 더 뒤처질 수밖에 없다. 불확실성이 높은 상황에서는 기존에 수립해놓은 계획을 실행하는 것보다 정보 수집이 우선이다. 일련의 빠른 실험들을 통해 정보를 수집하고, 앞으로 어떤 선택을 해야 하는지 판단할 필요가 있는 것이다.

삼성전자 디지털시티에서 일하는 방식이 좋은 예다. 그곳에는 긍정적인 위기의식의 문화가 있고, 사람들은 빠르게 실험하고 빠르게 결과를 얻는다. 연구원들은 디지털시티에서 적극적으로 실험한 결과, 이동 중에도 방대한 데이터를 업로드하고 다운로드할 수 있는 5G 무선통신기술을 실현해냈다. 이제 사람들은 운동경기장에서 5G 기술로 자신이 좋아하는 선수들을 더 가까이에서 만날 수 있으며, 코로나19로 인한 봉쇄 상황에서는 사이버공간을 통해 자신이 좋아하는 스타들을 만나고 있다.

불확실성이 매우 높은 상황에서는 과거 기록이 미래를 예측하는 효과적인 지표가 될 수 없다. 이런 경우, 우리는 어딘가에 이미 와 있는 미래를 발견하려고 해야 한다.

선행지표의 중요성
▶▶▶

사람들이 의사결정을 내릴 때 살펴보는 지표는 거의 다 후행지표다. 의사결정의 깊이와 논리가 어떻든, 과거가 만들어낸 결론이며 미래 예측을 그리 강력하게 담보하지 않는다. 의사결정자들이 뭔가를 선택하고 행동할 때 정말로 필요한 것은 선행지표다. 제프 베조스 아마존 CEO는 자기 회사 어느 분기의 성과는 그 2~3년 전에 이루어진 선택과 행동에 따라 결정된다고 말하곤 했다.

남들보다 앞서서 생각하고자 하는 기업은 자신들의 비즈니스와 계획에 선행지표에 기반을 둔 사고를 도입할 필요가 있다. 사티아 나델라 마이크로소프트 CEO는 기업 성공의 선행지표로 고객 사랑을 지목한 바 있다. 기업은 자사 제품을 사랑하는 팬인 고객층을 두텁게 만들 수 있을 때만이 이익과 ROI(투자자본수익률)를 높일 수 있다는 것이다. 제품을 사랑하는 고객들이 많아져야 사람들이 자사 제품을 더 많이 쓰고, 그래야 매출이 늘고, 결국은 이익도 늘어난다는 것이 그의 논리다. 코로나 팬데믹을 겪는 지금도 어떤 기업들은 선행지표에 주목한다. 그들은 다가오는 도전을 남들보다 먼저 파악하고, 그에 대한 효과적인 해법을 남들보다 먼저 찾아낼 가능성이 크다.

예언이 아니라 준비가 필요하다
▶ ▶ ▶

미국에서 이 책이 출간된 이후 나는 앞으로 어떤 일이 일어날지를 알려 달라는 요청을 많이 받았다. 그러나 이런 요청은 들어줄 수 없는 성격의 것이다. 세상에는 예측할 수 없는 변수가 너무나 많아서 앞으로 어떤 일이 일어날지를 미리 정확하게 알 수가 없기 때문이다. 그러나 미래에 마주할 수 있는 다양한 시나리오를 마련하고, 각 시나리오에 대해 준비해두는 것은 가능하다. 2장에서 이에 관한 내용을 다루고 있다. 발생 가능한 시나리오를 여러 가지 작성하고, 대다수 사람들이 변곡점의 출현을 인지하는 타임제로 이벤트를 상정해 우리의 현재 전략이 얼마나 합당한지 검증하고 확인해보는 것이다. 이런 방식으로 예언된 미래라는 좁은 영역에 스스로를 가두지 않고, 미래에 대한 사고의 범위를 크게 넓힐 수 있다.

눈은 가장자리에서부터 녹는다
▶ ▶ ▶

이 책의 주제 가운데 지금의 팬데믹 상황에서 가장 절실하게 여겨지는 것이 바로 이것이다. 리더들은 조직의 맨 가장자리에서 가장 중요한 변화를 감지할 가능성이 크다는 점을 인식할 필요가 있다. 조직의 맨 가장자리는 조직과 주변 환경이 접하는 지점이다. 조직을 책임지는 위치에 있는 사람들은 생각과 경험이 비슷한 사람들이 모여 있는 본사 회의실을 나와, 바깥에서 진행되는 실상을 파악하는 일이 매우 중요하다.

이 책을 쓴 사람의 입장에서 쿠팡을 창업한 김범석 의장의 리더십은 매우 인상적이다. 그는 기술과 시장의 최신 흐름을 놓치지 않았고, 그 결과 그의 회사는 한국인들의 일상에 큰 영향을 주는 회사로 성장했다. 쿠팡은 창업 이후 여러 차례 큰 변화를 거쳐 지금의 모습으로 발전했다. 김범석 의장은 하버드를 중퇴하고 쿠팡을 창업했는데, 쿠팡의 처음 비즈니스 모델은 그루폰Groupon처럼 사람들의 구매나 소비를 촉진하는 것이었다. 그러다 오픈마켓 플랫폼으로 방향을 전환했고, 오픈마켓 플랫폼의 큰 성공 직후 지금과 같은 비즈니스 모델로 또 한 번 방향을 틀었다. 최근의 한 인터뷰에서 김범석 의장은 다음과 같이 말했다. "우리는 스스로에게 물어봐야 했습니다. '우리가 만든 비즈니스, 우리가 제공하는 서비스와 고객경험이 …… 우리가 사랑하는 고객들의 입을 떡 벌어지게 하는 그런 세상을 만들어내고 있는가?' 현실은 그렇지 않다는 것이었습니다."[1]

이런 인식 이후 쿠팡은 컴퓨터로 상품을 주문하면 바로 집 앞까지 배송을 완료하는 데 필요한 모든 시스템을 갖춘 기업으로 거듭났다. 방향전환으로 만들어진 쿠팡의 새로운 비즈니스 모델은 인구가 밀집해 있고 사람들이 직장에 머무는 시간이 긴 한국의 특성에 딱 들어맞았고, 변곡점 발생 이후 매우 빠르게 성장하는 중이다.

나는 어떤 개인이나 어떤 조직이라도 이런 일을 이뤄낼 수 있다고 생각한다. 약하게 나타나는 신호를 감지하고, 그것이 만들어낼 변화를 확신하고, 기존의 낡은 모델을 과감하게 버리고, 조직원들을 새로운 방향으로 이끌 수 있는 인화력만 있다면 말이다. 그럼 이제부터 시작이다!

2021년 1월
뉴저지 프린스턴에서
리타 맥그래스

차례

Part 01 변화는 언제, 어디에서 시작되는가

01 눈은 가장자리에서부터 녹는다

02 전략적 변곡점의 초기 신호

들어가며

앤드루 그로브Andrew Grove는 세계적 반향을 일으킨《승자의 법칙Only the Paranoid Survive》에서 '전략적 변곡점'이라는 개념을 소개했다. "한 비즈니스에서 전략적 변곡점이란 해당 비즈니스의 근본을 이루는 것들이 변화하는 시점이다."[1] 모든 것이 그때까지와는 전혀 다른 식으로 전개되는 시점, 그것이 바로 변곡점이다.

헤밍웨이 소설《태양은 다시 떠오른다The Sun Also Rises》를 보면 마이크 캠벨이라는 인물이 어떻게 파산당했냐는 질문에 이렇게 대답하는 장면이 나온다. "처음에는 천천히 다가오지. 그러다 갑자기 나타나는 거야." 변곡점도 우리 앞에 이런 식으로 다가온다.

변곡점이 발생하면 당연시했던 기존 전제들이 더 이상 유효하지 않게 되고, 달라진 비즈니스 환경으로 인해 적절한 행동의 의미가 완전히 달라진다. 변곡점이 저 멀리서 나타나면, 누군가는 이를 남들보다 먼저 알아본다. 나는 변곡점의 출현을 일찍 알아보는 그 누군가가 여러분이 되기를 바란다!

이 책은 여러분과 여러분이 이끄는 조직이 전략적 변곡점이 만들어 낼 기회를 파악하고, 이를 이용해 경쟁우위를 만들어낼 수 있도록 도와 줄 것이다. 변곡점에 관해 이 책에서 다룰 주제는 크게 3가지다.

- 거대하고 급격한 변화를 수반하는 변곡점이라 하더라도 거의 예외 없이 처음 한동안은 매우 천천히 그 모습을 드러낸다.
- 변곡점은 기회를 만들어낸다. 변곡점을 남들보다 먼저 알아본다 면, 나아가 변곡점에 의한 변화를 주도적으로 이끌어낸다면 여러 분이 이끄는 조직은 변곡점이 만들어내는 새로운 상황의 중심이 될 수 있다.
- 변곡점이 유발하는 불확실한 상황에서 사업을 추진할 때는 새로운 정보가 입수되고 상황이 바뀔 때마다 사업계획을 수정 보완해야 한다. 그래야 기회를 최대한 활용할 수 있다.[2]

구체적인 숫자를 통해 생각해보겠다.

잠재고객 5명 가운데 한 명에게만 제품을 판매하는 시장이 있다고 생각해보자. 이 시장의 크기는 현재 80억 달러다. 만약 이 시장에 커다란 혁신이 발생해 잠재고객 5명 모두에게 제품을 판매할 수 있게 되면 시 장규모는 400억 달러로 확대된다. 그리고 변곡점 이후의 상황을 잘 준 비한 기업들은 확대된 시장규모의 상당 부분을 자신들의 것으로 만들 수 있다.

변곡점은 기존 기업들 가운데 준비되지 않은 기업들을 몰락으로 밀어내지만, 이와 동시에 거대한 시장을 창출한다. 새로운 기술과 새로운 비즈니스 모델이 진입하기 때문이다. 저명한 경제학자 조지프 슘페터는 오래전에 이런 말을 했다. 새롭고 더 매력적인 요소들을 갖추고 있기에 낡고 진부한 것들을 밀어내는 창의적인 파괴자는 끊임없이 나타나며, 한 시장에서 오래도록 존재해온 기업들은 언제나 이들 앞에서 취약하다.[3]

보청기시장은 앞으로 어떻게 될까?

▶▶▶

방금 이야기한 시장이 실제로 존재한다. 바로 보청기시장이다. 서비스를 필요로 하는 사람들에게 서비스를 제공해야 한다는 관점에서 본다면, 보청기시장은 상당히 문제가 많다. 한 조사에 따르면, 보청기가 필요한 55~74세 가운데 80퍼센트가 보청기를 갖고 있지 않으며, 보청기가 있는 20퍼센트도 상당수가 보청기를 잘 쓰지 않는다. 청력이 나빠진 노부모에게(청력이 좋은 노인이 얼마나 될까?) 보청기를 사드리려고 해본 사람이라면 이쪽 시장에 불합리한 요소가 얼마나 많은지 잘 알 것이다.

무엇보다 보청기는 너무 비싸다. 2017년, 〈뉴욕타임스New York Times〉는 보청기 한쪽당 가격이 1,500~2,000달러라고 보도했다. 게다가 미국에서 보청기는 의료보험 지원 대상이 아니다. 바버라 켈리Barbara Kelley 미국난청협회Hearing Loss Association of America, HLAA 이사는 이런 말을 한 적이 있다. "우리가 난청 환자에게 가장 많이 듣는 불만은 이런 것입니다. '나는 보청기가 필요한데, 너무 비싸서 살 수가 없습니다.'"[4]

문제는 이것만이 아니다. 보청기는 의료기기로 지정돼 FDA의 규제를 받는데, 의사들과 기존 보청기사업 관계자들이 이 규제에 상당한 영향력을 행사한다. 의사들과 의사단체들, 그리고 몇몇 보청기 제조사들이(주요 보청기 제조사는 현재 6곳이며, 곧 5곳으로 줄어들 예정이다) 환자들의 선택권을 상당히 제한하고 있는 것이다. 그러면서 그들은 이런 제한이 환자들을 위한 방향이라고 말한다. 현재로서는 보청기를 사려면 병원과 보청기판매점에서 여러 가지 검사를 받아야 하는데, 이 과정이 복잡다단하다. 경제력이 있으면서도 보청기 구입 과정이 너무 복잡다단해 포기하는 이들이 많이 나올 정도다.[5]

보청기 착용에 대한 거부감도 문제다. 사람들은 보청기를 한 모습을 남들에게 보이기 꺼려서, 청력에 문제가 있으면서도 보청기를 쓰지 않는다. 그리고 보청기는 특유의 잡음을 낼 때가 있다.

내 시어머니가 보청기를 쓰시기 때문에 잘 안다. 일전에 시어머니를 뵈러 갔을 때 어딘가에서 잡음이 들리기에 이게 무슨 소리냐고 물어봤다. 나는 그게 시어머니의 보청기에서 나는 소리인지 전혀 몰랐다. 시어머니는 자신의 귀에서 보청기를 빼서 서랍에 넣으셨다. 그리고 우리가 시어머니댁에 머무는 내내 보청기를 다시 하지 않으셨다. 시어머니는 우리 부부와의 대화를 그토록 기대하고 계셨으면서도, 대화를 제대로 듣기 위해 필요한 장비를 착용하지 않으셨다. 안타까웠다(시어머니와 나 모두에게 말이다). 보청기에서 잡음이 새어 나올 수도 있다는 것을 일찍 알았더라면 그런 질문은 절대로 하지 않았을 것이다.

이는 심각한 문제다. 프랭크 린Frank Lin 존스홉킨스대학 교수의 연구에 따르면, 청력 손실은 사회와의 단절과 치매로 이어질 수 있고, 낙상 위험을 높인다. 그리고 난청 문제를 방치하면 영구적인 청력 손실로 이어질 수 있고, 다른 사람들이 하는 말을 알아듣기 위해 두뇌 에너지를 훨씬 더 많이 써서 피곤을 더 빠르게 느낄 수 있다. 청력 손실이 심각한 건강문제와 사회문제로 비화될 수 있는 것이다.[6]

보청기시장에 나타난 변곡점의 조짐

▶▶▶

1977년에 FDA가 보청기를 의료기기로 지정한 뒤로 보청기시장의 비즈니스 모델은 별다른 변화 없이 같은 모습을 유지해왔다. 보청기가 의료기기로 지정되기 전에는 사전 검사 없이 누구나 쉽게 살 수 있었고, 제조사들은 광고에 인기 연예인을 출연시켜 소비를 촉진하려 했다. 개개인의 귀 형태에 맞춰 제작되는 인이어 방식의 보청기 정도만이 병원이나 전문점에서 판매됐다. 그러다 보청기 오용이나 저급한 제품으로 인한 문제들이 부각되면서 이익단체들이 정부를 압박했고, 결국 FDA는 보청기를 의료기기로 지정했다. 보청기의 제조와 유통에 엄격한 규제가 적용되기 시작한 것이다.

그러다 2003년, 보청기와 관련한 청원 2건이 FDA에 접수되면서 보청기시장에 변화가 일어날 조짐이 나타났다. 미국의 시민이나 단체는 누구나 FDA에 청원을 제기하고 의료정책 변화를 요구할 수 있다. 물론 청원이 제기됐다고 해서 곧바로 의료정책이 바뀌는 것은 아니지만, 보청기에 대한 사람들의 인식 변화가 구체적으로 표출됐다는 것은 보청기시장이 크게 변할 조짐일 수 있다. 돋보기나 교정렌즈는 의사 처방 없이 쉽게 살 수 있으며, 보청기도 언젠가는 그렇게 될 수 있는 것이다.

　　물론 보청기시장의 기존 사업자들과 이해관계자들은 이와 같은 변화를 바라지 않는다. 미국청각학회American Academy of Audiology, AAA는 소리를 증폭시키는 모든 기기는 FDA의 엄격한 규제 아래에 있어야 한다고 주장한다. 만약 이들의 주장이 받아들여진다면, 우리가 일상적으로 쓰는 이어폰이나 헤드폰도 FDA의 규제를 받아야 한다.

　　그렇지만 너무 비싼 보청기에 대한 소비자들의 불만이 커지면서 보청기시장에 약간의 변화가 생겼다. 보청기시장의 기존 사업자들과 이해관계자들이 지켜내려 했던 장벽이 조금 허물어진 셈이다. 이런 변화는 새로운 기술이 나타났기에 가능했다. 이는 클레이튼 크리스텐슨이 말하는, 시장에서 나타나는 전형적인 변곡점의 징후다. 그는 '충분히 괜찮은 기술'이 나타나면 그때까지 제품이나 서비스를 사용하지 못하던 잠재적 소비자들이 실제 소비자들로 바뀐다고 설명했다.

신규 진입자들의 출현
▶ ▶ ▶

보청기를 만드는 것은 아니지만, '음성증폭기'라는 제품을 만드는 기업들은 많다. 이들은 자신들의 제품을 절대 보청기라고 부르지 않는다. 음성증폭기는 보청기가 아니기 때문에 FDA의 규제를 받지 않고 누구나 쉽게 살 수 있다. 그런데 음성증폭기는 보청기로서의 기능을 훌륭하게 수행할 수 있으며, 어떤 측면에서는 보청기보다 낫다.

　　음향기기 제조사로 유명한 보스는 히어폰Hearphone이라는 음성증폭기를 만드는데, 가격은 500달러 정도다. 보스 히어폰 광고는 분명 보청기를 필요로 하는 사람들을 솔깃하게 만들지만("대화의 모든 단어를 분명히 들을 수 있도록 도와드립니다"), 보스는 자신들의 제품을 절대 보청기라고 하지 않는다.[7] 그래야 FDA의 규제를 피할 수 있기 때문이다. 그러다가 보스는 2018년부터 자신들의 제품을 보청기 판매점들을 통해서도 팔 수 있게 됐다.[8] 보청기시장에 정식으로 진입한 것이다. 지금 이 시장에는 기어 아이콘X를 앞세운 삼성전자와 에어팟을 앞세운 애플을 비롯해 거대 전자기업들이 속속 진입하고 있다. 평소에는 이들 제품으로 음악을 듣다가, 보청기가 필요할 때는 스마트폰의 보청기 앱에 연결해 보청기처럼 쓸 수 있다. 스마트폰 보청기 앱과 관련 제품을 개발하는 회사로는 페넥스Fennex, 페트랄렉스Petralex, 히어 원Here One 등이 있다. 새로운 유형의 보청기 제조를 표방하는 스타트업 이어고Eargo도 있다. 제물낚시에서 디자인적 영감을 얻었다는 이어고의 보청기들은 인터넷에서 쉽게 살 수 있고, 전체적인 제품 디자인과 사용감이 일반 무선이어폰과 똑같다.

시장이 얼마나 커질까?

▶▶▶

보청기시장은 역사적으로 그렇게 주목받지 못했다. 하지만 앞으로는 어떨까?

전문가들은 규제산업인 보청기산업의 규모를 2019년 기준 80억 달러 정도로 추산했다. 그리고 2023년까지 90억 달러가 조금 넘는 규모로 성장할 것으로 내다봤다. 그런데 여기서 변곡점이 나타나고 시장의 흐름이 완전히 달라진다면 어떨까? 예를 들어 보청기에 대한 까다로운 규제가 상당 부분 사라지고, 보청기 가격이 크게 낮아지고, 보청기 구입과 사용이 더 편리해진다면 어떤 일이 일어날까? 분명히 수요가 폭발할 것이다. 보청기를 필요로 하는 성인 5명 가운데 한 명만이 보청기를 가진 현실을 생각해보라. 단순히 계산해봐도 시장규모는 5배, 즉 대략 400억 달러 규모로 확대될 수 있다.

규제가 줄어들면 보청기 기능과 디자인이 매우 다양해질 수 있다. 오늘날의 안경처럼 말이다. 금요일 저녁식사 자리에서 착용하는 보청기, 일요일 운동 때 착용하는 보청기, 집에서 텔레비전을 볼 때 착용하는 보청기, 전부 다 다를 수 있다. 어떤 제품군의 가격이 충분히 낮아지면 시장 가능성은 이전과 완전히 달라진다.

이 책 본문에서 관련 내용을 자세히 다루겠지만, 다가오는 거대한 변화의 신호를 초기에, 즉 아직은 그 신호가 미약할 때 파악할 수 있다면 거대한 변화를 이용해 강력한 경쟁우위를 점할 수 있다. 보청기시장에 관심 있는 기업들은 지금 당장 보청기시장에서 나타날 변곡점 이후의 상황을 준비해보라. 변곡점 이후의 흐름이 명확하지 않은 상태에서 변화를 예측하고, 그러한 예측을 토대로 대대적인 투자를 감행하는 것은 바람직하지 않지만, 변화를 준비하기 위해서는 일찍부터 투자를 시작할 필요가 있다.

비즈니스의 기존 전제들을 모두 뒤집는 거대한 변화가 나타났을 때 우리는 시장에 변곡점이 나타났다고 말한다. 이와 같은 거대한 변화가 모습을 분명하게 드러냈다면, 그때부터는 기업의 모든 역량을 동원해 변화에 대응해야 한다. 보청기시장에서 나타날 수 있는 변곡점에 대해 보스와 삼성전자를 비롯한 몇몇 기업들은 일찍 준비가 된 상태다. 만약에 보청기시장에서 거대한 변화가 모습을 분명하게 드러낸다면, 준비된 이들 기업은 기업 역량을 최대한 동원해 경쟁우위를 만들어내고, 확대되는 시장의 상당 부분을 자신들 것으로 만들 것이다(분명히 보스와 삼성전자는 보청기가 아닌 다른 명칭의 제품으로 확대된 보청기시장에 진입하려 할 것이다). 이때 준비돼 있지 않은 기업들이 이들과 경쟁할 수 있을까?

천천히 다가오다 갑자기 나타나는 변곡점
▶▶▶

시장참여자 대부분이 인지할 수 있을 정도로 변곡점이 모습을 분명하게 드러내기까지는 놀라울 정도로 오랜 시간이 걸릴 수 있다. 노스캐롤라이나 키티호크 인근 들판에서 라이트형제가 만든 비행기가 최초로 비행한 것은 1903년 12월 17일이었다. 비행시간은 12초 정도로 매우 짧았다. 〈뉴욕타임스〉 정도 되는 언론이 이 업적을 처음으로 다룬 것은 그로부터 3년이 지난 1906년이었다. 라이트형제의 첫 번째 비행이 본격적으로 언론의 주목을 받은 것은 1908년부터다. 1908년이 돼 항공여행을 할 수 있을 거라는 전망이 가시화되면서(소수의 전문가들은 1902년부터 항공여행에 대한 전망을 내놨다) 라이트형제의 업적도 관심을 받기 시작한 것이다. 그로부터 몇 년이 지나자 항공여객업, 항공컨설팅업, 항공물류업이 생겨났고, 급기야 공군이 탄생했다. 여러 분야의 지형도가 근본적으로 달라진 것이다.[9]

변곡점은 현재 시스템의 경쟁역학을 완전히 바꿔놓는다. 십 수 배 더 크고, 십 수 배 더 싸고, 십 수 배 더 편리한 제품과 서비스가 시장에 들어오는 것이다. 변곡점이 발생하는 요인은 다양하다. 그중 몇 가지만 나열해보자.

- 기술 진보
- 규제 변화
- 사회적 요인
- 인구통계적 변화
- 융합(이전까지 동떨어져 있던 요소들이 디지털화로 융합되는 경우가 늘어나고 있다)
- 정치적 변화
- 이외의 많은 요인들

변곡점을 거친 뒤에는 기업 활동의 토대가 되는 기존 가정 대부분이 바뀔 수도 있다. 이런 변화는 새로운 사업의 기회로 이어진다. 기존 가정들과 기존 사업 모델을 고수하는 기업들은 시장에서 밀려나 몰락한다. 게다가 환경이 완전히 달라졌음에도 기존 규제가 한동안 유지되면서 시장참여자들은 상당히 혼란스러운 시기를 보낼 수 있다.

시장에 나타난 커다란 변화를 기회로 삼아 크게 성장한 기업들을 생각해보라. 아마존, 애트나^{Aetna}, 코그니전트^{Cognizant}, 어도비, 후지필름, DSM, 고어^{Gore} 같은 기업들 말이다. 이들 기업이 구조조정을 했다는 이야기는 누구도 듣지 못했을 것이다. 구조조정은 IBM, A&P, 시어스, HP,

델 같은 기업들에서 이루어졌다. 변곡점에 제대로 대응하지 못했기 때문이다. 시장에서 발생하는 변곡점에 제대로 대응하지 못하면 토이저러스, 블록버스터, 라디오색RadioShack처럼 아예 시장에서 밀려날 수도 있다.

변곡점은 우리에게 선형적으로 다가오지 않는다. 변곡점은 그 진행 상황을 예측하기 어렵고, 변곡점이 다가오고 있다는 사실을 알아도 그 영향력이나 의미를 축소해 생각하기가 쉽다.

반면에 위대한 혁신가들은 변곡점이 만들어낼 변화와 시장의 잠재된 욕구를 파악하고, 새로운 기술을 활용해 변곡점에 내재된 기회를 적극적으로 자신의 것으로 만든다. 그리고 시장의 정상에 오르고, 그 자리를 계속 지켜낸다.

변곡점은 어떤 과정을 거치며 전개되는가
▶ ▶ ▶

변곡점이 전개되는 과정은 기대, 실망, 출현, 성숙 등 4단계로 구분해볼 수 있다. 이는 신기술의 출현과 상업화의 과정을 설명하는 가트너 하이프 사이클Gartner Hype Cycle과 비슷하다.[10]

사실 변곡점 초기에는 미약한 변곡점의 신호들을 감지해 이번 변곡점이 어떤 의미인지, 어떤 변화를 유발할 수 있는지, 어느 부분에 주목해야 하는지 등을 판단하는 수준에서 멈추는 것이 바람직하다. 본격적으로 변화에 대비한 투자를 감행하기에는 정보가 충분하지 않기 때문이다.

저 멀리서 미약하게 변곡점의 징후가 나타나면 기대 단계가 시작된다. 이 단계에서는 저명한 지식인들이 세계 질서가 완전히 바뀔 거라는 전망을 내놓고, 기업과 개인 사이에서 새로운 시장을 선점하겠다는 욕심이 확산된다. 그래서 변곡점에 대한 투자거품이 발생하는 경우가 많다. 2013~2016년에 일어난 블록체인 화폐에 대한 투자거품이 그 전형적인 예다. 사람들은 블록체인 화폐의 시대가 단기간에 실현될 것이라 생각해 그 가상화폐를 조금이라도 갖기 위해 막대한 돈을 지불했다.

학계에서는 이런 현상을 '자본시장 근시capital market myopia'라고 부른다. 윌리엄 살먼William Sahlman과 하워드 스티븐슨Howard Stevenson이 1987년에 발표한 윈체스터 디스크드라이브 시장 사례가 자본시장 근시의 대표적인 예다. 1970년대에 개발된 윈체스터 디스크드라이브는 컴퓨터 저장장치의 미래를 바꿀 것으로 기대됐다. 수많은 기업이 폭발적으로 성장할 시장의 일부라도 차지하겠다며 막대한 투자를 감행했다가 이익을 내지 못하고 사업을 포기하기에 이르렀다. 미래 변화에 대응하겠다는 판단 자체는 옳지만, 시장규모를 보지 못하고 대대적인 투자를 감행한다면 결국은 과잉투자로 인한 손실을 입을 뿐이다.[11]

기대 단계는 거의 예외 없이 비극으로 끝난다. 시장에서 파열음이 나는 경우도 있다. 그다음으로 실망 단계가 찾아온다. 이제부터는 "내가 그거 잘 안 될 거라고 했잖아" 같은 말을 하는 사람들의 시대다. 하지만 바로 이 단계에서 진짜 기회가 태동한다. 초기 진입자들이 많이 탈락하고, 진짜 실력자들이 살아남아 미래를 대비하는 시기이기 때문이다. 이들은 실현 가능한 비즈니스 모델을 개발하고, 새로운 수요를 찾고, 조금씩 수익을 창출하기 시작한다. 이 단계에서의 투자는 다분히 모험적이기 때문에 확실한 미래 기회를 탐색한다는 자세로 접근할 필요가 있다.

실망 단계 다음은 변곡점이 그 모습을 구체적으로 드러내는 출현 단계다. 이 단계에서는 변곡점이 만들어낼 변화를 가늠해볼 수 있는데, 최종적으로 어떻게 변하더라도 효과적으로 대응할 수 있도록 선택의 범위를 넓힌다는 개념으로 접근하는 것이 바람직하다.

마지막은 성숙 단계다. 이 단계에서는 지금의 변곡점이 어떤 미래를 만들어낼지 시장참여자 대부분이 알아볼 수 있다. 변곡점의 출현에 대비하지 않은 기업들은 이 단계에서 도태되기 시작하고, 잘 대비한 기업들은 변곡점이 만들어내는 기회를 본격적으로 이용하고 빠르게 성장할 수 있다.

변곡점을 지나면, 새로운 변화는 이제 사람들의 일상적인 규범이나 방식으로 자리 잡는다. 그리고 사람들은 변곡점 전후로 시장에서 어떤 일이 일어났는지 대부분 잊어버린다. 변곡점을 지나면 기업들은 낡은 방식에서나 의미를 갖던 자원들을 버리고, 변화가 만들어내는 새로운 성장의 기회를 최대한 활용하려고 해야 한다.

이 책에서 다루는 내용
▶ ▶ ▶

이 책의 첫 번째 파트에서는 변곡점의 출현을 알아보는 방법을 논하려한다. 다가오는 변곡점을 통해 경쟁우위를 만들어내기 위해서는 남들보다 먼저 변곡점이 내보내는 초기 신호들을 감지할 수 있어야 한다. 1장은 "눈은 가장자리에서부터 녹는다"는 앤드루 그로브가 한 말을 중심으로 이야기를 진행할 것이다.[12] 빠른 판단을 기반으로 환경변화에 실시간 으로 대응하는 조직을 만들기 위해서는 빠르면서도 수평적인 정보의 흐름이 중요하다. 2장에서는 변곡점의 초기 신호들을 감지하는 시스템을 구축하는 방법에 관해 논의할 것이다. 이런 시스템을 통해 다가오는 변곡점을 확인하고, 본격적인 투자를 감행할 최적의 시간에 관해 전략적 판단을 내릴 수 있다.

3장에서는 변곡점 대응전략을 수립하고, 이를 조직의 혁신 의제로 연결하는 법에 관해 논의할 것이다. 조직 내 누구라도 조직의 혁신전략을 수립하고 추진하는 과정에 기여하고 참여할 수 있다. 변화의 속도가 너무나도 빠르기 때문에 최고경영진에서 전략을 수립하고 일선 현장에서 이를 따르는 식으로는 다가오는 변화에 효과적으로 대응하기 어렵다. 그리고 조직 전체가 같은 방향으로 빠르게 움직이기 위해서는 구성원 모두가 미래에 대한 관점을 공유하고 있어야 한다.

이 책의 2번째 파트에서는 다가오는 변곡점을 기회로 활용하는 방법에 관해 논하려고 한다. 4장에서는 전통적인 산업 중심의 논리로는 알아보지 못하는 소비자들의 욕구 변화를 파악하는 방법에 대해 살펴볼 것이다. 특정 시간대와 특정 장소에서 '소비자들이 추구하는 일'에 초점을 맞춤으로써 소비자들이 진짜로 원하는 것이 뭔지를 파악할 수 있고, 이를 통해 소비자들이 원하는 것을 제공할 수 있으며, 결국 이것이 기업의 성공으로 이어진다.

5장에서는 소비자들이 기존 제품과 서비스에서 뭘 불편해하는지 파악해 그 제약을 없애주고, 이를 통해 소비자들이 여러분 기업의 제품과 서비스를 선택하도록 이끌 수 있다는 이야기를 할 것이다. 6장에서는 변곡점이 유발하는 기회들을 최대한 이용하는 방법에 대해 논할 것이다. 다양한 가정들을 실험하고, 잘못된 가정이라고 판단되면 곧바로 기각하는 식으로 접근하라. 기존의 특정한 해법이 아닌, 고객들이 겪는 문제들에 집중하라. 예를 들면 자꾸 새로운 의자를 개발하려 하지 말고, 서 있는 것을 힘들어하는 사람들에게 어떤 해결책을 제시할 수 있을지 생각해보는 식으로 말이다. 이와 같은 접근법은 우리의 상상력을 크게 확장해준다.

이 책의 3번째 파트에서는 변곡점이 유발하는 빠른 변화와 극도의 불확실성 아래에서 조직을 이끄는 방법에 관해 논하려고 한다. 사실 다가오는 변곡점을 알아보는 것 자체는 그리 어려운 일이 아니다(〈포천 Fortune〉은 1996년에 이미 아마존이 성공할 것이라 예상했다).[13] 진짜 어려운 일은 변곡점에 대응해 조직의 변화를 이끌어내는 것이다. 이는 '혁신가의 딜레마'로 자주 언급되는 상황과도 연결된다. 기존의 성공을 만들어낸 혁신이 지금 필요한 혁신의 가장 큰 장벽으로 작용할 수 있다.[14]

7장에서는 변곡점에서 요구되는 변화에 대해 조직에서 발생할 수 있는 저항과, 그 저항을 극복하고 변화를 이끌어내는 데 활용할 수 있는 방법들에 관해 논할 것이다. 그리고 위기의식이나 실제 위기가 변화를 수용하게끔 만드는 촉매가 될 수 있다는 점도 검토할 것이다. 8장에서는 불확실한 상황 혹은 위기 상황에서 리더가 어떤 태도와 행동을 취해야 하는지 이야기할 것이다. 변곡점 앞에서는 '지시하고 통제하는' 리더가 아닌, 완전히 새로운 유형의 리더상이 요구된다.

마지막 9장에서는 변곡점에 대응하는 조직과 시스템 측면에서의 접근법을 개인의 삶으로 연결하는 방법을 이야기할 것이다. 사회 수준

혹은 조직 수준에서 발생하는 변곡점은 개인의 삶에도 상당한 영향을 끼친다.

우리 삶에 큰 영향을 끼치는 전략적 변곡점의 출현에 대해 걱정스러운 마음이 드는 것은 당연하다. 하지만 우리 앞에 나타나는 변곡점은 상당한 기회를 내포한다. 변곡점을 일찍 파악하고 적절하게 대응한다면 변곡점을 지나면서 큰 성공을 거둘 수 있다. 여러분이 이 책에서 그 성공의 방법을 찾을 수 있기를 바란다.

그럼 이제부터 시작이다!

Part 01

변화는 언제,
어디에서 시작되는가

SEEING AROUND CORNERS

01

눈은
가장자리에서부터
녹는다

사람들이 소셜미디어를 일상적으로 하면서 비즈니스의 많은 가정이 변하리란 것을 미리 예상했다면 얼마나 좋았을까 하는 생각이 든다. 소셜미디어가 사람들 사이에서 대세가 되자마자 가장 먼저 마케팅 양상이 달라졌다. 이전에는 고객이 자신의 목소리를 낼 기회가 매우 제한적이었으나, 이제 기업과 고객의 의사소통이 양방향으로 이루어지기 시작했다. 또한 이전까지 철저히 분리돼 있던 데이터베이스들이 서로 연결되면서 누구도 예상하지 못했던 결과가 나타났다.

하지만 최근 들어 페이스북, 구글, 트위터 같은 소셜미디어들이 중대한 문제들을 겪고 있다. 가짜 뉴스, 가짜 계정, 선거 부정 개입, 계정 탈취, 민감한 개인정보의 불법 거래, 인종 프로파일링, 유명인 계정 도용, 소수집단 차별 같은 문제들이 대표적이다. 특히 구글은 의회 차원의 규

제 움직임에 효과적으로 대응하지 못해 비즈니스 모델 자체가 위협받고 있다.[2]

이런 문제들이 어떻게 일어나게 됐는지 누구 하나 대답하지 못하고, 모두가 어리둥절해할 뿐이다.

이번 장에서는 페이스북을 비롯한 여러 소셜미디어 플랫폼들의 성장과 그들이 겪는 문제들을 통해 기업들 앞에 나타나는 변곡점의 징후들을 알아보는 법에 대해 이야기하려고 한다. 최고경영자든, 실무를 담당한 직원이든, 자신들 앞에 나타나는 변곡점을 알아보지 못하면 매우 위험한 상황에 처할 수 있다. 따라서 징후들을 최대한 빠르게 알아채는 것이 중요하다. 경영 분야의 선지자라 할 수 있는 앤드루 그로브는 이런 말을 했다. "봄이 오면 눈은 맨 가장자리에서부터 녹는다. 그곳이 봄에 가장 자주 노출되는 영역이기 때문이다." 이 말이 이번 장의 기본적인 논리가 될 것이다.[3]

변곡점의 징후는 임원 회의실에서 논의한다고 쉽게 찾아낼 수 있는 것이 아니다. 징후를 가장 먼저 분명하게 알아볼 수 있는 이는 현장에서 실무를 하며 새로운 현상에 가장 자주 노출되는 사람들이다. 실제로 테크놀로지를 연구하는 과학자들, 매일같이 고객들을 만나 대화를 나누는 세일즈 담당자들, 고객들의 생각을 직접적으로 듣는 콜센터 직원들, 업무 수행 과정에서 시스템의 문제점을 직접 겪는 사람들, 새로 내려진 결정이 여러 문제들을 내포한다는 점을 미리부터 짐작하고 있는 사람들, 이런 사람들 말이다.

바로 이런 사람들이 변곡점의 징후를 가장 먼저, 가장 분명하게 알아볼 수 있다. 어쩌면 여러분도 이들 가운데 한 명일지 모르겠다.

감시 자본주의의 탄생

▶▶▶

내가 젊을 때는 중요한 정보를 얻기 위해 도서관에 가서 문헌을 찾아봤다. 내가 어떤 문헌을 찾아봤는지, 해당 문헌의 어떤 섹션에 관심을 가졌는지, 심지어 해당 문헌을 찾아본 내가 누구인지 등은 비밀로 유지되는 것이 일반적이었다. 도서관 사서들은 인류의 지식을 지키는 사람이라는 자각이 있었고, '정보에 접근할 수 있도록 돕되, 그 행위를 감시하지는 말라'는 윤리의식을 요구받아왔다.[4] 누가 도서관에서 어떤 자료를 찾아봤는지, 비밀이 유지돼야 한다는 것은 미국 법원도 오랫동안 지켜온 원칙이다. 도서관 이용자가 어떤 주제에 관심을 가지고 있는지에 관한 정보를 누설하는 것은 매우 심각한 일로 인식됐고, 실제로 도서관 근무자 윤리강령에 이에 관한 조항들이 있다.

오늘날의 인터넷 세상으로 돌아오면 이야기는 상당히 달라진다. 페이스북이나 구글 같은 기업들은 자신들의 서비스 이용자들이 뭘 하는지를 파악하고, 이를 활용해 정밀한 타깃광고를 한다. 한 보고서에 따르면, 소셜미디어 플랫폼이 제공하는 광고 규모가 2017년 기준 880억 달러에 달한다.[5] 이렇게 막대한 규모의 비즈니스가 가능한 것은 비즈니스의 원천이 되는 정보를 제공하는 이용자들이 있기 때문인데, 이른바 데이터 브로커라는 사람들은 이용자들이 온라인 플랫폼을 무료로 쓰는 대가로 자신의 개인정보를 당연하게 포기한다고 주장한다. 정작 이 비즈니스 구조는 이용자들에게 철저히 가려져 있다. 사실 우리 대부분이 디지털 혁명 이전까지는 우리의 가장 민감한 개인정보가 어떻게 쓰일 수 있는지 별로 신경 쓰지 않았다.

개인정보 무단 공개

디지털혁명 전에는 사람들의 개인정보가 온갖 장소에 분산 보관됐다. 신용평가기관들은 금융거래 관련 정보만, 자동차회사들은 자동차 보유 관련 정보만, 사법기관은 범죄 사실에 관한 정보만, 의료기관은 병력이나 치료 사실 관련 정보만 갖고 있었다. 그런데 이런 모든 정보를 통합적으로 보유, 개인에 관한 모든 것을 아는 조직이 있다면 어떤 일이 일어날까? 이는 이미 현실이며, 실제로 수많은 조직이 이런 능력을 통해 적극적으로 이익을 취하고 있다.

디지털시대 이전에는 누가 어디에 살고, 어떤 차를 몰고, 어떤 범죄 경력이 있고, 어디에 돈을 쓰고, 정치 성향이 어떤지를 아는 조직이 매우 제한적이었다. 이런 정보를 수집하는 일은 매우 어렵고, 돈도 많이 들며, 정보 신뢰도 상당히 낮았다. 하지만 오늘날의 데이터브로커들은 여러 데이터베이스를 활용해 신뢰도 높은 정보를 어렵지 않게 수집하며, 정보 수집에 드는 비용도 무척 저렴하다.

데이터브로커업계 전문가인 팀 스파라파니Tim Sparapani는 민감한 개인정보가 얼마나 쉽게 거래되는지 안다면 사람들 대부분이 충격을 받을 거라고 말한 바 있다. 개인정보 수집 경로는 페이스북 같은 대형 플랫폼 외에도 다양하다. 2014년 〈식스티 미니츠60 Minutes〉는 누가 만들었는지도 모르는 웹사이트로 민감한 개인정보를 충분히 수집할 수 있다고 방송했다. "미래를 희망적으로 보십니까?", "생명보험을 얼마나 들었습니까?", "반려동물과 함께 삽니까?" 이 같은 질문들에 사람들이 아무렇지 않게 솔직히 응답해준다는 것이다.[6]

이 웹사이트를 비롯해 다른 여러 웹사이트들을 운용하는 테이크파이브 솔루션스Take5 Solutions는 웹사이트 이용자들이 제공하는 정보를 취합, 교차 확인을 통해 한 개인의 상황을 상당히 정확하게 파악할 수 있다. 놀랍게도 이런 기업들이 개인정보를 어느 정도 수준에서 보관하고 유통하는지에 관한 소비자 보호 장치는 별달리 없는 실정이다.

개별 데이터베이스에 있는 정보는 별다른 위험을 유발할 수 없다. 그러나 여러 데이터베이스를 결합한 정보는 상당히 위험할 수 있다. 이런 사실은 이미 오래전에 확인됐다. 2009년, 일단의 전문가들이 개인의 컴퓨터나 국가기관의 서버를 해킹하지 않고 간접적인 정보만으로 특정인의 사회보장번호를 상당히 정확하게 맞힐 수 있다는 점을 증명해 보였다.[7] 그런가 하면 머그샷닷컴mugshots.com 같은 웹사이트는 유죄 확정 판결 여부와 상관없이 용의자의 머그샷까지 무단 공개하고, 자신들의 웹사이트에서 머그샷을 지워주는 대가로 피해자들에게 수백 달러씩 요구하기도 한다. 원하지 않는 개인정보의 무단 공개로 취업과 사생활에서 피해를 입었다는 사람이 무수하다. 그러나 이런 개인정보 공개로 인한 피해를 현재의 법이 예방하거나 구제하는 데는 상당한 한계가 있다. 개인정보 공개의 주체가 명확하지 않은 경우가 많기 때문이다.[8]

개인정보 유통 현황

어떤 웹사이트에 로그인할 때 우리는 당연히 해당 웹사이트에만 로그인하는 줄 안다. 하지만 우리와 아무 관계 없는 다른 업체가 우리의 웹사이트 활동을 추적하고, 그 정보를 그들의 데이터베이스에 축적한다. 해당 웹사이트에서 우리가 뭘 클릭하고, 어떤 자료를 읽고, 어떤 자료를 건너뛰는지 저장하고, 이 정보를 그들이 가지고 있던 우리에 관한 정보와 결합해 우리가 누구인지에 관한 상당히 정밀한 정보를 만들어낼 수 있는 것이다.

이는 모두가 짐작하는 일이지만, 상황을 정확하게 인지하는 사람은 얼마 없다. 어떤 웹사이트에서의 우리 활동에 관한 정보는 비밀로 유지되지 않고, 공공의 영역으로 넘어갈 가능성이 크다.

우리의 온라인 활동은 디지털 풋프린트digital footprint를 남기며, 우리의 온라인 활동을 파악해 이익을 취하고자 하는 업체들의 수집 대상이 된다. 사실 이용자 대부분이 웹사이트들이 쿠키로 이용자정보를 수집한다는 것 정도는 어렴풋이 알 것이다. 그러나 '서드파티 쿠키third party cookies'까지 생각하는 사람은 그리 많지 않다.[9] 여러분이 어떤 뉴스 사이트에 접속했다가 거기 있는 '페이스북 좋아요' 버튼을 눌렀다고 하자. 그러면 그때부터 여러분의 컴퓨터에 페이스북 쿠키가 설치되고, 페이스북에서 여러분의 컴퓨터에 접근할 수 있다. 여러분이 페이스북 계정도 없고 페이스북에 접속한 적이 없더라도 페이스북이 여러분의 온라인 활동에 관한 정보를 수집할 수 있게 되는 것이다.[10] "나는 페이스북 회원도 아닌데, 왜 페이스북에서 내 데이터 수집하는 일을 걱정해야 하지?" 이런 생각을 하는 사람들에게는 엄청난 현실이 아닐 수 없다.[11]

소셜미디어의 리더들은 사람들의 온라인 활동 추적을 중단하고, 온라인 이용자정보에 대한 통제권을 이용자들에게 돌려주겠다고 끊임없이 약속해왔다. 그러나 2019년까지도 이 약속은 지켜지지 않은 것 같다. 2019년 초, 〈월스트리트저널Wall Street Journal〉의 캐서린 바인들리Katherine Bindley 기자는 임신부들에게 도움을 준다는 앱을 스마트폰에 내려받았다가 겪은 일을 밝힌 바 있다. "12시간도 안 돼 내 인스타그램 피드에 임부복 광고가 떴다. 임신하지도 않았고, 엄마들이 입는 옷을 입을 일도 없는데 말이다. 어떻게 해서 이런 일이 일어났는지 알아내기 위해 그 앱의 퍼블리셔, 퍼블리셔의 데이터 파트너들, 임부복회사, 페이스북 등을 접촉했다. 그 과정에서 전화와 이메일 수십 통이 오갔으나, 어디에서도 임신부용 앱과 내 인스타그램에 올라온 임부복 광고의 관계에 대한 명쾌한 설명을 들을 수 없었다." 캐서린 바인들리는 기업들이 온라인상에서 사람들의 프라이버시를 어떤 식으로 침해할 수 있는지 여러 사례들을 소개했다. 이용자가 위치정보 제공 기능을 꺼도 계속해서 위치를 추적하고, 사람들이 클릭하는 광고들에 관한 정보를 수집해 개개인을 분석하고, 회원 비회원을 가리지 않고 자사 사이트는 물론 다른 사이트들에서의 활동 정보까지 수집해 이용자 맞춤형 광고를 제시하는 등의 사례들을 들었다.[12]

〈월스트리트저널〉은 소셜미디어들을 더욱 곤란하게 만들지도 모를 (사실 소셜미디어들이 이런 일로 곤란해할까 싶다) 조사에 대해서도 보도했다. 이에 따르면 스마트폰 앱들은 이용자들의 매우 민감한 개인정보를 페이스북과 공유한다.[13] 건강 관련 앱 이용자들의 심장박동, 생리주기, 임신 희망 여부 등에 관한 정보가 페이스북으로 넘어갔다는 것이다. 한 부동산 앱을 통해서는 이용자들이 어떤 유형의 집을 찾고 있고, 어떤 집을 잠정적으로 선택했는지에 관한 정보가 페이스북으로 넘어갔다. 해당 조사를 진행한 사람들은 다음과 같이 보고했다. "어떤 앱도 이용자들에게 개인정보 유통을 막을 수 있는 방법을 명확하게 고지해주지 않았다." 게다가 앱을 통해 페이스북으로 넘어간 정보는 IP주소 추적이 가능했고, 이는 페이스북이 이미 갖고 있는 개인정보와 새로 넘어간 개인정보가 결합될 수 있음을 의미한다. 정밀한 타깃광고를 희망하는 기업이나 조직으로서는 이용할 여지가 많은 부분이다.

개인정보의 유통 및 공유와 관련해 사람들이 용인하는 수준과 실제 상황 사이에 커다란 차이가 있는 것이 분명하다.

우리의 환경이 우리를 지켜보고 있다

우리 대부분은 개인정보 침해와 관련해 인터넷이 무법지대라는 것을 알고 있다. 인터넷을 이용하면서 우리의 개인정보가 나쁜 사람들 손에 들어가지 않기만 바랄 뿐이다. 그런데 인터넷에 연결되는 기기는 이제 컴퓨터와 스마트폰의 범주를 넘어서고 있다.

2018년, 〈뉴욕타임스〉는 미국 내 수백만 가구에 스마트TV가 있는데, 이 스마트TV는 TV 시청 정보만이 아니라 스마트TV와 동일한 네트워크에 연결된 다른 기기(스마트폰 같은) 사용에 관한 정보를 추적하는데도 활용될 수 있다고 보도했다. 예를 들어 삼바TV Samba TV는 이용자 정보를 활용하는 데 허락을 구하는데, 이를 허락하면 TV 시청 정보뿐 아니라 스마트TV와 동일한 네트워크에 연결된 다른 기기들에서 오가는 정보까지 전부 수집해 간다.[14]

이는 광고를 하려는 기업들에게는 꿈과 같은 상황이다. 사람들이 스마트TV나 스마트폰으로 뭘 보고 뭘 하는지 직접 확인한 뒤에 가장 효과적으로 광고를 내보낼 수 있다는 의미이기 때문이다. 시티은행 마케팅디렉터였던 크리스틴 딜랜드로 Christine DiLandro는 한 토론회에서 사람들의 시청 활동과 디지털 활동을 연결 지을 수만 있다면, 그건 마법과도 같은 일일 거라고 말한 바 있다.[15] 기업들은 삼바TV에 돈을 내고 특정 콘텐츠를 시청한 사람들에게 자신들이 원하는 특정 광고를 송출하도록 요청할 수 있을 것이다. 그리고 이는 전적으로 합법적인 기업 활동이다. 기업들이 소비자들에게 소비자 정보 추적을 미리 공지하고 허락을 구하기만 했다면 말이다. 아마도 소비자들이 불편해할 만한 내용은 방대한 계약 내용 어딘가에 숨어 있을지도 모르겠다.

오늘날 알렉사나 시리 같은 스마트스피커를 쓰는 사람은 4,700만 명이 넘으며, 이들이 하는 이야기는 스마트스피커회사의 데이터베이스에 계속 축적되는 중이다.[16] 게다가 스마트스피커들이 이용자들의 일상적인 대화까지 수집한다는 증거가 여기저기서 나오고 있다. 일례로 아마존 에코는 한 부부의 사적인 대화를 녹음하고, 이 대화 일부분을 다른 사람에게 전송하는 사고를 낸 적도 있다.[17] 이런 사고는 계속 증가하는 중이다.

페이스북의 성공, 전례 없는 빠른 성장
▶▶▶

페이스북 사례를 통해 광고비를 기반으로 수익을 추구하는 대형 소셜미디어 플랫폼들이 예외 없이 겪는 도전들에 대해 이야기해보려 한다. 2004년에 하버드대학 학생들(곧이어 다른 대학 학생들도)을 위한 온라인 소셜네트워크로 시작한 페이스북은 이제 전 세계 인구 중 3분의 1이 회원인 세계 최대 소셜미디어 플랫폼이 됐다. 그야말로 기하급수적인 성장이며, 페이스북의 영향력을 생각하면 눈이 휘둥그레질 수밖에 없다. 하지만 개인정보 활용에 대한 페이스북의 자세는 창업 초기와 별로 달라진 것이 없다. 대중과 규제 당국과 경쟁자들이 막대한 영향력을 가진 자신들에게 어떻게 할지는 거의 생각해보지 않은 것 같다.

'실리콘밸리 인사이더Silicon Valley Insider'라는 팟캐스트가 페이스북 창업 초기에 마크 저커버그와 그의 친구가 나눴다는 인스턴트메시지를 폭로한 적이 있다. 이 인스턴트메시지 내용으로 페이스북이 맨 처음에 개인정보에 대해 어떤 자세를 취했는지를 유추해볼 수도 있으리라 생각한다.

저커버그 : 하버드 학생 누구든 궁금한 게 있으면

저커버그 : 나한테 물어봐.

저커버그 : 이메일, 사진, 집 주소, 사회보장번호, 이런 걸 4,000개 넘게 가지고 있으니까.

[친구 이름 삭제] : 뭐라고? 어떻게?

저커버그 : 사람들이 그냥 나한테 보내줬어.

저커버그 : 이유는 나도 모르지.

저커버그 : 사람들이 나를 "믿더라고".

저커버그 : 멍청한 거지.[18]

2006년, 페이스북은 회원가입 자격을 일반으로 개방했다. 그러면서 경영자들은 페이스북을 '전 세계 사람들의 인명록'으로 만들겠다는 목표를 드러냈다.[19] 이때부터 이미 지배적인 사업자를 지향했던 것이다.[20]

그 후 페이스북은 폭발적으로 성장했고, 2012년에는 주식공개를 했다. 페이스북을 가까이에서 지켜봤다는 한 사람은 주식공개 이후 페이스북에서 수익을 창출해야 한다는 강한 압박이 형성됐고, 자연스럽게 회원정보를 이용한 타깃광고를 추구하게 됐다고 했다.[21] 회원정보의 무분별한 사용을 기반으로 하는 광고는 페이스북의 주요 수입원이 됐다.[22] 그리고 이는 다수의 사회문제로 이어졌다.

페이스북에서 주도하는 무분별한 타깃광고가 사회문제로 표면화되기 시작한 것은 2016년일 것이다. 이 무렵 〈프로퍼블리카ProPublica〉가 주택판매회사들이 페이스북에서 넘겨받은 정보를 활용해 특정 인종(아프리카계, 아시아계, 히스패닉계 등)에게는 자사 광고가 노출되지 않도록 조치한 일을 폭로했다. 이 사건에 대해 이름이 잘 알려진 한 인권변호사는 이렇게 말했다. "끔찍한 일이다. 단언컨대 불법이다. 누가 보더라도 이는 연방 공정주거권리법Fair Housing Act에 대한 노골적인 침해다."[23]

악마와의 거래일까? 사람들은 자신의 개인정보를 넘겨주는 대가로 공짜 서비스를 이용한다. 그 결과는 개인정보의 무분별한 상업적 사용이다. 처음에는 재미있겠다는 가벼운 마음으로 서비스를 이용하기 시작했으나(휴가지에서 찍은 사진, 친구들과 함께 찍은 사진을 다른 사람들과 공유하는 것은 분명 재미있다), 이제 소셜미디어는 이용자에게 사회적 압박을 만들어내고, 이를 중심으로 엄청난 규모의 광고시장이 형성됐다.

페이스북만이 아니다. 구글은 불공정거래를 했다는 이유로 EU로부터 무려 50억 달러의 벌금을 부과받았다. 구글이 휴대폰 제조사들에게 구글 앱들을 설치해 판매할 것을 요구하고, 휴대폰 제조사들이 각 사의 실정에 맞게 안드로이드 소프트웨어를 개선하지 못하도록 가로막았다는 이유에서였다. 구글 경영진은 이용자정보 수집 사실을 인정하면서도, 이용자정보는 "모두에게 더 많은 선택지를 만들어주기 위해" 철저한 관리하에 이용된다고 항변한다.[24] 그런데 페이스북 경영진은 자신들이 수집한 이용자정보가 어디서 어떻게 이용되는지 잘 모르는 듯하다.

요즘 페이스북 CEO는 유럽과 미국의 의회 청문회에 계속 불려 나가고 있다.[25] 최근 들어 가장 이슈가 된 건 데이터분석회사인 케임브리지 애널리티카Cambridge Analytica와 관련된 스캔들이다. 페이스북이 5,000만 명이 넘는 이용자정보를 케임브리지 애널리티카에게 팔았고, 이 정보는 이용자들도 모르게 미국 대선에 활용됐다는 것이다.[26] 사람들 사이에서는 이런 소셜미디어들의 생태계를 거부하는 움직임이 조금씩 나타나고 있다.[27] 페이스북이 몰락한 마이스페이스의 길을 걸을 수도 있다고 지적하는 전문가들도 있다.[28] 애플의 공동창업자인 스티브 워즈니악, 왓츠앱의 창업자 브라이언 액튼Brian Acton 같은 사람들은 "페이스북을 삭제하자#DeleteFacebook"는 해시태그를 확산시키고 있다.[29]

소셜미디어회사들은 지금 급격한 변곡점의 시기를 맞고 있다. 저커버그만 하더라도 페이스북은 지금 전시상황이라고 선언했고,[30] 억만장자 투자가 조지 소로스는 한발 더 나아가 2018년 다보스에서 열린 세계경제포럼World Economic Forum에서 "페이스북의 날이 얼마 남지 않았다"고 공언했다.[31]

개인정보 침해를 경고하는 사람들
▶ ▶ ▶

페이스북이 아무 징후 없이 갑자기 지금의 위기를 맞은 것은 아니다. 내가 연구한 중대한 변화나 위기의 경우, 변화나 위기가 표면화되기 훨씬 전부터 조직원들이 인지할 수 있을 정도로 분명한 징후들이 나타났다. 이제 페이스북에 나타난 위기의 징후들을 살펴보려고 한다(이런 위기의 징후들은 다른 소셜미디어 플랫폼이나 데이터브로커들에도 그대로 적용될 수 있다).

인터넷 대중화 초기부터 인터넷상에서의 정보 유통이나 남용을 경고하는 사람들이 있었다. 월드와이드웹 창시자로 통하는 팀 버너스-리 Tim Berners-Lee만 하더라도 1996년에 다음과 같이 우려했다.

이것이 투표권을 가진 대중에게 국가의 정책 결정 이면에 있는 진실을 알려줌으로써 진정한 민주주의를 가능하게 할까, 아니면 진실보다는 감정에 휩쓸린 사람들이 모이는 공간으로 전락할까? 이는 우리에게 달렸지만, 이런 질문들에 답이 돼줄 단순한 공학적 판단의 효과를 평가하는 일은 그리 간단하지 않다.[32]

페이스북과 구글이 없던 시절에 이미 이런 우려가 제기됐다. 페이스북과 구글이 빠르게 성장하던 2006년에도 이런 우려를 제기하는 사람들이 있었다. 테크놀로지와 소셜미디어 전문가로, 지금은 마이크로소프트에서 일하는 다나 보이드 Danah Boyd는 페이스북 뉴스피드 기능이 유발할 수 있는 사생활침해 문제를 일찍부터 경고했다.[33] 페이스북 이용자가 페이스북에 제공하는 정보가 이용자가 원하지 않는 방식으로 이용자와 관련 있는 사람들에게 일괄적으로 배포될 수 있다는 것이었다. 페이스북의 '친구'는 내가 친밀하게 교류하는 가족이나 진짜 친구일 수도 있지만, 카페에서 가끔 마주치는 사람보다 상관없는 사람일 수도 있다. 그럼에도 나에 관한 뉴스피드를 누가 받아 보는지는 관계성의 수준에 따라 정해지지 않는다. 다나 보이드는 페이스북의 뉴스피드정책 때문에 이용자들이 사생활침해를 걱정할 수 있다고 지적했다.

"바람직하지 않아요. 사회적으로 파괴적인 결과를 만들어낼 수도 있습니다. 직원 트집 잡을 기회만 엿보는 고용주보다 훨씬 안 좋아요. …… 피해자들이 나올 겁니다." 보이드는 페이스북에서의 이용자정보 공유에 대해 이렇게 우려했다. 페이스북이 이용자 개인정보를 팔 경우에는 어디까지 위험해질지 아무도 모른다. 하지만 페이스북의 폭발적인 성장세 앞에서 이런 경고의 목소리는 그냥 묻히고 말았다. 점점 더 많은 사람들이 페이스북 회원으로 가입하고 페이스북 이용자가 됐다.

가짜계정을 경고하는 목소리도 별로 주목받지 못했다. 페이스북에 가짜계정을 만들어 사기에 활용하거나, 페이스북 친구 관계를 이용해 타인들에게 피해를 입히는 일은 얼마든지 가능하며, 실제로도 종종 일어난다. 2011년 〈애드위크^{Adweek}〉가 "당신의 새 페이스북 친구가 가짜임을 의미하는 7가지 확실한 징후들"이라는 보도를 했을 정도다.[34] 페이스북은 회원가입 시 실명을 적도록 하는 정책이 가짜계정 생성을 막을 거라고 주장하지만, 이는 틀린 주장 같다.

다나 보이드 같은 외부인뿐 아니라 페이스북 내부에서도 우려의 목소리가 나오고 있다. 페이스북에서 수집하는 이용자정보가 이용자들이 원하지 않는 목적으로 쓰일 수 있다는 것이다. 2011년부터 2012년까지 페이스북에서 플랫폼 오퍼레이션 매니저로 일한 샌디 파라킬라스^{Sandy Parakilas}는 2018년에 한 방송 인터뷰에서, 민감한 이용자정보를 보호하기 위해 추가적인 조치들을 취해야 한다고 페이스북 경영진에게 건의했으나 철저히 묵살당했다고 밝혔다.

"제가 건의한 건 주식공개 몇 주 전이었습니다. 언론도 이 문제를 끊임없이 제기하고 있었고요. …… 페이스북에서 의무를 다하지 않는다는 점을 계속해서 지적했습니다." 그는 페이스북이 자신의 첫 직장이었는데, IT 분야에서 일한 지 겨우 9개월밖에 안 된 자신에게 페이스북 이용자정보의 보안 책임을 맡겨 크게 놀랐다는 말도 덧붙였다. "그들은 그문제를 해결하는 일에 별로 관심이 없었습니다. 회사 내에서 자신들의 평판을 보호하는 데만 관심 있었습니다."[35]

소셜미디어가 유발하는 사회문제를 경고하는 목소리도 점차 커지고 있다. 페이스북 임원 출신인 차마트 팔리하피티야Chamath Palihapitiya는 페이스북이 불러일으킬 수 있는 중독 문제를 거론하며 "페이스북이 심각한 사회문제를 유발한다"고 말한 바 있다.[36]

언론 인터뷰를 통한 비난에 그치지 않고 행동에 나서는 사람들도 있다. 2018년, 구글이나 페이스북 같은 IT기업에서 임원으로 일한 몇몇 사람들이 센터 포 휴메인 테크놀로지Center for Humane Technology를 설립해 소셜미디어 중독이 유발할 수 있는 사회문제들에 체계적으로 대응하려 노력하고 있다.[37]

변곡점이 나타난 걸까?

▶ ▶ ▶

오래전부터 기업들은 제대로 파악하기 어려울 정도로 빼곡한 계약서를 근거로 사람들의 개인정보를 합법적으로 수집해왔다. 오늘날의 데이터

브로커들 역시 합법적으로 당당하게 사람들의 개인정보를(당신은 흡연자입니까? 당신은 동성애자입니까? 당신은 '50가지 그림자' 시리즈를 좋아합니까?) 수집하고 거래한다. 사실상 행정당국의 단속도 없고, 대부분 사람들은 자신의 개인정보가 유통된다는 사실을 인지하지도 못한다. 주요 IT기업 최고경영자들이 의회 청문회에 불려 나오고, 유럽에서는 포괄적 데이터 보호법General Data Protection Regulation, GDPR이 시행되고, 개인정보 남용이 끔찍한 사건들로 이어지는 것을 보면, 개인정보 활용의 통제라는 측면에서 주요한 변곡점을 지나는 중인지도 모르겠다.

안토니오 가르시아 마르티네즈Antonio García Martínez는 실리콘밸리 사정을 잘 아는 내부자로, 이 같은 문제를 대중에게 알렸다. 그는 자신의 직접적인 경험을 바탕으로 기술한 책《카오스 멍키Chaos Monkeys》에서 서드파티의 광고 프로그램들이 인터넷 이용자들을 끝까지 쫓아다닐 수도 있다고 밝혔다.[38] 마르티네즈는 회원들의 개인정보를 제한적으로 사용하겠다는 페이스북의 약속을 어떻게 생각할까? "대중의 분노가 극한 상황으로 표출되지 않는 한 페이스북은 사람들의 개인정보를 결코 제한적으로 사용하지 않을 것입니다. 이것이 실리콘밸리의 현실입니다."[39]

개인정보 남용에 대한 대중의 분노가 극한에 다다랐다는 징후는 곳곳에서 발견된다. 2016년 트러스트이TRUSTe와 사이버보안전국연합National Cyber Security Alliance, NCSA이 조사한 바에 의하면, 개인정보 침해와 주요한 소득원 상실 가운데 어느 것이 더 위협적인지 묻는 질문에 전자라고 대답한 미국인이 더 많은 것으로 나타났다.[40]

각국 정부도 각성하는 중이다. 〈뉴욕타임스〉에 따르면, 전 세계 최소 50개국 이상이 정부에서 개인정보 접근을 규제하는 법령을 시행하고 있다.[41] 개인 간 커뮤니케이션 네트워크라는 이유로 규제하지 않았더니 심각한 문제들이 표출되고 있고, 이를 시민에 대한 위협으로 인식한 각국 정부가 대응에 나선 것이다. 중국 정부는 2009년부터 중국 내 페이스북 사용을 금지했다(반체제 인사의 소통수단으로 쓰일 위험이 있어서이기는 하지만 말이다). 마크 저커버그 페이스북 CEO가 중국어를 배우는 등 적극적으로 구애하고 있지만, 페이스북 사용 금지가 풀릴 징후는 전혀 없다.

각국 정부가 페이스북 영업을 지속하도록 용인하는 대신 페이스북 분할을 요구할지도 모른다. 만약에 이 같은 움직임이 가시화된다면, 막대한 자금을 들여 왓츠앱과 인스타그램을 인수해 몸집을 키운 페이스북으로서는 매우 나쁜 소식이 될 것이다.[42] 사람들은 데이터를 '새로운 시대의 석유'라고 부르는데, 이미 1900년대 초에 미국 정부는 거대 석유회사들의 독점 횡포를 막기 위해 일정 규모 이상의 석유회사들을 분할한 바 있다. 그리고 거대 독점기업이었던 AT&T의 분할 이후 정보통신업계에서 혁신이 폭발했다는 기억도 각국 정부가 페이스북 분할을 추구하는 근거가 될 수 있다.

이미 미국 정부는 스마트TV 제조사들이 삼바TV 같은 서비스로 이익을 추구하는 사업 모델을 제한하고 있다.[43]

페이스북은 자사 직원들과 취업희망자들 사이에서 평판을 잃어가는 중이기도 하다. 2018년 말 이루어진 한 조사에 따르면, 페이스북 직원들과 취업희망자들의 절반 정도만이 페이스북이 세상을 더 나은 곳으로 만든다고 생각하는 것으로 나타났고, 응답자들의 52퍼센트만이 페이스북이 올바른 길을 가고 있다고 생각하는 것으로 나타났다.[44] 그런가

하면 많은 페이스북 직원들이 이직을 추진하는 중이라는 보도가 나오기도 했다.[45]

페이스북 앞에 새로운 경쟁자들이 나타날 가능성도 다분하다. 페이스북은 자사 서비스 이용자들과 깊은 관계성을 형성하고 있지만, 그들에게 직접 요금을 받는 것은 아니다. 페이스북은 자사 서비스 이용자들에 관한 정보를 광고업자들에게 팔아 이익을 창출하는데, 사실 이용자정보의 상당 부분은 이용자가 뭘 좋아하고 뭘 클릭하는지 등을 통해 간접적으로 얻는다. 그런데 이는 아마존도 얼마든지 할 수 있다. 오히려 아마존이 페이스북보다 더 정밀하면서도 직접적인 이용자정보를 얻을 수 있고, 결정적으로 이용자들이 실제로 어디에 돈을 쓰는지 알 수 있다. 많은 전문가가 아마존이 구글과 페이스북의 광고 매출 상당 부분을 흡수할 수 있으며, 아마존이 제공하는 이용자정보는 매출로 이어질 가능성이 훨씬 더 크기 때문에 광고업자들이 더 선호할 수 있다고 전망한다.[46]

새로운 소셜미디어가 나타나 페이스북 이용자들을 흡수할 수도 있다. 예를 들면 페이스북에 인수된 인스타그램의 창업자들은 다른 경영자들과의 불화로 지난 2018년에 회사를 떠났다. 회사를 떠난 인스타그램 창업자 중 한 명인 케빈 시스트롬Kevin Systrom은 "뭔가 새로운 것"을 시작할 것 같다고 말했다.[47] 내가 페이스북 임원이라면 흠칫했을 것이다. 생각해보라. 엄청난 인기를 끄는 소셜미디어를 만든 장본인이 지금 야인이 돼 뭔가 새로운 것을 또 만들겠다고 한다. 그런데 자신이 만든 소셜미디어 플랫폼을 매각해 이미 막대한 돈을 벌었기 때문에 새 소셜미디어가 크게 성공하더라도 페이스북에 이를 팔지 않을 가능성이 크다.

내 생각은 기본적으로 이렇다. 페이스북을 비롯해 이용자정보를 활용한 광고 수입을 추구하는 소셜미디어 플랫폼들은 이미 중대한 변곡점의 시기가 도달해 있다. 아마도 이들은 이번 변곡점의 시기를 어떻게 헤쳐 나가야 하는지 확고한 방침을 마련하지 못했을 것이다. 하지만 분명한 것은 이번 변곡점의 시기를 지나고 나면 이들은 지금과 완전히 다른 모습이 돼 있을 것이다.

변화를 빨리 파악하는 8가지 방법
▶ ▶ ▶

페이스북은 지금 매우 중요한 시기를 보내고 있다. 지금 이 글을 쓰는 시점에 페이스북의 활동 계정은 20억 개가 넘고, 2017년 기준으로 매출은 400억 달러에 이른다. 인터넷 어디를 가도 페이스북 이야기를 하고 있고, 페이스북의 성장세가 꺾일 기미는 전혀 보이지 않는다. 그러나 거인들은 항상 쓰러졌다. 자신 앞으로 다가오는 폭풍을 미리 알아보지 못하면 그렇게 된다. 노키아의 경우를 생각해보라.

2007년만 해도 노키아의 스마트폰 글로벌 시장점유율은 49.4퍼센트에 달했다. 그해 11월 〈포브스Fobes〉 표지는 노키아 CEO가 장식했고, 커버스토리 제목은 "노키아 : 10억 고객들 – 다른 기업들이 이 휴대폰의 왕을 따라잡는 게 가능할까?"였다. 그러나 애플에서 첫 아이폰을 발표한 일, 안드로이드에서 휴대폰용 운영체제를 발표한 일은 노키아에게 분명한 경고신호였다.

나는 2000년대 초에 노키아와 여러 프로젝트들을 수행했다. 그러다 2007년 즈음에 노키아에서 알던 사람들로부터 회계 쪽이 회사 분위기를 주도하고 있고, 시장을 잘 아는 인재들이 회사에서 많은 압박을 받고 있다는 소식을 들었다. 당시 나는 노키아가 다른 경쟁사들보다 훨씬 빨리 개발한 태블릿 시제품을 갖고 있었는데, 그 기기는 정식으로 출시되지 못했다. 그리고 내가 개발에 참여한 노키아의 성장전략 하나는 그대로 폐기됐다는 우울한 소식도 들었다. 회사가 하락세라는 변곡점의 징후들이 계속해서 나타났으나, 노키아 경영진은 이를 파악하지 못했다. 그때까지 거둔 큰 성공이 경영진의 눈을 가렸기 때문이다. 이런 현상이 지금의 페이스북에도 보이는 것 같다.

이용자정보를 수집해 타깃광고에 활용하는 페이스북의 사업방식은 심각한 문제의 소지가 있다. 실제로 충격적인 사고로 이어진 사례도 많다.

이런 사업방식 때문에 페이스북이 조만간 심각한 도전에 직면할 것이란 외부의 우려가 끊이지 않지만, 페이스북은 이를 계속 무시하고 있다. 페이스북이 언제까지 지금 같은 경쟁우위를 유지할 수 있을지는 모르겠지만(지금까지는 왓츠앱이나 인스타그램처럼 빠르게 성장하는 새로운 소셜미디어를 인수하는 식으로 성공적으로 경쟁우위를 유지해오고 있다), 전시상황이라고 한 저커버그의 선언과 달리 2018년을 기준으로 자신들이 전시상황에 처했다는 인식이 페이스북 경영진에게는 없는 것 같다.

다음 장에서는 기업의 하락세를 의미하는 징후를 파악하고 이를 해석하는 방법에 대해 논하려고 한다. 본격적으로 논의하기에 앞서, 기업의 약점을 의미하는 징후를 좀 더 빠르게 파악할 수 있도록 조직 체질을 개선하는 방법에 대해 이야기해보자.

눈이 가장 먼저 녹기 시작하는 곳에 주목하라
▶ ▶ ▶

어딘가에서 눈이 녹기 시작했다면 당연히 그곳에 주목해야 한다. 많은 미래학자들이 같은 말을 하며, 미래학자 에이미 웹Amy Webb은 《시그널스The Signals Are Talking》에서 이를 자세히 다루기도 했다.⁴⁸ 하지만 경영자들 쪽으로 가면 이야기가 달라진다. 일반적으로 눈이 가장 먼저 녹기 시작하는 곳은 어떤 영역의 가장자리인데, 너무나 바쁜 경영자에게 가장자리를 돌아보는 것은 후순위 중에서도 후순위다. 경영자들은 금번 분기의 목표 달성에 모든 시간과 관심을 집중하고, 그 외에도 처리해야 할 일들이 많다. 게다가 성공적으로 성과를 내고 있는 경영자라면 가장자리에는 더더욱 관심이 없다. 이들은 본사에 머물면서 새로운 전략을 구상하거나 직원들의 보고를 검토하면서 대부분의 시간을 보낸다.

하지만 가장자리에서 나타난 위기의 징후들을 방치할 경우, 어느 시점부터는 걷잡을 수 없는 위기로 확대돼 우리 앞에 나타날 수 있다. 기업의 하락세를 의미하는 징후들을 빠르게 파악하는 조직 역량을 만들어내고자 한다면 다음 8가지 방법을 실행하길 권한다.

1. 현장 정보가 최고경영진에게 곧장 전해지는 체계를 갖춘다

경영자들이 중요한 변곡점의 발생을 놓치는 매우 흔한 이유는 가장자리에서 지금 무슨 일이 일어나고 있는지를 아는 사람들과 단절됐기 때문이다. 자신과 생각이 다르거나 자신이 모르는 것을 알 법한 사람들과 소통하지 않는 경영자는 바깥 상황을 잘못 판단하기 쉽다.

어쩌면 이는 페이스북의 현재 상황인지도 모른다. 여느 성공한 스타트업들이 그렇듯, 페이스북 최고경영진은 창업 초기부터 함께 일해온 소수로 이루어져 있다. 그들은 자신들을 "가족"이라고 부른다.[49] 가족과도 같은 최고경영진이 갖는 장점은 분명히 있다. 서로에게 강한 연대의식과 신뢰가 있고, 이는 페이스북의 빠른 성장을 가능하게 한 요인 중 하나다. 하지만 스스로를 가족이라 불렀던 최고경영진 중 상당수가 최근 페이스북을 떠났고, 이는 페이스북이 변곡점을 맞고 있다는 한 가지 징후가 될 수 있다.

페이스북 최고경영진의 문제점을 지적하는 사람들도 있다. 그들을 가까이에서 지켜봤다는 한 사람은 다음과 같이 말했다. "마크 저커버그는 아첨꾼들, 그리고 그 자신과 똑같이 생각하는 사람들에게 둘러싸여 있습니다. 그는 자신의 회사가 세상에 끼치는 부정적인 영향을 정말로 몰라요."[50] 그런가 하면 페이스북은 반대 의견이 용인되지 않는 분위기라고 말하는 사람들도 있다. 이런 분위기에서는 리더들이 세상을 제대로 볼 수 없다.[51]

변곡점의 발생을 일찍 알아보는 기업들은 시장에서 일어나는 새로운 변화와 실제 현장의 정보를 원활하게 파악하는 체계를 갖추고 있다. 여기서 말하는 체계란 다양한데, 예를 들어 루이스 거스너Louis Gerstner IBM 회장은 최고경영자가 된 직후 고객들을 직접 찾아다니며 그들의 목소리를 들었고, 실무 직원들과 대화를 나누며 현장에서 실제로 무슨 일이 일어나고 있는지 파악하려 했다. 또한 직원들과의 회의를 정기적으로 가져 조직 상황을 정확하게 파악하려 했는데, 회의 참석자는 직급이 아니라 회의에서 어떤 정보를 내놓을 수 있느냐를 기준으로 선발됐다. 루이스 거스너 시절의 IBM은 매우 관료적이고 직급이 중시되는 조직이었기 때문에 직원 대부분이 놀라워했다.

경영자들에게 실무 직원들과의 대화는 현장 상황을 파악하는 효과적인 수단이다. 내가 아는 어느 최고경영자는 정기적으로 실무 직원들과 조찬을 하며 대화를 나누는데, 이 조찬 참석자는 컴퓨터 프로그램이 무작위로 뽑는다. 그런가 하면 시티뱅크 신용카드 사업 부문은 임원들에게 매달 고객 한 명과 대화를 나누고, 새로 안 사실을 기록으로 남기라고 주문하고 있다.

눈이 가장 먼저 녹기 시작하는 곳에서 무슨 일이 일어나고 있는지를 리더가 정확하게 파악하는 것은 매우 중요하며, 기업은 이를 위한 구체적인 방법을 마련해둬야 한다.

2. 생각의 다양성을 용인하고, 이를 활용한다

우리 인간은 자신이 가진 준거의 틀 안에서 세상에 대한 기대치를 갖는다. 페이스북 창업자들과 최초의 이용자들을 생각해보라. 대부분이 미국 아이비리그 대학생들이었다. 그들은 페이스북 이용자가 서로 다른 온갖 문화적 규범과 기대치와 욕구를 가진 전 세계 사람들로 확장됐을 때 페이스북 이용과 관련해 무슨 일이 일어날지에 대해 정확한 기대치를 가질 수가 없었다.[52]

유명 블로거이자 사업가인 아닐 대시Anil Dash는 이를 좀 더 직설적으로 표현했다. "겨우 26세에 세계적인 명사가 됐고, 엄청난 돈을 벌었고, 평생 주위로부터 좋은 대접을 받아왔고, 누가 봐도 성공한 삶을 살고 있다면…… 당연하죠, 다른 사람들이 몰래 나쁜 일을 할 거라곤 생각하지 못할 겁니다."[53]

상상력과 넓은 시야가 없다면 다른 사람들이 어떤 수단을 어떤 식으로 활용할지 제대로 예상하지 못한다. 링크NYC^{LinkNYC} 프로젝트만 해도 그렇다. 이 프로젝트는 방치된 공중전화박스를 인터넷 사용 공간으로 바꿔 누구라도 쓸 수 있게 하자는 기획에서 시작했다. 이 프로젝트를 기획한 사람들은 새로운 공중전화박스가 지역정보를 찾아보고자 하는 관광객들, 인근 맛집을 탐색하는 주민들, 그 외 건전한 목적으로 인터넷을 사용하고자 하는 사람들에게 유용한 공간이 되리라 생각했다. 그러나 당혹스럽게도 링크NYC가 만든 새 공중전화박스는 공짜 인터넷을 노린 사람들이 제집 거실처럼 쓰는 장소가 됐고, 일부는 개방된 곳인데도 포르노를 봤다![54]

자신이 주최하는 토론이나 회의에서 다양한 견해를 용인하는가? 자신과는 인생 경험과 관점이 완전히 다른 사람들의 이야기를 듣는가? 발생 가능한 다양한 상황을 예상할 수 있음에도, 무작정 한 가지 시나리오만 상정하지는 않는가?

3. 속도와 안정성의 균형을 추구한다

아마존 창업자인 제프 베조스는 아마존에서 이루어지는 의사결정을 크게 2가지로 구분해 인식한 것으로 잘 알려져 있다. 그가 '타입1'이라고 부른 의사결정은 아마존 전체에 매우 큰 영향을 미치며, 리스크가 크고 결정을 되돌리기 어렵다. '타입2'라고 부른 의사결정은 리스크가 작고 결정을 되돌리기 쉽고 학습의 기회로 삼을 수 있다. 소규모 팀을 통해 타입2의 의사결정을 실험하고 확인하는 접근법은 아마존이 크게 성공한 주요 요인으로 꼽힌다.

오늘날 많은 기업이 전통적인 관료주의 방식을 대체하고 애자일 방법론을 도입하고 있는데, 아마존이 이런 흐름을 선도했던 셈이다.[55] 리스크가 작은 의사결정의 경우, 소규모 팀에게 전권을 주고 처음부터 끝까지 팀의 자체 판단에 따라 일을 진행하도록 하는 것이 중요하다. 그렇다면 이 소규모 팀의 규모는 어느 정도가 적절할까? 제프 베조스는 '투 피자 룰two pizza rule'이라는 원칙을 만들었는데, 타입2의 의사결정을 진행하는 팀 규모는 간식으로 피자 2판을 배달시켜 먹는 정도가 적절하다는 의미다. 구체적으로는 10~12명으로, 이 정도 규모 조직은 별도의 조정 기능 없이 원활하게 가동될 수 있다는 것이 그의 판단이었다. 그는 타입2의 의사결정에 대해서는 투 피자 팀에게 전권을 부여했고, 회사 관료 조직의 개입을 최소화했다.

아마존의 투 피자 팀 같은 애자일 팀과 전통적인 기업 조직이 움직이는 방식이 서로 어떻게 다른지는 다음 사례를 보면 이해하기 쉽다. 베인앤드컴퍼니Bain&Company의 컨설턴트인 크리스 주크Chris Zook와 제임스 앨런James Allen은 2015년에 출간한 책에서 존 도나호John Donahoe 이베이 CEO가 어떤 식으로 일하는지 소개한 바 있다. 이들에 따르면, 도나호는 30세 미만의 젊은 직원들과 자주 회의했는데(기업인수를 통해 이베이에 합류한 직원들이 많았다), 한번은 잭 에이브러햄Jack Abraham이라는 젊은 직원이 회사 웹페이지 디자인을 크게 바꿀 필요가 있다고 제안했다. 도나호는 어느 정도 예산과 기간이 필요한지 보고해달라고 했다. 에이브러햄은 개발자 5명을 섭외해 2주 동안 호주로 가서 합숙하며 새로운 웹페이지 디자인을 개발하자고 했고, 정말로 2주 만에 결과물을 내놓았다. 도나호는 너무나 좋아하며 기쁨을 감추지 못했다. "보통은 개발 팀에서 엄청난 분량의 파워포인트 프레젠테이션을 하고, 개발기간 2년과 예산 4,000만 달러를 요구했을 겁니다. 그런데 그 친구들은 2주 내내 쉬지도 않고 일하더니 프로토타입을 만들어 왔어요. 해낸 겁니다. 파워포인트 같은 것으로 설명하느라 시간을 쓰지도 않고, 그냥 만들어 왔어요."[56]

현장 직원들을 믿고 그들에게 권한을 부여하는 방식은 엄청난 효과를 만들어낼 수 있다. 홈디포는 이런 방식으로 최근 실적 개선에 성공했다.[57] 현장 직원들을 믿지 못하고 외부 컨설턴트들에게서 답을 구하려고 해봐야 비용만 많이 들고, 정작 그들이 하는 일이라고는 현장 직원들에게 이야기를 듣고, 그것을 경영진에게 전달하는 것뿐이다!

페이스북도 권한이 부여된 소규모 팀이 의사결정을 하는 방식을 적극적으로 활용하고 있기는 하다. 문제는 타입1의 의사결정을 소규모 팀에게 맡겼다는 것이다. 그동안 페이스북을 둘러싼 심각한 사태들을 생각해보라. 비컨 서비스가 유발한 사생활침해 문제, 이용자정보 무단 수집, 이용자들을 대상으로 행한 감정 조종 실험, 케임브리지 애널리티카 스캔들, 미국 대선 개입 같은 사태들 말이다. 타입2의 의사결정은 속도 위주로 진행하는 것이 좋은 결과로 이어질 수 있지만, 타입1의 의사결정은 이야기가 완전히 다르다. 페이스북은 타입1의 의사결정에서 속도만 중시하는 방식이 얼마나 위험한지 제대로 알았을 것이다. 이미 2014년에 저커버그는 속도 중심의 의사결정을 포기하고, 속도와 안정성을 동시에 추구하겠다고 선언한 바 있다. 물론 2014년의 선언은 개발자 커뮤니티에 대한 것이기는 했지만, 페이스북의 주요한 의사결정에도 같은 원칙이 지켜질 필요가 있다.

4. 현장 직원들이 참여할 수 있는 수단을 제공한다

페이스북은 이 방법을 잘 이해하고 있는 것 같다. 피터 심스Peter Sims의 책 《리틀 벳Little Bets》에 이에 관한 이야기가 잘 나와 있다.[58]

여기서는 다른 사례 하나를 소개하려 한다. 바로 어도비의 킥박스 프로그램Kickbox program이다. 킥박스는 좀처럼 윗선으로 가지 못하는 현장 직원들의 아이디어를 최고 의사결정 회의까지 가지고 가기 위해 어도비에서 활용하는 도구다. 직원들의 창의적인 아이디어 대부분이 그 가능성을 확인받기도 전에 회사의 관료주의 앞에서 사장되고 마는 것이 현실인데, 킥박스는 이런 현실 인식에서 만들어졌다. 킥박스는 "아이디어가 있는 경우에 사용하시오"라는 말이 인쇄된 빨간색 종이상자다.

이 킥박스에는 사용설명서, 볼펜, 포스트잇, 타이머, '나쁜 아이디어'를 위한 작은 노트, 큰 노트, 초콜릿바, 10달러짜리 스타벅스 상품권 등이 들어 있다. 초콜릿바와 스타벅스 상품권은 혁신 아이디어를 구체화하는 데는 역시 달콤한 간식과 커피가 필요하다는 인식에서 나온 배려일 것이다. 킥박스가 다른 기업들의 직원 아이디어 제안 수단과 구별되는 또 한 가지 구성품은 1,000달러짜리 선불카드다. 킥박스를 받아 든 어도비 직원들은 선불카드에 든 1,000달러를 자유로이 쓸 수 있다. 사전에 회사 허락을 구할 필요도 없고, 나중에 돈을 어디에 썼는지 보고할 필요도 없다.

킥박스는 마크 랜들Mark Randall 어도비 수석전략가이자 창의혁신 부문 부사장이 만들었다. 기존 소프트웨어 판매 방식에서 클라우드 방식으로 사업방식을 전환하는 과정에서 어도비는 다양한 아이디어가 많이 필요했고, 직원들에게서 창의적인 아이디어를 끌어내기 위해 킥박스라는 도구를 개발해 활용하기 시작한 것이다.[59] 직원들의 아이디어를 활용하는 방법을 찾는 과정에서 그는 수많은 직원과 직접 대화를 나눴다. 그가 직원들과의 대화를 통해 알아내고자 한 것은 직원들이 가진 고객 정보, 혹은 회사가 나아갈 방향에 대한 값진 통찰 등을 어떤 이유로 회사가 활용하지 못하는가 하는 점이었다.

직원들과의 대화를 통해 그는 아무리 훌륭한 아이디어라도 조직의 관료주의에 가로막혀 앞으로 나아가지 못한다는 점을 확인했다. 이런 문제를 해결하기 위해 100만 달러짜리 프로젝트 하나를 가동하는 것보다는 1,000달러짜리 도구 1,000개를 가동하는 편이 더 낫다는 판단을 내렸다. 어도비 직원 누구라도 신청하기만 하면 킥박스를 받을 수 있다. 킥박스에는 아이디어 제출 시한 같은 것도 없고, 아이디어를 아예 제출하지 않는다 하더라도 아무도 책임을 묻지 않는다. 다만 킥박스를 신청한 직원은 킥박스 키트 사용법을 알려주는 이틀짜리 교육 과정에 참석하라는 권고를 받는다(이 역시 강제가 아니다). 킥박스는 모두 6단계로 진행되는데, 다음 단계로 넘어가기 위해서는 몇 가지 조건을 충족해야 한다. 이 6단계를 완수해야 최고경영진에게 아이디어가 전달된다.

지금까지 1,000명 정도가 킥박스를 요청해 킥박스 키트를 받았다. 이들 가운데 최종 단계까지 진행해 최고경영진에게 자신의 아이디어를 제출한 사람은 소수에 불과하다. 하지만 킥박스를 통해 제안된 아이디어가 8억 달러짜리 포토리아Fotolia 인수를 끌어내는 성과로 이어지기도 했다. 지금까지 킥박스의 6단계를 완수한 직원들은 23명이라고 하며, 이들에게는 블루 킥박스Blue Kickbox라는 상이 주어졌다. 이 블루 킥박스에 뭐가 들어 있는지는 아직까지 알려지지 않았다. 어쨌든 마크 랜들이 만든 킥박스는 현장 직원의 아이디어를 구체화해 최고경영진에게 전달되도록 만드는 꽤 효과적인 수단임이 분명하다.

어도비는 다른 기업들이 활용할 수 있도록 킥박스 키트 내용과 활용법을 공개했다.[60]

5. 회사 건물 밖에서 답을 찾는다

데이터마케팅 기업들이 실제로 어떤 의도였는지는 몰라도, 많은 문제가 생기고 있는 것이 현실이다. 사실 페이스북은 선거 결과에 영향을 끼치거나 시민을 억압하는 일에 동조하려는 의도가 전혀 없었을 것이다. 하지만 그들은 '실제 현장'에서 무슨 일이 일어나는지를 알지 못했고, 나쁜 의도를 가진 사람들의 남용을 막지 못했다.

유능한 리더들은 실제 현장에서 무엇이 어떤 식으로 변하는지 지속적으로 파악하려 한다. '커스터머 디스커버리customer discovery' 프로세스 고안자로 알려진 스티브 블랭크Steve Blank 교수는 다음과 같은 말을 한 것으로도 유명하다. "답은 회사 건물 안에 없습니다." 직접 창업해 자신의 기업을 경영하고 있기도 한 스티브 블랭크는 경영자들이 현장으로 나가 고객과 만나면서 영감을 얻고 아이디어를 구해야 한다고 강조했다. 주로 회사 건물에 머물다가 가끔씩 현장을 둘러보는 식으로는 현장 상황을 제대로 파악하는 데 한계가 있으며, 직원들이 상사들에게 좋은 인상을 주기 위해 현장 정보를 감출 때도 있다는 점을 고려해야 한다.

〈뉴욕타임스〉의 보도를 보면 좀 더 분명히 이해할 수 있을 것이다. 의류회사 갭의 경영진이 직원 만족도를 높여 더 나은 고객 응대를 할 수 있도록, 매장 직원들에게 근무시간을 자유로이 선택할 수 있게 했다. 이는 매장 책임자들에게 새로운 숙제를 안겼다. 〈뉴욕타임스〉는 기사에서 한 책임자의 이야기를 소개했다. "본사 임원이 매장을 찾아온다는 소식을 들으면, 매장 상황이 좋아 보이도록 하기 위해 직원들의 근무시간을 연장했습니다."[61]

새로 내린 결정이 현장에서 어떤 변화를 이끌어내고 있는지 확인하기 위한 경영진의 시도가 현장 책임자들의 판단으로 무산된 셈이다. 〈뉴욕타임스〉가 보도한 매장의 경우, 본사 임원에게 통상보다 인건비가 더 많이 투입된 상황을 보여줬고, 당연히 본사 임원은 상황을 제대로 인식할 수 없었다. 현장 상황을 정확하게 파악할 기회가 처음부터 차단된 것이다. 하지만 매장 책임자를 비난할 수는 없다. 대부분의 기업 문화에서 매우 일반적인 대응이기 때문이다. 자기 집에 손님이 온다고 하면 거실을 치우는 것은 당연하다. 손님이 왔을 때의 거실은 평소와 달리 정돈돼 있다!

내 수업을 들은 한 통신사 임원의 경우도 비슷하다. 당시 그 임원이 일하던 통신사는 중계기를 충분히 설치하지 못해, 서비스 이용자들 사이에서 나쁜 통화품질로 유명했다. 그 통신사의 유럽 본사 경영진이 미국에 오는데, 내 수업에 들어오던 임원이 응대를 맡게 됐다.

나는 나중에 그에게 물었다. "미국의 나쁜 통화품질을 두고 유럽 사람들이 뭐라고 했습니까?"

임원은 이렇게 답했다. "유럽 사람들은 통화품질 문제를 겪지 않았습니다. 본사 사람들이 어디서 어디로 가는지, 어디에 머물지 다 알고 있었거든요. 그래서 그 사람들 동선에 맞춰 통화품질 문제를 겪지 않도록 기술자들이 다 조치해뒀습니다. 그들의 이번 방문이 통화품질 문제를 살펴보기 위한 것도 아니었고요."

유럽 본사 경영진은 고객들이 회사 서비스를 어떻게 생각하는지 알아낼 기회를 임원의 개입으로 잃어버렸다.

경영자들이 주로 본사에 머물다가 가끔씩 현장을 살펴보는 식으로는 현장의 진짜 모습을 알 수 없다. 현장의 진짜 모습을 알기 위해서는 고객들과 기업 사이에서 진짜로 무슨 일이 일어나고 있는지를 직접 지속적으로 관찰해야 한다.

일부러 신경 쓰지 않아도 현장 모습을 직접 지속적으로 관찰할 수 있는 상황을 처음부터 만드는 것도 좋은 방법이다. 경영자의 사무실을 현장 가까이에 만들거나, 고객과 중요한 대화를 나눠야 할 때 직접 듣는 업무 프로토콜을 만들어두는 방법 등을 생각해보라.

현장의 진짜 모습을 알 수 있는 방법은 다양하다. 내가 소프트웨어 회사인 솔브 넥스트Solve Next와 함께 일하면서 알게 된 방법 하나를 소개할까 한다. 브랜드 테이크오버Brand Takeover라는 방법인데, 자신이 일하는 회사가 다른 회사에 인수됐다는 가정하에 다음과 같은 질문들에 답을 구하는 것이 기본 방식이다.

- 그 회사는 뭘 새롭게 시작하라고 요구할까?
- 기존 업무 가운데 뭘 중단하라고 요구할까?
- 우리의 마케팅 예산에 대해 뭐라고 말할까?

완전히 다른 회사의 입장에서 생각해보면, 이전에는 보이지 않던 많은 것이 새롭게 드러난다.[62]

6. 불편하지만 유용한 정보를 수용하는 인센티브 체계를 만든다

페이스북의 비즈니스 모델은 이용자 개인정보 판매를 기본으로 하는데, 이 과정에서 많은 문제가 나타났다. 페이스북 경영진은 이런 문제들에 대한 보고를 적극적으로 듣지 않았다.[63] 듣기 싫었기 때문이다. 그들은 개인정보 침해 문제가 제기될 때마다 "이용자들의 동의를 이미 받았습니다"라는 말만 되풀이했다.[64]

미국 공영라디오 NPR의 기자인 아르티 샤하니Aarti Shahani는 페이스북의 진짜 문제는 그들이 이용자 관여도에 지나치게 몰입한다는 점이라고 보도했다.

> 페이스북에서 일했던 사람들은 근무 첫날부터 경영자들이 관여도를 중요하게 챙기는 모습을 봤다고 말합니다. 접속자 수, 좋아요 수, 공유한 게시물 수, 동영상 시청 시간 같은 것들을 중요하게 관리했다는 것입니다. 페이스북 전·현직 직원들에 따르면, 페이스북의 대표 상품이라 할 수 있는 뉴스피드 기능에 변화를 줄 수 있는 제안을 하려면 그 제안이 이용자 관여도에 얼마나 영향을 끼칠지에 대한 상세한 분석보고서를 함께 제출해야 했다고 합니다. 이용자 관여도에 대한 페이스북 경영진의 지나친 몰입은 페이스북 블로그에 포스팅되는 자료나 페이스북에서 진행하는 시장조사에도 그대로 드러납니다.[65]

어떤 인센티브 체계를 운용하느냐에 따라 기업에 도움이 되는 정보의 수용 여부가 결정된다. 잘못 설계된 인센티브는 누구도 의도하지 않고 누구도 원하지 않는 결과를 만들어낼 수 있다. 회계부정으로 파산에 이른 에너지회사 엔론을 생각해보라. 엔론 경영진은 주가부양을 목표로 인센티브를 설계하고 주가부양을 통해 막대한 보상을 챙겨 갔지만, 이런 인센티브는 임직원들이 불법을 저지르도록 유도했고, 결국 파산으로 이어지면서 주주가치를 파괴하고 말았다.[66]

자신들의 활동이 불법임을 인지했다면 기업은 해당 활동을 즉각 중지해야 한다. 다른 제작사들이 만든 방송을 불법적으로 재판매했다는 혐의를 받은 에어리오Aereo는 미국 연방대법원 소송까지 가면서 저항했지만, 결국 패소해 파산에 이르고 말았다.[67] 페이스북은 지금 다양한 주체들에게 다수의 소송을 당한 상태로, 미국 증권거래위원회가 분기보고서에서 투자자 주의를 요했을 정도다.[68]

7. 현실을 부정하지 않는다

페이스북에서 잘못된 일들이 일어나고 있다는 증거가 끊이지 않는데도, 페이스북 경영자들의 공개적인 발언은 증거를 부정하거나 의미를 축소하는 내용이 대부분이다. 이들은 2016년 미국 대선에 페이스북이 영향을 끼쳤을 수도 있다는 지적을 부인했고,[69] 독일 나치에 의한 유대인 학살을 부정하는 사람들이 자신들의 주장을 확산시키는 데 페이스북을 이용할 수도 있다는 지적에도 적극적으로 대응하지 않았다.[70] 페이스북은 명확한 불법은 아니더라도 부도덕한 목적에 페이스북이 이용될 수 있다는 가능성에 대해 기꺼이 책임지려는 모습을 보이지 않고 있다. 무척 흥미롭게도 페이스북이 2010년에 발표한 보고서를 보면, 소셜네트워크가 미국 중간선거에서 유권자 표심을 바꾸는 데 큰 영향을 끼쳤다는 내용이 나온다.[71]

물론 경영자들의 현실 부정이 어제오늘 일도 아니며, 당장은 자신들에게 불리한 현실을 외면하고 부정하는 편이 더 편한 것도 사실이다. 도로지도책으로 한 시대를 풍미한 랜드 맥널리Rand McNally의 로버트 S. 애퍼토프Robert S. Apatoff CEO는 2006년 한 언론과의 인터뷰에서 디지털 혁명이 만들어낼 영향력을 제대로 인정하지 않는 듯한 발언을 했다.

전통적인 도로지도책이 사라질 거라는 사람들은 다시 생각해야 할 것 같다. 랜드 맥널리 본사에서 진행된 이번 인터뷰에서 애퍼토프 CEO는 이렇게 말했다. "그건 신문이 사라질 거라고 말하는 것과 같습니다. 사용 형태에 어느 정도 변화는 있겠지만, 사람들은 여전히 커피를 마시며 신문을 읽을 겁니다. 여행 계획도 마찬가지입니다. 사람들은 계속해서 지도를 이용하고 싶어 할 겁니다." 그는 사람들이 휴대기기나 인터넷과 함께 지도책을 볼 거라고 말했다.

이 인터뷰가 진행된 다음 해인 2007년, 랜드 맥널리는 부실자산투자회사 페이트리아크 파트너스Patriarch Partners에 인수됐다.[72]

8. 지금 열리고 있는 새로운 미래와 대화한다

"미래는 이미 여기 와 있다. 다만 널리 확산되어 있지 않을 뿐이다." 과학소설가 윌리엄 포드 깁슨이 한 말이다. 컨설팅회사 이노사이트의 내 동료들 가운데 한 명인 스콧 앤서니Scott Anthony는 이 개념을 기반으로 이렇게 조언한다. "미래의 대표자들을 만나고 그들과 대화할 수 있는 곳들을 찾아보라."[73]

10년 뒤, 20대 젊은이들이 세상을 어떻게 바라볼지 미리 알고 싶다면 지금 10대 청소년들과 대화해보라. 어떤 분야의 첨단 변화를 알고 싶다면 해당 분야의 전시회나 행사에 참석해보라. 전시회나 행사에 참석해보면 해당 분야에서 진행되는 의미 있는 프로젝트의 초기 아이디어에 관한 정보를 입수할 수 있다.

내 컬럼비아대학 동료인 프랭크 로즈Frank Rose 교수는 디지털 스토리텔링 랩Digital Storytelling Lab이라는 프로그램을 진행하는데, 디지털기술이 사람들이 공유하는 이야기와 경험에 끼치는 영향을 연구하는 것이 이 프로그램의 목적이다. 이 프로그램에서는 '이야기에 대한 혁신적인 접근법'을 제안하는 사람들을 발굴하고 보상을 제공한다. 교수는 혁신적인 커뮤니케이션 방법이 처음 출현해서 완성적인 형식을 갖추기까지 20년 정도가 걸린다고 믿는다.

영화를 예로 들면, 최초의 상업영화들은 오늘날 우리가 아는 것과 전혀 다르다. 그냥 연극 공연을 촬영한 것들이다. 비슷한 일이 오늘날에도 일어난다. 온라인교육을 생각해보라. 초기인 지금, 온라인교육은 강사의 강의를 촬영해 그대로 보여주는 수준에 머물러 있다. 이는 뉴미디어의 지향점과는 거리가 멀다. 온라인교육 분야도 앞으로 다양한 실험을 하고, 그만큼 많은 시행착오를 겪을 것이다.

영화를 만드는 방식은 오랜 시간 진화를 거듭해 오늘에 이르렀다. 영화 시퀀스를 짜고, 다양한 카메라앵글을 이용하고, 편집하고, 첨단 촬영기법을 활용하는 영화 제작 방식은 최초의 영화가 상영된 이후 수십 년에 걸쳐 하나씩 정립돼왔다.

프랭크 로즈 교수의 디지털 스토리텔링 랩에서는 해마다 디지털 더

즌^{Digital Dozen}이라는 디지털 영상 경연을 한다. 2018년에 출품된 디지털 영상 가운데 메일침프^{MailChimp}라는 이메일마케팅 기업의 광고들이 기억에 남는다. 메일침프와 발음이 비슷한 '메일 쉬림프'(이 영상에는 노래하는 새우가 나온다), '케일 림프'(이 영상에는 케일을 뒤집어쓴 강아지가 나온다) 같은 제목의 광고 영상들이 있었다. 광고 포스터에는 '페일 칩스'나 '제일 블림프' 같은 그림들이 나온다.[74]

2018년 디지털 더즌에 출품된 영상 중에는 미국과 멕시코 국경을 담은 영상도 있고, 제2차 세계대전 당시의 덴마크 스파이가 나오는 영상도 있다. 사실 이 정도 설명으로는 무슨 소리인지 알아듣기 어려울 것이다. 디지털 더즌에 출품된 영상들이 궁금하다면 디지털 더즌 웹사이트 http://digitaldozen.io/2018-awards/에 접속해 디지털 커뮤니케이션과 스토리텔링의 미래 모습을 직접 확인해보라.

미래의 현실은 전 세계에 동시에 출현하지 않는다. 일부에서 조금씩 모습을 드러내고, 영역을 확장해나간다. 미래의 현실이 가장 먼저 나타나는 영역을 발견해 그곳 사람들과 대화를 나눌 수 있다면 미래의 모습을 남들보다 먼저 파악할 수 있다.

선지자는 가까이 있다
▶▶▶

항상 관심을 갖고 정보의 흐름을 이끌어내지 않는다면 자신이 이끄는 회사의 가장자리에서 무슨 일이 일어나고 있는지 제대로 파악할 수 없다. 변곡점의 출현을 가장 먼저 알아볼 수 있는 곳에서 일하는 사람에게 의견과 정보를 구하라. 그들은 새로운 변화를 가장 잘 안다.

가장자리에서 일하는 사람이라면 이 말을 기억하라. "여러분의 시간은 여러분이 생각하는 것보다 더 빨리 올 수 있다." 변화가 가장 먼저 일어나는 곳에서 일한다면 앞으로 어떤 행동을 취해야 하는지 남들보다 훨씬 더 빠르게 판단할 수 있기 때문이다.

우리가 이 장에서 배운 것들

눈은 가장자리에서부터 녹는다. 비즈니스의 미래를 근본적으로 바꿔놓는 변화는 어느 구석에서 그 모습을 드러낸다. 이미 변곡점이 나타난 뒤에 대응책을 찾겠다며 허둥대는 상황을 피하고자 한다면 비즈니스의 구석에서 일어나는 일들도 파악하고 있어야 한다.

중대한 변곡점이 유발하는 대변동이 실제로 나타나기까지는 꽤 긴 시간이 걸린다. 대변동이 처음 나타났다 하더라도 아직 완전한 형태는 아니다. 따라서 가장자리에서 들어오는 정보를 계속 파악하고 있었다면, 대변동이 이미 시작됐음을 인지했다 하더라도 아직 늦지는 않았다. 대변동에 충분히 대응할 수 있다.

비즈니스의 가장자리에서 가장 먼저 나타나는 대변동의 징후들을 빠르게 파악하는 8가지 방법들을 정리하면서 이번 장을 마치고자 한다.

1. 기업의 가장자리에서 일하는 사람들과 전략을 결정하는 사람들 사이에 정보가 곧장 흐르도록 하는 체계를 갖춘다.
2. 자기만의 관점에서 벗어나, 미래에 대한 다양한 관점의 생각을 받아들인다.
3. 리스크가 크고 결정을 되돌리기 어려운 의사결정(타입1)은 정교한 의사결정 프로세스를 적용해 진행하고, 결정을 되돌리기 쉽고 학습의 기회로 삼을 수 있는 의사결정(타입2)은 소규모 애자일 팀에게 권한을 주어 진행한다.

4. 현장 직원들의 광범위한 참여를 끌어낼 수 있는 수단을 활용한다.

5. 회사가 처한 상황을 현장에서 직접 확인한다. 건물 밖에서 답을 찾는다.

6. 유용한 정보를 청취하고 수용하는 인센티브 체계를 만든다.

7. 조직원들이 현실을 부정하고 있지 않은지 항상 확인한다.

8. 새로운 미래가 전개되는 곳을 찾아가, 그곳 사람들과 대화한다.

최고경영자만이 새로운 변곡점을 알아볼 수 있는 것은 아니다. 기업에 중대한 영향을 끼칠 수 있는 새로운 변화와 가장 가까이에서 일하는 실무자들이야말로 변곡점의 출현을 가장 먼저 알아볼 수 있다.

02

전략적 변곡점의
초기 신호

다가오는 격변의 미약한 신호라 하더라도 일찍 감지할 수만 있다면 그만큼 일찍 변곡점의 발생을 준비하고 대응할 수 있다.

현재 비즈니스 모델의 존립 기반을 완전히 허물어뜨릴 수 있는 변화의 발생을, 나는 비즈니스의 변곡점이 발생했다고 말한다. 변곡점이 발생했다는 사실을 확인했다면 당연히 조직의 총력을 동원해 변곡점에 대응해야 한다.

이번 장에서는 변곡점 발생 이후의 대응이 아니라, 변곡점이 명확하게 나타나기 이전의 모호하면서도 혼란스러운 상황에서 논하려 한다. 변곡점이 분명하게 나타나기 전에는 모든 것이 혼란스럽고 불안정하다. 그리고 앞으로 일어날 일들이 어떤 의미이며, 어떤 결과를 유발할지에 대한 조직원들의 의견이 극명하게 갈린다.

디지털시대 초기에 일어났던 일들

▶ ▶ ▶

1995년 2월, 인터넷이 가져올 미래에 대한 온갖 희망이 넘쳐나던 시기에 〈뉴스위크Newsweek〉는 클리포드 스톨Clifford Stoll이 쓴 "인터넷이 너바나가 되지 못하는 이유Why the Web Won't Be Nirvana"라는 기사를 내보냈다.

공상가들은 재택근무를 하는 근로자들, 양방향 도서관, 멀티미디어 교실 수업 같은 미래상을 이야기한다. 일렉트로닉 타운미팅, 버추얼 커뮤니티 등에 대해서도 이야기한다. 상거래와 업무가 쇼핑몰과 사무실에서 모뎀과 네트워크로 옮겨 갈 것이라고도 이야기한다. 디지털 네트워크의 자유가 정부를 더욱 민주적으로 만들 것이라는 이야기도 한다.

말도 안 되는 소리다. 컴퓨터 전문가라는 사람들은 상식을 다 잃었나? 온라인 데이터베이스는 일간지를 대체하지 못할 것이고, 시디롬은 유능한 교사를 대체하지 못할 것이고, 컴퓨터 네트워크는 정부가 작동하는 방식을 바꾸지 못할 것이다. 이게 현실이다.

……전자출판은 어떤가? 디스크에 기록된 책을 읽으려고 해보라. 잘 봐줘야 불쾌하고 번거로운 일이 될 뿐이다. 컴퓨터 화면으로 책을 읽는 불편한 경험은 종이책을 넘기는 긍정적인 경험을 대체할 수 없다. 게다가 휴대용 컴퓨터로 책을 읽다가 그 컴퓨터를 해변에 부담 없이 던져놓는 일은 생각할 수도 없다. 다만 니콜라스 네그로폰테Nicholas Negroponte MIT 미디어 랩 교수는 우리가 곧 책과 신문을 인터넷에서 직접 살 수 있을 것이라고 내다보기는 했다. 그 정도는 분명히 일어날 것이다.[2]

인쇄물을 중심으로 뉴스를 발행하던 〈뉴스위크〉는 2012년에 재정 위기를 겪으면서 인쇄물 출간을 포기하겠다고 선언하기에 이르렀다. 클리포드 스톨이 절대 일어나지 않을 거라 장담했던 일이 〈뉴스위크〉에서 일어난 것이다.

하지만 어떤 변화를 감지했다고 해서 그 변화에 모든 것을 투자하는 식으로 접근해서는 안 된다.

1995년은 클리포드 스톨이 회의적인 시각으로 쓴 해이기도 하지만, 아마존이 온라인판매를 시작한 해이기도 하다. 그해에 한 조사업체가 기업들의 인터넷 활용 실태를 조사했다. 웹사이트를 만들어놓은 300여 곳들을 조사해본 결과, 인터넷의 상업적 활용이 원시적인 수준에 머물러 있었다. 몇몇 기업들은 앞으로 발전하리라 믿고 인터넷을 중심으로 투자하겠다고 답했지만, 대부분 기업은 이렇게 응답했다.

인터넷을 통한 매출은 참담합니다. 웹사이트 유지비를 겨우 댈 수 있는 수준입니다. …… 앞으로 최소한 20년은 컴퓨터 이외의 제품을 판매하는 데 인터넷이 그리 실용적인 수단이 아닐 겁니다.[3]

1995년의 인터넷쇼핑 환경은 지금과 완전히 달랐다. 1997년만 하더라도 컴퓨터를 한 대 이상 보유한 가구의 비중이 40퍼센트 미만이었고, 인터넷 회선을 보유한 가구의 비중은 20퍼센트 미만이었다. 게다가 인터넷 회선은 느리고 불안정했다. 당시 인터넷 서비스를 제공하던 대표적인 회사가 아메리카온라인인데, 처음에는 이용 시간에 따라 요금을 부과하다가 1996년에 월 이용료 19.95달러짜리 무제한 요금제를 내났다. 이 무제한 요금제는 인터넷 이용에 대한 부담을 덜어줬지만, 필연적으로 트래픽 폭주를 유발했고 많은 이용자가 끊김 현상을 경험해야만 했다.

인터넷쇼핑을 위한 편하고 믿을 만한 지불수단도 별로 없었다. 전자상거래 비중이 미미했기 때문에 이는 당연했다. 심지어 원하는 상품을 찾기도 쉽지 않았다. 통합검색이 잘되지 않았고, 검색엔진 중에는 검색 결과에 노출시켜주는 대가로 기업에 요금을 부과하는 경우도 있던 시절이었다. 1995년은 구글도 아직 없던 때다.

지금은 당연한 광대역통신이 본격적으로 서비스되기 시작한 것은 2000년 이후다. 미국 전체 가구 중 광대역통신에 연결된 컴퓨터를 보유한 가구 비중이 절반을 넘어선 것은 2007년 정도다. 2007년은 애플 아이폰이 처음 출시된 해이기도 하는데, 이는 광대역통신에 연결된 기기가 사람들의 주머니 속으로 들어가기 시작했음을 의미하기도 한다.

1995년 무렵에는 인터넷쇼핑에 필요한 기술적 기반이 상당히 미숙했고, 이런 상황에서 기존의 전통적인 유통기업들이 인터넷쇼핑 역량을 강화하기 위해 대대적으로 투자하는 것은 무모한 일이 분명했다. 당시는 변곡점의 조짐이 조금씩 나타나던 매우 혼란스러운 시기였다. 2000년 초, 아메리카온라인과 타임워너의 대형 합병이 이루어지면서 사람들 사이에 이제는 인터넷을 중심으로 비즈니스를 해야 하는 게 아니냐는 의견이 돌기도 했지만, 두 회사의 합병이 금세 실패로 끝나면서 이런 분위기도 함께 사그라졌다. 변곡점의 조짐을 간파하고 가장 먼저 변곡점을 향해 달려 나가는 접근법이 행복한 결말로 이어지는 경우는 거의 없다.

변곡점의 조짐이 나타났을 때 어떤 시점에서 어떤 식으로 대응해야 하는지를 판단하기란 매우 까다롭다. 처음 변곡점의 조짐이 나타났을 때는 여러 가지 제반 상황들이 아직 형태를 갖추지 못했기 때문에 앞으로의 진행 과정을 다양하게 추측만 할 수 있을 뿐이다. 새로운 생태계가 형성되는 것도 여러 가지 제반 상황들이 충분히 성숙해진 이후에나 가능하다. 미디어의 주목을 받으며 이제 막 성장하기 시작한 블록체인만 하더라도 그렇다. 미디어에서는 블록체인이 정보기술 분야의 오랜 숙제들을 해결해줄 거라고 말은 하지만, 앞으로 어떻게 발전할지는 매우 가변적이다. 블록체인 기술에 관한 국제적인 산업표준이나 규범이 정해지지 않았기 때문이다. 이처럼 변곡점의 조짐이 처음 나타났을 때 우리에게 필요한 것은 해당 기술이 업계의 주류로 성장하기 위해서는 무엇이 필요하고, 언제쯤 해당 기술이 업계의 주류로 인정받게 될지를 알아보는 시각이다.

지금 이 글을 쓰는 시점에서는 빅데이터, 인공지능, 게임화, 가상현실 같은 신기술이 관심을 끌고 있는데, 이런 신기술이 앞으로 어떻게 발전할지는 미지수다. 심지어 많은 전문가가 이런 신기술은 잠깐 사람들의 관심을 끌 뿐, 그리 의미 있는 혁신으로 이어지지는 않을 거라고 상당히 합리적인 전망을 내놓는다. 가능성에 대한 과장된 전망으로 미디어의 주목을 끌었지만, 결국은 아무것도 아닌 것으로 밝혀진 최근의 몇 가지 '신기술'들을 생각해보라(종이 없는 사무실, 3D텔레비전, 인텔리전트 가전 등등 헤아리기도 어렵다).

인터넷의 경우 1990년대에 온갖 포털과 서비스가 생겨났고, 오늘날과 같은 모습으로 정립된 것은 대략 2005년 전후의 일이다. 이제 미국인들은 유용한 정보는 야후에서 찾고, 안 쓰는 물건들은 이베이에서 정리하고, 이메일은 AOL에서 확인하고, 지역사회 사람들과는 크레이그스리스트에서 교류하고, 새로운 물건은 아마존에서 산다. 뭔가를 할 때 인터넷을 하는 것은 더 이상 신기한 현상이 아니다.

변곡점의 조짐이 나타나고, 이번에 나올 신기술이 엄청난 혁신으로 이어질 거란 기대가 있을 때 그 신기술은 강한 흡입력으로 많은 사람을 끌어들인다. 이번 장에서는 변곡점의 조짐이 보인 이후부터 변화의 신호가 구체적이고 분명해지기 이전까지의 시기에 새로운 변화에 어떻게 대응해야 하는지 논하려고 한다. 혁신의 가능성을 담은 온갖 희미한 신호들 가운데 정말로 중요한 신호를 포착하기란 결코 간단하지 않다.

1995년에 출간된 빌 게이츠의 《미래로 가는 길The Road Ahead》은 꽤 흥미로운 내용을 많이 담고 있다. 빌 게이츠는 책에서 이렇게 적었다. "우리는 언제나 2년 후에 일어날 변화는 과대평가하고, 10년 후에 일어날 변화는 과소평가한다. 이런 잘못된 판단 속에서 아무 행동도 못 하는 상황에 빠져서는 안 된다."4 컨설팅회사 가트너는 이런 상황을 '하이프 사이클Hype Cycle'이라고 부르면서 다음과 같이 설명한다. 새로운 기술이 미디어의 각광을 받으면서 대중의 상상을 사로잡고 그로 인해 다양한 가능성이 제기되지만, 단기적으로 결과물을 내는 데는 실패하고 사람들은 다가오는 새로운 변화의 의미를 평가절하한다. 결국 많은 사람이 새로운 변화에 적절하게 대응하는 데 실패한다. 빌 게이츠는 일찌감치 정보 슈퍼하이웨이를 전망했지만, 정작 그의 회사인 마이크로소프트는 인터넷 시대에 적절하게 대응하지 못했다.

2000년, 빌 게이츠는 오랫동안 함께 일해온 스티브 발머에게 마이크로소프트 최고경영자 자리를 넘겼다. 스티브 발머가 CEO로 취임한 이후 마이크로소프트의 당기순이익은 크게 증가했다. 하지만 2016년, 스티브 블랭크 교수는 스티브 발머 시대에 마이크로소프트가 21세기의 중요한 기술 트렌드 5가지를 놓치고 말았다고 평가했다. 검색엔진 분야에서는 구글에게 기회를 내줬고, 스마트폰 분야에서는 애플에게 기회를 내줬고, 모바일 운영체제 분야에서는 구글과 애플에게 기회를 내줬고, 미디어 분야에서는 애플과 넷플릭스에게 기회를 내줬고, 클라우드 분야에서는 아마존에게 기회를 내줬다는 것이다. 20세기가 끝나던 시점에 마이크로소프트는 컴퓨터 운영체제의 95퍼센트를 점유하고 있었지만, 스마트폰이 연간 20억 대 출하되는 오늘날 마이크로소프트의 모바일 운영체제 점유율은 1퍼센트 수준에 불과하다.[5]

경쟁자들은 변곡점의 미약한 조짐을 파악하고 있을 때 우리가 그러한 조짐을 전혀 모르고 있다면 심각한 실패로 이어질 수 있다.

앞으로 발생할 변곡점의 조짐을 더 빠르게 파악할수록 효과적인 대응전략을 더 쉽게 준비할 수 있다. 때문에 미약하게 나타나는 변곡점의 조짐을 빠르게 파악하는 것이 중요하다. 나는 이 개념을 설명할 때 자동차 운전에 비유하곤 한다. 도로의 커브를 일찍 알아차릴수록 운전대를 조금만 조작해도 충분하다. 반면에 도로 커브를 임박해 발견한다면 운전대를 급격하게 조작해야 한다.

도로의 장애물도 마찬가지다. 멀리서 파악했다면 운전대를 조금 조작하는 것으로 충분히 피할 수 있지만, 임박해 파악했다면 운전대를 급격하게 조작해야 한다.

후행지표, 동행지표, 선행지표
▶▶▶

많은 경영자가 데이터와 팩트를 중시하고, 구체적인 숫자를 토대로 행동한다는 데 자부심마저 표출한다. 나와 알고 지내는 인포시스^{Infosys}의 한 최고경영진은 이렇게 말하기를 좋아한다. "내가 무작정 믿는 것은 하느님뿐이고, 나머지 사람들은 데이터를 가져와야 합니다!" 실제로 기업들은 명료한 프레젠테이션 자료, 상세한 스프레드시트, 데이터의 정확한 출처 등을 찾고 준비하는 데 엄청난 시간을 쓴다.

하지만 안타깝게도 경영자들이 받아 보는 데이터란 중요한 상황을 후행적으로 알려주는 지표인 경우가 대부분이다. 그리고 후행적인 지표를 받았다는 것은 이미 어떤 상황이 발생했음을 의미한다.

후행지표

비즈니스에서 많이 활용되는 지표의 상당수는 과거 행동에 따른 결과를 알려주는 것이다. 이익, 매출액, ROI, 주당순이익 같은 지표들만 하더라도 과거의 판단에 따른 결과를 알려주는 후행지표들이다.

내가 가까이에서 지켜본 많은 기업이 가장 중요한 결정을 내릴 때 후행지표들을 판단 기준으로 삼았는데, 이는 스스로 시야를 가리는 결과로 이어질 수 있다. 게다가 명확한 법규에 따라서 작성되는 기업회계 숫자들마저도 회계책임자가 임의로 상당히 왜곡할 수 있다는 사실이 밝혀졌음에도 우리는 숫자들은 속이지 않는다는 이상한 믿음을 가지고 있다.

우리는 전략적 결정을 내릴 때 이미 확정된 후행지표들에 의존하는 경향이 있는데, 이는 전략적 결정이 본질적으로 불확실성을 내포하기 때문인지도 모르겠다. 그렇지만 새로운 변곡점이 만들어내는 현실을 마주할 때쯤이면 후행지표들에 의존한 전략적 결정은 너무 느린, 게다가 잘못된 결정이 될 가능성이 크다.

물론 과거 특정 기간의 시장 흐름을 파악할 때는 후행지표들이 확실히 도움이 된다. 하지만 앞으로 일어날 상황을 예측하는 일은 전혀 다른 문제다.

많이 활용되는 후행지표 몇 가지를 정리하면 다음과 같다.

- 영업이익 : 영업 활동을 통해 창출하는 이익 수준
- EBITDA : 이자비용, 세금, 감가상각 등을 차감하기 전 영업이익(기업의 수익 창출 능력을 알려주기는 하지만, 부수적인 정보가 차단돼 있음)
- 기간 매출 : 특정 기간에 발생한 총매출
- 매출증가율, 매출감소율 : 과거 특정 기간과 비교했을 때의 매출액 변화율
- 순자산수익률 : 당기순이익을 이익 창출에 활용된 자산으로 나눈 수치
- 영업이익의 변화 : 과거 특정 기간과 비교했을 때의 영업이익 변화

그런데 이 지표들은 과거 행동에 따른 결과를 알려줄 뿐, 미래에 우리가 바라는 결과를 만들어내기 위해 뭘 해야 하는지에 관해서는 아무런 단서가 돼주지 못한다. 증시에 상장된 기업들 중에 당기 순이익을 좋아 보이게 만들기 위해 지나치게 많은 역량을 투입하는 기업들이 있다. 이는 다수의 전략가들과 학자들이 지적하는 바이기도 하다. 문제는 이

런 후행지표들을 좋아 보이게 만들기 위해서는 미래의 성장 잠재력을 희생시켜야 하는 경우도 있다는 점이다.

동행지표

우리는 현재 상황을 파악하는 것을 매우 중요하게 생각하며, 그렇기 때문에 현황을 파악하기 위해 많은 시스템을 활용한다. 자동차를 운전할 때도 현재 위치가 어디고 목적지까지 얼마나 남았는지를 알려주는 시스템을 활용할 정도다. 다양한 모니터링 시스템과 ERP 시스템 등이 쓰이는 이유도 다음 질문에 대한 답을 내기 위해서다. 현재 상황이 어떤가?

산업에 따라 원하는 성과를 내기 위해서는 동행지표들이 어떻게(특정 시점, 특정 조건하에서 어떻게) 유지돼야 하는지가 미리 정해져 있다. 경영자들은 이 동행지표들을 중점 관리하고, 분석가들은 이 지표들을 연구하고, 직원들은 각자가 맡은 지표를 유지하기 위해 노력한다. 그리고 동행지표들은 미래의 성공 여부를 가늠하는 전망치로 활용되기도 한다.

전력산업을 생각해보자. 전력산업에서 전통적으로 중요한 동행지표로 여겨지는 몇 가지를 꼽아보면 다음과 같다.

- 정전사고 발생률 : 고객들이 얼마나 자주 전력공급 중단으로 불편을 겪는가?
- 섹터별 전력소비량 : 어떤 섹터에서 얼마나 전력을 소비하는가?
- 영업현금흐름 : 현재의 영업 활동으로 얼마나 현금흐름을 발생시키는가?
- 생산비용 : 전력을 생산하기 위해 현재 어느 항목에서 얼마나 비용이

발생하는가?

- 전력예비율 : 전력수요 증가를 어느 정도까지 감당할 수 있는가?
- 자산이용률 : 현재 자산을 얼마나 효율적으로 활용하는가?

전력산업에서 지금과 같은 중앙화된 전력공급망 기반의 비즈니스 모델과 규정이 유지된다면, 이 지표들의 중요성 역시 유지될 것이다. 하지만 이 지표들은 전력산업의 미래 변화에 어떻게 준비해야 하는지에 관해서는 시사하는 바가 별로 없다. 재생에너지, 스마트그리드, 전기차, 스마트 냉난방, 전력시장의 낮아진 장벽 등이 만들어낼 전력산업의 미래상이 전혀 반영돼 있지 않은 것이다.

직원 인센티브가 이 지표들에 중점적으로 연계된 상황에서는 직원들이 미래 변화에 관심을 둘 이유가 별로 없다. 이는 변화하는 환경에 대한 조직의 준비 부족으로 이어진다. 특정 산업에 변곡점이 발생하면 해당 산업의 근간이 바뀌고, 핵심적인 지표들 역시 달라진다. 따라서 변곡점의 조짐이 보이는 상황에서 현재의 핵심 지표들에만 집중하는 방식은 그리 좋은 접근법이 아니다.

선행지표

선행지표는 아직 현실로 나타나지 않은 상황을 미리 가늠해볼 수 있도록 해주는 지표다. 그렇기 때문에 지표에 가정이나 추측이 수반되는 경우도 있고, 정량적 특성보다는 정성적 특성이 강조된다. 선행지표는 명확한 파워포인트 도표보다는 이야기로 표현하는 것이 더 적절한 경우가 많고, 그래서 경영자들은 선행지표를 토대로 중요한 결정을 내리기를 꺼리는 경우가 많다. 하지만 기존 산업 양상을 완전히 바꿀 중요한 변곡점이 나타나는 상황에서 이런 식으로 접근하면 너무나 안타까운 결과를 초래하게 된다. 새로운 미래를 위한 좋은 아이디어를 찾을 수 있는 곳이 바로 선행지표들이기 때문이다.

인포시스에서 10년이 넘도록 기획을 총괄하고 있는 산자이 푸로히트Sanjay Purohit는 현재의 중요 지표를 넘어서는 새로운 미래 지표를 찾는데 업무시간의 상당 부분을 할애할 정도로 이 일을 매우 중요하게 생각한다. 그는 내게 이렇게 말했다.

변곡점을 남들보다 먼저 파악하는 기업을 보면, 항상 일찍부터 선행지표를 찾아 해석하려고 합니다. …… 나는 우리 회사 주변부에서 생기는 정보를 찾아봅니다. 회사 주변부 정보를 찾아보려면 어떻게 해야 할까요? 나는 판매원들에게서 그런 정보를 찾아보려고 합니다. 그러니까 상점가에 가서 그곳에서 일어나는 일을 보고 듣습니다. 변화의 단서를 찾는 거죠. 구체적으로 설명하기 어려운데, 사람들의 삶이 변하기 시작한 게 아닐까 하는. …… 이 작업에 굳이 이름을 붙인다면 '신호처리'라고 할까요? 저는 의미 있는 신호를 포착하는 데 상당한 시간을 보냅니다.[6]

푸로히트는 인포시스에서 일하는 동안 변곡점을 몇 차례 경험했다. 가장 최근인 2014년에는 새로운 플랫폼전략 차원에서 인포시스가 출자해 창업한 엣지버브 시스템EdgeVerve Systems의 CEO가 됐다. 엣지버브 시스템 창업은 아마존웹서비스나 구글 같은 기업들의 플랫폼전략에 대한 인포시스의 대응이었다.

지표의 의미

이번 섹션에서는 후행지표, 동행지표, 선행지표에는 무엇이 있는지, 그리고 각 지표가 무엇을 의미하는지 생각해보려고 한다. 여러분이 고객이탈률 지표를 토대로 대책을 강구한다고 해보자. 그런데 고객이탈률이라는 지표 하나만으로는 고객 이탈을 줄이기 위해 뭘 해야 하는지 판단하기 어렵다. 고객이탈률을 줄이기 위한 계획을 수립하기 위해서는 고객만족도와 고객이탈률 사이의 상관관계를 찾을 필요가 있다. 고객만족도는 미래의 고객유지율로 연결되는 지표이기 때문이다.

그렇다면 고객만족도를 만드는 것은 무엇일까? 많은 연구가 높은 직원만족도와 직원관여도가 높은 고객만족도로 연결된다고 말한다.[7] 특히 직원관여도는 고객이탈률의 선행지표다. 그러니까 고객이탈률을 낮추고자 한다면 직원관여도를 높여야 한다.

만약 퇴사율에 관심이 있다면, 직원관여도는 선행지표가 아니라 동행지표가 된다. 실제로 업무관여도가 높을수록 직원이 조직을 떠날 가능성이 줄어든다. 직원퇴사율의 선행지표는 경영진의 조직관리 능력, 즉 경영유효성이다. 에이미 에드먼드슨Amy Edmondson 교수에 따르면, 직원들이 소속 팀에서 느끼는 심리적 안정감은 직원관여도 및 직원퇴사율과 매우 밀접한 상관관계를 가지며, 이는 최근에 구글에서 실시한 대대

[표1] 지표들의 상관관계

후행지표	동행지표	선행지표
고객이탈률	고객만족도	직원관여도
직원퇴사율	직원관여도	경영유효성
신제품 매출	고객 사용	고객 사랑

적인 조사에서도 확인된 바 있다.[8]

2014년, 스티브 발머에 이어 마이크로소프트의 새 CEO가 된 사티아 나델라는 윈도 중심의 수익 추구 전략을 탈피하고, 몇 가지 중요한 선행지표를 중심으로 새로운 경영전략의 틀을 정립했다. 그는 2015년 이루어진 한 언론 인터뷰에서 이렇게 말했다. "우리는 더 이상 매출이나 이익 같은 성공의 후행지표를 이야기하지 않습니다. 그렇다면 성공의 선행지표는 뭘까? 우리는 '고객 사랑'이라고 생각합니다."[9]

나델라는 성공의 선행지표를 제대로 택해 이를 추구하는 것이 미래의 성공방식이라고 판단했다. 그리고 이 전략을 몇 년 동안 추진한 지금, 그는 마이크로소프트를 새로운 성장 기반에 올려놨다는 평가를 받는다. 특히 아마존웹서비스에 대응해 클라우드 전략을 강력하게 추진하는 것에 대해서도 좋은 평가를 받고 있다.

변곡점의 출현을 남들보다 먼저 파악하고, 변화된 상황에 적합한 선행지표들을 찾아 이를 활용하기 위해서는 어떻게 해야 할까? 이제부터 그 답을 찾아보자.

전략적 결정에 대한 자유도와 신호강도
▶ ▶ ▶

컨설팅회사인 퓨처 스트래티지 그룹은 '신호강도signal strength'라는 개념을 기반으로 모델을 개발했다. 선행지표를 개발하고 활용하는 데 유용한 모델로, 미래에 관한 어떤 정보의 신호강도를 평가하는 것에서 출발한다.

[그림1] 시간의 흐름에 따른 신호강도의 증가

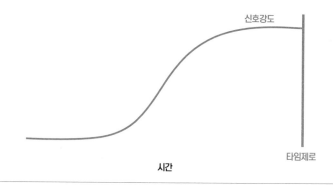

[그림1]에서 보듯 변화의 초기 단계에서 미래에 관한 신호는 매우 약하며, 의미 있는 신호에 대한 잡음의 비율은 매우 높다. 이 단계에서 전략적 움직임을 결정하고 실행할 수는 없다. 불확실성이 너무 크기 때문이다.

정보량은 비선형적으로 증가한다. 인터넷 시대에 관한 내 기억을 떠올려보더라도 1995~2000년에는 인터넷이 상품유통(혹은 다른 여러 분야)의 양상을 완전히 바꾸리란 전망이 그렇게 선명하지 않았다. 잡음이 많았던 것이다. 인터넷의 영향력을 확신하는 사람도 있었지만, 그렇지 않은 사람도 많았다. 인터넷 시대에 대비한 투자를 결정해야 하는 기업들로서는 인터넷 생태계가 제대로 형성되지 않아 선뜻 결정을 내릴 수가 없었다(인터넷 이용 가구 비율은 낮고, 인터넷은 비싸고 느리고, 수익이 나는 인터넷 비즈니스 모델은 거의 없었다). 2000~2005년쯤 이런 문제들이 해결됐지만, 닷컴버블이 붕괴하면서 많은 인터넷 기업이 시장에서 사라졌다.

그러다 거의 모두가 이메일을 쓰고, 광대역통신과 모바일인터넷이 대중화된 시대가 찾아왔다. 적지 않은 사람들이 나름의 근거를 토대로 절대 오지 않을 거라 주장한 상황이 꽤나 금세 찾아왔고, 이제 인터넷이 세상을 완전히 바꿔놓을 거란 신호가 분명히 감지됐다. 돌이켜보면 인터넷이 세상을 완전히 바꿀 거란 신호가 급격하게 커진 시기는 2000~2005년이었다. 이 기간을 거치면서 사람들은 디지털화된 상품의 소비를 일반적인 것으로 받아들이게 됐고, IT기술은 이 변화를 강하게 이끌었다. 그리고 [그림1]의 타임제로에 이르렀을 무렵에는 디지털화된 책과 음악과 여러 다양한 상품의 거래가 일반적으로 자리 잡게 됐다.

전략적 결정을 내려야 하는 사람들은 타임제로 수준의 구체적이고 명확한 정보를 토대로 결정을 내리길 바라지만, 그러면 너무 늦는다. 타임제로에 이르면 거의 모두가 변곡점의 출현을 인지하기 때문이다. [그림2]에 이런 개념을 도식화해봤다.

[그림2] 전략적 결정에 대한 자유도와 신호강도 사이의 관계

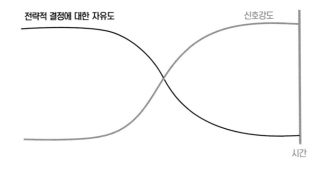

[그림3] 최적의 신호강도

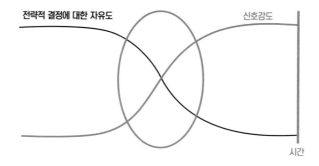

전략적 결정에 대한 자유도와 신호강도는 반비례한다. 새로운 변화에 대한 구체적인 정보가 풍부하게 나올 즈음에는 이미 개별 기업 수준에서는 새로운 변화의 흐름에 영향력을 끼칠 가능성이 없다.

변곡점의 초기 신호를 탐지할 수 있는 정보 시스템을 구축해야 하는 이유가 바로 여기에 있다. 신호에 대한 잡음의 비율이 매우 높은, 즉 너무 이른 단계에서 전략적 판단을 내리는 것도 부적절하지만, 변곡점의 신호가 명확해질 때까지 기다리는 것은 너무 늦는다. 전략적 판단을 내려야 하는 최적의 신호강도를 포착하는 시스템 구축이 중요하다. 최적의 신호강도는 다음 [그림3]의 중간 정도에 위치한다.

이어지는 섹션에서는 변곡점의 신호가 모두에게 명확해지는 시점, 즉 타임제로 이후의 시나리오 작성에 관해 논해보려고 한다.

시나리오 플래닝이 필요할 때

▶▶▶

현재의 비즈니스 리더들에게는 성공 기반이 된 기존 전제들이 있고, 오늘날 사람들 대부분이 '사실'로 인식하는 것들이 있기 때문에 새로운 세상을 상상하기란 무척 어렵다. 새로운 세상을 상상하지 못하기 때문에 변곡점이 출현한 이후의 세상에 제대로 대응하지 못한다.

미국 외식업 문화가 음식을 포장해 가는 테이크아웃 방식으로 바뀐 것을 생각해보라. 오늘날 음식점에서 팔리는 음식의 63퍼센트가 해당 음식을 만든 음식점이 아닌 다른 곳에서 소비된다. 음식점을 차리는 많은 사람이 맛뿐 아니라 음식점에서의 고객 응대까지 신경 쓰는데, 이제 그런 관심의 절반 이상이 무의미해졌다. 이런 변화에 대해 한 음식점 사장은 이렇게 말했다. "완전히 다른 사업이 됐습니다. 시작 당시에는 음식을 용기에 담는 일은 생각도 하지 않았습니다."[10]

어떻게 미래를 준비해야 하는지를 다양한 측면에서 판단할 수 있도록 돕는 효과적인 방법 가운데 하나로 시나리오 플래닝이 있다.

시나리오 플래닝에 관한 최신 기법과 효과적인 제안이 계속 소개되고 있지만, 여기서 우리가 관심을 두고 있는 시나리오는 타임제로에서 전개되는 상황이기 때문에 그렇게까지 정교한 기법은 필요 없다.[11] 간단한 투바이투 매트릭스로 타임제로에서 일어날 수 있는 상황을 충분히 다양하게 예상해볼 수 있다.

투바이투 매트릭스로 시나리오 플래닝을 할 때 다음 2가지를 특히 유의해야 한다. (1) 어느 한 변화에만 집중해 나머지는 변화 없이 지금과 똑같을 거라고 가정하면 안 된다. (2) 변화가 선형적으로 진행될 거라고 가정하면 안 된다. 1962년에 방영된 〈젯슨 가족The Jetsons〉이 생각난다. 로봇 가정부와 자가용 비행접시 같은 미래 과학기술이 나오는데, 남녀 성 역할은 1960년대에 고정돼 있었다. 꽤나 어색한 설정이다!

앤드루 그로브 인텔 전 CEO는 변화는 언제나 진행되며, 미래의 변화 시나리오를 작성할 때 다음을 생각해야 한다고 말했다.[12]

- 가장 주요한 경쟁자가 변화를 추구하고 있다. 만약 단 한 가지 행동만 취할 수 있다면 무엇을 하겠는가?
- 주요 보완재가 달라지면 산업 생태계 역시 달라진다.
- 변화의 양상을 파악하는 경영진의 능력이 크게 줄어들었다.

2017년에 한 전력회사와 일한 적이 있다. 전력산업의 미래를 불확실하게 만드는 2가지 요인을 꼽으라면, 낮은 전력수요 증가와 전력생산 방식 변화를 들 수 있다.

전 세계 대부분 지역에서 다양한 요인으로 인해 전력수요 증가 속도가 점점 더 느려지고 있다. 거의 모든 전력회사를 힘들게 만드는 변곡점이 다가오고 있다는 의미다. GE만 하더라도 과잉투자를 했던 셈이고, 그 결과 전력사업 부문은 대규모 손실에 따른 구조조정을 단행했다. 미국 최고의 에너지기업이라는 위상도 크게 흔들리고 있다.

게다가 대규모 발전소에서 전력을 생산해 중앙에서 배분하는 방식이 분산화된 전력생산 방식으로 바뀌는 중이다. 이제 전력은 전통적인 발전소만이 아니라 풍력이나 태양광 같은 재생에너지를 통해서도 만들어진다. 전력 저장장치의 발전 역시 전통적인 발전산업을 위협한다. 사실 대규모 발전소에서 전력을 생산해 고압 송전 시스템으로 배분하는 방식은 초기 투자비가 너무 많이 들고, 전력 절도나 부정 사용 문제가 있어 전 세계 상당수 국가들에서 처음부터 채용 불가능한 방식이다. 이런 국가들은 태양광 같은 재생에너지로 전기를 만들어 배터리에 저장했다가 쓰는 방식을 추구할 수밖에 없다.

전력산업의 미래를 불확실하게 만드는 두 요인을 토대로 투바이투 매트릭스에 시나리오를 작성해봤다.

[표2] 투바이투 매트릭스 시나리오

	중앙 생산·배분 방식 유지	태양광, 풍력 등 재생에너지를 적극 활용하는 분산 생산·배분 방식으로 변화
높은 전력수요 증가	**지금 상태를 유지한다** : 대규모 발전소 및 송전 시스템 건설에 계속 투자한다	**스마트그리드가 주류가 된다** : 전력산업에 새로운 첨단기술이 도입되고, 전력 유통이 중요해진다
낮은 전력수요 증가 혹은 전력수요 감소	**효율성이 중요해진다** : 소규모 발전소들을 건설하고, 송전 시스템의 효율성을 높인다	**기존 체계가 무너진다** : 산업에 대한 접근법을 처음부터 완전히 다시 생각해야 한다

이번에는 앞서 작성한 각 시나리오의 타임제로에서 전개될 수 있는 상황을 고려해 새로운 시나리오를 작성해봤다. 변곡점 출현을 수반할 수 있는 타임제로 상황의 시나리오는 매우 구체적으로 작성해야 하는데, 우리는 전력산업의 타임제로 상황을 다음과 같이 예상했다.

[표3] 타임제로 시나리오

	중앙 생산·배분 방식 유지	태양광, 풍력 등 재생에너지를 적극 활용하는 분산 생산·배분 방식으로 변화
높은 전력수요 증가	**타임제로 상황** : 전력의 80%가 많은 금액이 투자된 대규모 발전설비에서 생산된다	**타임제로 상황** : 전체 전력산업 투자의 3분의 2가 태양광 및 풍력 분야에 집행된다
낮은 전력수요 증가 혹은 전력수요 감소	**타임제로 상황** : 전력의 50% 이상이 소규모 발전설비와 재생설비에서 생산된다	**타임제로 상황** : 전체 그리드의 50%에서 전력 거래가 이루어진다

불확실성을 유발하는 주요한 요인을 최대 5개까지 고려해 매트릭스를 확장할 수도 있다. 그러나 그 이상의 불확실성 요인까지 고려하는 것은 전략적 판단을 지나치게 복잡하게 만들 뿐이다.

타임제로 시나리오

미래의 변곡점에 효과적으로 대응하기 위해서는 발생 가능한 시나리오를 폭넓게 작성해보는 것이 중요하다. 그다음에는 각 시나리오가 현실로 나타나고 있음을 보여주는 초기 신호를 찾아야 한다. 어떤 시나리오가 실제로 발생하기 6개월 전, 12개월 전, 18개월 전에 일어날 수 있는 일들을 미리 정리해두는 것이다.

여기서는 '전체 전력산업 투자의 3분의 2가 태양광 및 풍력 분야에 집행된다'는 타임제로 시나리오에 대한 초기 신호들을 정리해보겠다.

타임제로 시나리오
: 전체 전력산업 투자의 3분의 2가 태양광 및 풍력 분야에 집행된다

6개월 전

- 전력 저장용 배터리 가격이 충분히 낮아져 재생에너지 기반 발전이 전통 방식의 발전에 대해 가격경쟁력을 가진다.
- 재생에너지 기반 발전에 필요한 새로운 첨단설비들이 계속 출시된다.

12개월 전

- 발전산업 관련 정부 예산이 전통적인 발전산업이 아니라 재생에너지 기반 발전산업 쪽으로 더 많이 배분된다.
- 재생에너지 기반으로 생산한 전력을 대량으로 저장할 수 있는 설비가 저렴하게 공급돼 (전력수요가 폭증하는 경우에 가동되는) 비상 발전 시스템의 필요성이 사라진다.
- 재생에너지 기반으로 생산한 전기와 전통적인 에너지원 기반으로 생산한 전기의 생산원가가 같아진다. 즉 그리드 패리티grid parity라고 불리는 상황이 현실화된다.
- 분산형 전력 시스템의 비용과 편익 구조에 대한 법적 해석이 정립되기 시작한다.

18개월 전

- 많은 신흥국이 전통적인 발전 방식에서 재생에너지 기반 발전 방식으로의 전환을 추진한다.

- 재생에너지 기반 전력 생산에 대해 다양한 측면에서 세제 혜택이 제공된다.
- 기존 전력회사와 스타트업 다수가 재생에너지 기반 발전사업에 뛰어든다.
- 의미 있는 숫자의 화석연료 기반 발전소가 폐쇄된다.

현재

- 태양광발전과 풍력발전에 대한 투자 증가. 수년 내에 전력산업과 관련한 전체 투자의 3분의 2가 태양광·풍력 분야에 집중될 거라는 전망이 나온다.
- 전력수요가 빠르게 증가할 거라는 전망이 나온다.
- 전력산업의 효율성이 빠르게 높아져 전통적인 설비에 대한 대대적인 추가 투자 없이 전력수요 증가를 감당할 수 있다는 전망이 나온다.
- 분산형 전력시스템 구축에 누가 비용을 대고 누가 편익을 누리는지에 대한 법적 다툼이 급증한다.

이렇게 변곡점의 신호들을 정리해뒀다면, 그다음에는 다음 2가지 작업을 해야 한다. 첫 번째는 변곡점의 신호들을 정리하고 관리하는 책임자를 지정하고, 조직원들에게 그 책임자가 누구인지 알려주는 것이다. 대부분의 경우, 조직 내 누군가는 변곡점의 신호들에 대한 개별 정보를 안다. 문제는 변곡점이 다가올 거라는 판단을 내릴 수 있을 정도로 정보를 종합적으로 파악하고 있는 사람이 없다는 것이다.

앞으로 발생할 수 있는 특정 시나리오에 관한 정보를 취합할 책임자를 두는 것은 조직이 보유한 정보를 효과적으로 활용하는 데 있어 중요하다. 그리고 조직이 보유한 중요 정보는 임원 회의실만이 아니라 조직의 가장자리에도 있다는 점을 항상 기억해야 한다. 계속해서 조직의 가장자리에서 일하는 사람들에게서 변곡점에 관한 정보와 지혜를 구해야 한다.

2번째는 변곡점의 초기 신호들에 관한 최신 정보를 리더들이 정기적으로 공유하는 일이다. 변곡점에 관한 새로운 정보가 입수되면 이를 토대로 시나리오를 조정할 수도 있다. 시나리오가 조정되면 기록을 남겨 특정 시점의 특정 판단이 왜 이루어졌는지를 사람들이 알 수 있도록 해야 한다. 이런 작업은 변화하는 상황 속에서 기존 전제들을 평가하는 데도 도움이 된다.

지금까지 옳다고 인식돼온 업계 상식에 반하는 정보가 나올 때는 다수를 설득할 수 있는 근거도 함께 제시하는 것이 중요하다. 그렇지 않다면 최신 정보 공유는 시간 낭비가 될 뿐이다. 사람들은 자신이 옳다고 생각하는 기존 전제들을 토대로 계속해서 일해나갈 것이기 때문이다.

학교가 사라질까?

▶ ▶ ▶

디지털혁명의 흐름 속에서 존재 의미가 크게 사라질 것으로 예상되는 유력한 분야 가운데 하나가 바로 학교다.

사실 많은 사람의 예상대로라면 학교는 이미 존재 의미를 대부분 상실했어야 한다. 하지만 여전히 지금처럼 버틸 수 있는 이유가 뭘까?

새로운 전제를 사람들에게 증명해 보이기가 그만큼 어렵기 때문이다. 그리고 새로운 전제의 수용을 설득하지 못하면 사람들은 하던 대로 계속 행동한다.

하지만 앞으로 학위가 아니라 자격증 중심 시대가 된다면 어떨까? 음악시장만 하더라도 디지털혁명의 흐름 속에서 전과는 완전히 다른 모습으로 변했다. 지금 음악은 앨범 단위가 아니라 개별 곡 단위로 판매되며, 사람들은 스트리밍 서비스로 음악을 듣는 한편 라이브 공연을 더 많이 즐긴다. 앞으로 우리 사회가 학위가 아닌 자격증을 중시하는 쪽으로 변한다면 학교는 어떻게 될까?

교육 분야의 변화
▶▶▶

사실 아주 오래전부터 학교가 사라질 거라고 전망됐다. 최초의 영화들이 본격적으로 제작되기 시작했을 때, 라디오방송이 본격적으로 시작됐을 때, 텔레비전방송이 본격적으로 시작됐을 때, 컴퓨터와 인터넷이 본격적으로 이용되기 시작했을 때, 그럴 때마다 사람들은 기존 교육 시스템이 완전히 달라질 거라는 전망을 내놨다.[13] 최초의 영화들이 제작되던 시절에도 이미 사람들은 동영상이 교사들과 학교들을 대체할 거라고 말했다.

현재, 교육 분야의 변화는 고등교육 쪽에서 가장 두드러진다. 실패로 끝나기는 했지만, 2000년에 시작한 패덤Fathom은 월드와이드웹 기반 교육의 가능성을 보여줬다.[14] 지금은 수백만 명이 유다시티Udacity, 코세라^{Coursera}, 에드엑스^{edX} 같은 온라인교육 서비스를 이용하며, 그보다 훨씬 많은 사람이 유튜브에서 제공되는 무료 교육 자료를 시청한다. 지금 유튜브에는 교육을 표방하는 채널만 40만 개가 넘는다.[15]

이 같은 성장세에도 불구하고 온라인교육이 기존 교육체계를 붕괴시킬 거라는 전조는 아직 발견할 수 없다. 아직 온라인교육은 학생 개개인의 요구나 능력에 효과적으로 대응하지 못하고, 수익을 창출하지도 못하고, 무엇보다 사회적으로 인정받는 자격증을 만들어주지 못하는 실정이다.

학위 인플레이션

대학 학위는 기존 교육 모델의 붕괴를 막는 최후의 보루인지도 모르겠다. 이렇게 된 한 가지 이유로 사람들의 무신경을 들 수 있다. 대학 학위가 타인을 평가하는 손쉬운 방편으로 활용되고 있는 것이다. 기업 인사 담당자가 잔뜩 제출된 자기소개서들을 빠르게 털어내는 가장 쉬운 방법이 뭘까? 지원자들을 대학 학위로 구분하는 것이다. 매우 효과적으로 단번에 입사 지원자들의 수를 원하는 수준으로 줄일 수 있다. 미국 노동통계국^{Bureau of Labor Statistics}에 따르면, 초급적인 수준의 직무를 담당할 일자리 가운데 21퍼센트가 4년제 대학 학위를 요구한다.[16]

구직자들에게 불필요한 대학 학위를 요구하는 행태는 많은 부작용으로 이어진다. 라틴계 미국인 구직자의 83퍼센트가량, 아프리카계 미국인 구직자의 80퍼센트가량이 대학 학위가 없다. 이들은 대학 학위를 요구하는 일자리에 처음부터 배제되는 셈이다. 기업들이 유능한 인재를 얼마나 많이 놓치고 있는지 생각해보라.

하버드의 조셉 풀러Joseph Fuller 교수와 만자리 라만Manjari Raman 교수는 미국 내 구인공고 2,600만 건을 분석한 결과를 토대로 '학위 인플레이션'에 대한 보고서를 작성했다. 그 보고서에 이런 내용이 있다.

학위 갭(구인공고에서는 대학 학위를 요구하지만, 현재 해당 직무를 수행하는 직원들은 대학 학위가 없는 상황)의 문제가 두드러진다. 2015년 현재, 생산관리직을 채용하는 구인공고의 67퍼센트가 대학 학위를 요구하지만, 현업에서 생산관리를 하는 직원 가운데 대학 학위가 있는 직원의 비율은 16퍼센트에 그친다. 우리가 분석한 바에 의하면, 현재 미국 내 일자리 600만 개 이상이 학위 인플레이션 상황에 놓여 있다.[17]

괜찮은 일자리를 구하기 위해서는 반드시 4년제 대학 학위가 필요한 지금 상황이 만들어내는 진짜 심각한 문제는 학자금 대출이다. 많은 대학 졸업자가 학자금 대출로 힘들어하며, 고용주도 직원에게 더 많은 임금을 지급해야 하는 압박을 받는다.

풀러와 라만이 '중급 숙련도' 일자리로 규정한 직무(생산관리, 고객지원, 현장판매, 품질 검사 및 시험, 일반관리, 비서, 행정보조 등)에 고용주들이 지불할 수 있는 임금은 학자금 대출을 떠안은 구직자들이 희망하는 수준에 상당히 미치지 못한다. 그래서 기업들은 성장에 필요한 직원들을 제때 구하지 못하고, 구직자들은 중산층의 삶을 시작할 기회를 빠르게 갖지 못한다. 그런가 하면 미국인 중 3분의 2가 대학 학위가 없으니, 기업 상당수가 이들의 구직 기회 자체를 차단하는 셈이다.

대학 학위 취득을 단순히 노력의 문제로 치부할 수도 없다. 〈뉴욕타임스〉의 보도에 따르면, 고등학교 졸업생 중 44퍼센트가 곧바로 4년제 대학에 진학하는데, 이들 가운데 대학을 4년 안에 졸업하는 학생은 절반도 안 된다.[18] 게다가 대학 학비는 지난 수십 년 동안 빠르게 올랐다. 한 조사에 의하면, 1985~2011년에 대학 학비는 498퍼센트나 상승했는데, 이는 같은 기간 물가상승률의 거의 4배에 달한다.[19] 2017년을 기준으로, 미국 대졸자들이 진 학자금 대출 규모는 무려 1조 3,000억 달러에 달한다. 10년 전에 비해 2.5배나 증가한 규모다.[20]

대학 진학 외의 대안은 있는가?

대학 학위가 없어도 충분히 수행할 수 있는 업무와, 대학 학위는 없지만 역량이 충분한 직원을 효과적으로 연결하는 방법을 고심하는 미국이 요즘 관심을 갖고 있는 시스템이 바로 스위스의 도제시스템이다. 스위스의 경우, 9학년을 마친 학생 중 70퍼센트가 직업교육과 학업을 병행하는 도제시스템을 선택한다. 2017년 〈뉴욕타임스〉가 보도한 스위스 도제시스템 기사를 보면 이런 내용이 나온다. "학생들은 10학년부터 여러 기업체들, 공공조직들, 학교 등을 오가며 3~4년 동안 학업과 직업훈련을 병행한다. 직업훈련은 도제식으로 이루어지며, 학생들은 임금을 받는다. 스위스의 청년 실업률은 미국의 4분의 1에 불과하며, 유럽에서 가장 낮다. …… 반면에 미국의 거의 모든 고등학교 졸업생은 대학 진학을 택하지 않으면 인생의 진로가 막힌다."[21]

스위스 사람들은 대학에 진학하지 않고 직업교육만 받더라도 얼마든지 만족스러운 삶을 살 수 있다고 생각한다. 전문적인 학업이 필요한 일부 직업(법률가, 의사, 회계사 등)을 지망하는 학생들만 대학에 진학한다.

미국의 학교 시스템은 사람을 구하는 기업들과 직업을 구하는 학생들을 그리 효과적으로 돕는 것 같지 않다. 우선 많은 학생이 대학을 졸업할 무렵이 되면 갚아나가기에 버거운 학자금 빚을 진다. 기업들은 원하는 인재를 찾는 데 어려움을 겪고 있다. 미국 내 구직자 수백만 명이 대학 학위가 없다는 이유로 기회조차 주어지지 않는데, 이들 가운데 얼마나 많은 수가 기업들이 원하는 수준의 직무를 훌륭하게 수행해낼지 생각해보라. 근로자가 갖춰야 하는 중요한 기본 능력이 있다. 대인관계 능력, 설득력 있는 글을 쓰는 능력, 새로운 기술을 습득하는 능력 같은 것들 말이다. 그런데 미국에서는 대학 학위가 이런 능력을 가늠하는 거의 유일한 잣대다.

교육에서 변곡점이 발생할 가능성이 높은 이유
▶▶▶

충분히 많은 구성원이 어떤 시스템에 불만을 가질수록 해당 시스템에서 변곡점이 발생할 가능성이 커진다. 나는 교육 분야에서 실질적인 직무수행능력 수준을 인증해주는 자격증이나 인증서가 대학 학위를 대체하는 변화가 구체적으로 진행하고 있다고 생각한다.

온라인교육을 비롯해 사람들이 학습에 이용할 수 있는 새로운 수단이 많이 생겨나, 새로운 유형의 능력인증 시스템이 요구되고 있다.[22] 실제로 전통적인 자격증이나 학위가 아닌, 새로운 유형의 자격인증제도에 대한 다양한 실험이 행해지고 있다. 물론 아직까지는 새로운 유형의 자격인증제도가 기존 자격증이나 학위를 대체할 거라는 의견에 대해 회의

적인 시각이 많지만 말이다.[23]

변화는 분명히 진행 중이다. 얼마 전 링크드인이 서비스 이용자를 대상으로 조사했는데, "기업들이 구직자의 학위나 출신 학교가 아닌 직무능력을 중심으로 채용하고 있다"는 항목에 응답자의 60퍼센트가 "그렇다"라고 답했다. 응답자의 57퍼센트가 기업들이 비전통적인 자격증을 더 높이 평가하기 시작할 것으로 믿는다고 했다. 어떤 응답자는 전통적인 자격증에 대해 "그런 건 한심하다"고 답하기도 했다.[24]

새로운 자격인증과 관련된 비즈니스 모델도 생기고 있다. 교육사업 체인 피어슨Pearson은 다른 교육기관의 교육프로그램에 대해 새로운 유형의 능력인증 및 자격인증 서비스를 제공한다. 전통적인 교육 커리큘럼 외에 새로운 커리큘럼을 추가하는 교육기관이 늘면서 피어슨의 인증 서비스 역시 수요가 빠르게 늘어나는 중이다. 직원들을 대상으로 역량교육을 실시하고, 그 성과를 인증받고자 피어슨의 능력인증 서비스를 이용하는 기업도 꽤 있다.[25]

사람들의 능력을 인증해주는 서비스를 제공하는 스타트업도 있다. 디그리드Degreed는 기업의 변화 관리, 대중 강연, HTML 코딩 등 다양한 직무에서 일하는 사람들의 능력을 인증해준다. 능력인증은 각 분야 전문가들이 철저한 검증 프로세스를 토대로 이루어진다.

2016년에는 퍼듀대학이 교육 분야의 상식을 깨는 장학제도를 발표해 화제를 모았다. ISAIncome Share Agreement(소득배당협약)라는 장학제도인데, 학교 측과 이 협약을 맺은 학생은 무료 혹은 매우 적은 등록금만 내면 된다. 학생이 졸업 후 취업해 소득 활동을 하면 그때 대학이 졸업생의 소득에서 일정 부분을 배당으로 가져가는 방식이다. 이 장학제도에 대해 논란이 없는 것은 아니지만, ISA가 점점 더 많은 관심을 받는 것도 사실이다. ISA를 이용하는 학생들이 증가한다는 것은 기존 제도가 교육 공급자와 교육 수요자를 충분히 뒷받침하지 못했다는 방증이다.

대학은 어떻게 될까?

▶▶▶

미국 대학이 처한 상황을 보면, 소규모 제철공장에게 경쟁력을 상실하고 밀려나는 대규모 종합제철공장이 떠오른다. 연구 중심 종합대학이 특히 그렇다.[26] 클레이튼 크리스텐슨은 오래전부터 이를 이야기해왔고, 자신의 생각을 정리해《행복한 학교Disrupting Class》를 출간했다.[27]

한때 대형 종합제철공장들이 그랬던 것처럼, 지금 대학들이 살아남아 있는 것은 아직 별다른 대안이 없기 때문이다. 미국 고등학생 대부분이 인생의 기회에 접근하기 위해서는 대학 진학 말고는 선택지가 없다고 믿기 때문에 대학들이 지금처럼 존재할 수 있는 것이다. 철강제품 수요자들 역시 대형 종합제철공장에서 철강제품을 사는 것 외에 선택지가 없던 시절이 있었다. 학생들은 대학에서 요구하는 과목들을 이수해야 졸업할 수 있으며, 학생 개인에 따라 전혀 필요 없는 과목도 이수해야 하는 경우도 많다.

교수들은 학생의 학습을 얼마나 도와줬는지가 아니라 교수 본인의 연구 성과를 중심으로 평가 받는다. 실제로 대학 교수 상당수가 수업을 성가신 일 정도로 여긴다. 마이클 하먼Michael Harmon 조지타운대학 교수는 〈연구 논문과 중국의 찬양 문학 : 교수들의 승진 경쟁이 미국 비즈니스 스쿨에서 연구과 교육 사이의 우선순위를 망쳐놓고 있다)란 기고문을 썼다. 그는 이 기고문에서 비즈니스 스쿨 교수들이 학술 연구에 치중하는 행태를 신랄하게 비판했다. 오늘날 비즈니스 스쿨에서 양산되는 연구 보고서들이 사회적, 실용적, 지적으로 얼마나 가치 있느냐는 것이 그의 지적이었다.[28] 그런가 하면 내 동료 교수인 스티브 데닝Steve Denning 은 오늘날의 비즈니스 스쿨들이 학생들에게 쓸모없는 강의만 제공한다고 말했다.[29]

일반적으로 구성원들을 위해 가치를 창출하지 못하는 시스템은 시장에서 퇴출된다. 그런데도 대학이란 시스템이 지금처럼 존속할 수 있는 것은 사람들에게 학위를 줄 수 있는 거의 유일한 시스템이기 때문이다.

소규모 제철공장은 저가 철강시장에서 먼저 시작했다. 가장 싼 철강제품을 찾는 구매자들에게 저품질의 철강제품을 만들어 판 것이 소규모 제철공장의 시작이었다. 능력 자격증 역시 마찬가지다. 학원, 온라인강의, 단기학교처럼 교육 분야의 '낮은 영역'에서 먼저 시작되고 있다. 철강시장의 경우, 지금은 소규모 제철공장이 종합제철공장보다 제품이 더 고품질이고, 더 실용적이다. 교육 분야 역시 대안교육, 자격증 등의 시스템이 대학 학위를 빠르게 대체해나갈 것이다.

이런 변화가 분명해질수록 대학도 상응하는 조치를 취할 것이다. 우선 연구 성과가 아닌 학생들의 평가를 중심으로 교수진을 구성하고 평가할 것이다. 실제로 대학들이 강의 전담 강사의 채용을 더욱 늘리는 추세이며, 대중 인지도가 높거나 학생들 사이에서 인기가 높은 강사에 대한 수요가 계속 증가하고 있다.[30]

클레이튼 크리스텐슨 교수는 '대학 브랜드'의 중요성은 계속 줄어들고, '교수 개인의 브랜드'의 중요성은 계속 커질 거라고 전망했다. 그러니까 미래에는 하버드 비즈니스 스쿨이나 런던 비즈니스 스쿨을 졸업했다는 사실보다, 크리스텐슨 교수에게 미래 변화에 관한 교육을 받았거나, 린다 그래튼Lynda Gratton 교수에게 조직설계에 관한 교육을 받았다는 사실이 더 중요하게 여겨질 것이다.

같은 맥락에서, 대학이나 대학원에 대한 종합평가보다는 개별 과정이나 개별 프로그램에 대한 평가가 더 큰 의미를 가질 것이다. 2년마다 한 번씩 발표하는 싱커스50Thinkers50라는 랭킹이 있다. 경영 분야의 특정 주제에서 큰 성과를 낸 학자나 연구자의 순위를 매기는데, 이 싱커스50에는 대학이나 연구소의 이름이 아니라 학자나 연구자 개인의 이름이 올라간다.

변곡점의 약한 신호에 현명하게 대처하는 법
▶▶▶

대학 학위를 대체할 수 있는 자격증의 가능성에 대한 논의는 몇 가지 중요한 시사점을 내포한다. 첫째, 변곡점의 신호가 의미 있는 변화로 이어지기까지는 생각보다 긴 시간이 걸릴 수도 있다. 둘째, 전문가들이 변화에 대해 구체적으로 이야기한다 하더라도 새로운 변화의 생태계가 형성되기까지는 상당한 시간이 걸릴 수도 있다. 셋째, 변화에 너무 빨리 대응하면 참담한 실패를 겪기 쉽다.

변하지 않는 것들을 고려하라

▶▶▶

우리 주위의 모든 것이 빠르게 변하는 것 같지만, 좀처럼 변하지 않는 것도 분명히 있다. 미래 변화에 대한 전략을 수립할 때는 이를 고려해야 한다.

대학만 해도 지금 같은 시스템이 쉽게 사라질 것 같지는 않다(이게 바람직한지는 잘 모르겠다). 교양 과목들의 역할은 계속 존재할 것이고, 많은 대학 졸업자가 좋게 기억하는 '대학생으로서의 경험'도 있기 때문이다. 앞으로 꽤 오랫동안 대학이 사라지는 것이 아니라 학위를 대체할 수 있는 자격증이 생길 것이다. 우선은 코딩같이 검증하기 쉬운 분야에서 이런 변화가 본격화될 것이고, 궁극적으로는 창의력이나 커뮤니케이션 능력이 필요한 분야도 이런 변화를 맞을 것이다. 나는 이런 변화가 새로운 변화를 적극적으로 받아들이고자 하는 사람들은 물론이고, 4년이란 대학 교육 과정이 너무 길거나 너무 비싸다고 생각하는 사람들에게까지 많은 기회를 만들어줄 거라고 생각한다.

아마존 CEO였던 제프 베조스는 이런 말을 했다. "10년 뒤에 어떤 고객이 와서 '나는 아마존을 사랑해요. 그러니까 이제는 가격을 조금 더 높이세요'라거나, '나는 아마존을 사랑해요. 그러니까 이제는 배송을 조금 천천히 하세요'라고 말하는 일은 절대로 일어나지 않을 것이다. 절대로."**31** 앞으로도 변하지 않을 것들을 알고 있다면 그에 대한 대응 역시 명확해진다.

소비자들이 당연하다고 생각하는 것들이 있다. 상품을 만들고, 포장하고, 전달하는 기술이 아무리 달라지더라도 사람들의 기본적인 욕구나 선호도는 좀처럼 변하지 않을 것이다. 봉화 연기, 사람이 직접 전달하던 손 편지, 초기의 우편제도, 전신, 유선전화, 스마트폰, 정보를 전달하는 기술은 이렇게 발전했지만, 멀리 있는 다른 사람들에게 정보를 전달하고 싶은 욕구는 변하지 않았다.

다시 한 번 강조하지만, 변곡점의 출현을 인지하고 대응전략을 수립할 때 변하지 않는 것들을 반드시 고려해야 한다.

우리가 이 장에서 배운 것들

　현존하는 비즈니스 모델의 존립 기반을 완전히 허물 수 있는 변화가 발생하는 상황에 대해 우리는 비즈니스의 변곡점이 발생했다고 말한다. 변곡점이 발생했다는 사실을 확인하면 조직의 총력을 동원해 변곡점에 대응해야 하지만, 기업의 단기 성과를 관리하면서 미래 변화에 대응하기란 결코 간단하지 않다.

　변곡점의 초기 단계에는 변화의 양상을 예단하기가 어렵고, 그렇기 때문에 완전한 해법을 추구하는 것은 사실상 불가능하다. 변곡점의 초기에는 변화가 전체 시스템의 일부에만 영향을 준다. 이 단계에서 미래 변화에 대응하는 대규모 투자를 단행하는 것은 큰 잘못이다.

　비즈니스 상황을 알려주는 지표가 3가지 있다. 후행지표, 동행지표, 선행지표가 그것이다. 후행지표는 이미 발생한 상황을 알려주며, 여기에 대해서는 변화를 추구할 수 없다. 동행지표는 현재 진행되는 상황을 알려주며, 비즈니스가 진행되는 기존 전제들을 기반으로 작성된다(그렇기 때문에 미래를 전망하는 데 한계가 있다). 선행지표는 다가오는 변곡점을 파악할 때 가장 중요하지만, 그 의미를 해석하기가 상당히 까다로울 수 있다. 선행지표는 정성적으로 나타나고, 대부분 사람들에게 생소한 경우가 많다.

　미래의 변곡점에 대응하는 전략적 결정에 대한 자유도와 정보의 신호강도는 서로 반비례한다. 미래의 변곡점에 효과적으로 대응하기 위해서는 타임제로 시점에서 일어날 수 있는 시나리오를 폭넓게 작성해보는 것이 중요하다. 그다음에는 각 시나리오가 현실로 나타나고 있음을 의미하는 초기 신호들을 찾아야 한다.

핵심적인 불확실성을 기반으로 타임제로 시점에서 발생할 수 있는 시나리오들을 정리해뒀다면, 그다음에는 리더들이 변곡점의 신호들을 관리하고 관련 정보를 지속적으로 공유해나가야 한다. 이 작업은 중요한데도 간과되는 경우가 많다. 이는 전략적 판단을 내리는 시점에서 리더의 눈을 가리는 결과로 이어진다.

03

희미한 신호를
먼저 발견하는 법

"기업이 더 이상 성장하지 않는 이유는 기업이 아주 오랫동안 옳다고 믿었던 것들, 기업이 강한 신념으로 옳다고 믿었던 것들이 더 이상 유효하지 않게 됐기 때문이다. 기업이 옳다고 믿는 것들이 더 이상 옳지 않을 때 기업은 더 이상 나아가지 못한다."[1]

___매슈 올슨Matthew Olson, 데릭 반 베버Derek van Bever, 세스 베리Seth Verry

매슈 올슨, 데릭 반 베버, 세스 베리는 과거에 성공했던 기업이 더 이상 성장하지 못하고, 그러다 심각한 매출감소를 겪는 상황을 연구한 결과, 위와 같은 결론을 내렸다. 다시 말해 리더들이 전략적 결정을 내리는 기본 전제가 변했음에도, 즉 고객들이 변하고 고객들의 욕구가 변하고 경쟁 상황이 변했음에도, 기업이 이에 대응하지 못하는 경우 기업 성장이 멈추고, 기업은 붕괴된다는 것이다.

당연하다고 인정해온 것들 때문에 실패할 수 있다

▶ ▶ ▶

기업 환경이 변했음에도 기존 성공법칙을 고수하는 기업들은 급격한 실적부진을 겪는다. 매슈 올슨, 데릭 반 베버, 세스 베리는 이런 기업들에서는 매출감소가 점진적이 아니라 급격하게 일어난다고 했고, 이는 내가 그동안 해온 연구 결과와도 부합한다.

나는《경쟁우위의 종말The End of Competitive Advantage》에서 기업이 가진 기존 경쟁우위가 소멸되고 있음을 의미하는 초기 신호들을 정리한 바 있다. 다음 항목에 '그렇다'는 응답이 많을수록 상황은 더 심각하다.

- 우리 회사 직원들이 우리 회사 제품이나 서비스를 사지 않는다.
- 업계 평균 이상으로 투자하는데, 이익증가율이나 이익의 크기는 업계 평균 이하다.
- 고객들이 품질이나 기능이 적당한 값싼 제품을 찾는다.
- 우리 고객을 빼앗는 경쟁자들이 예상하지 못했던 곳에서 나타난다.
- 고객들이 더 이상 우리 제품에 큰 매력을 느끼지 못한다.
- 우리가 원하는 인재들에게 우리 회사는 가장 매력적인 직장이 아니다.
- 우리 회사의 최고 인재들이 회사를 떠난다.
- 우리 회사 주식이 증시에서 계속 저평가를 받는다.
- 우리 회사 엔지니어와 과학자가 신기술이 우리의 비즈니스를 크게 바꿔놓을 거라고 전한다.
- 헤드헌터들이 우리 회사 직원들에게 접근하지 않는다.
- 매출증가율이 계속 떨어져, 곧 역성장을 할 것 같다.
- 지난 2년 동안 시장에 혁신적인 제품을 거의 내놓지 못했다.
- 직원들에게 제공하는 복지 혜택을 계속 줄이고 있다.
- 우리 회사에 대한 나쁜 뉴스들의 의미를 축소 해석하고 있다.[2]

[표4] 제품의 요소와 관여자들의 시각

	기본 요소: 모든 관여자들이 당연하게 여기는 요소	차별 요소: 경쟁자들 사이에서 돋보이게 만드는 요소	주목 요소: 관여자들에게 강력한 감정적 효과를 주는 요소
관여자들이 긍정적으로 보는 요소	· 관여자들이 기업들에 게 당연하게 기대한다 (깨끗한 호텔 객실 침대)	· 관여자들이 차이점을 분명하게 인지한다(W 호텔의 음악)	· 관여자들 사이에서 매 우 긍정적인 반응을 끌 어낸다(출장자들 사이에 서의 메리어트 코트야드)
관여자들이 부정적으로 보는 요소	· 관여자들이 가치를 취 하기 위해 수용한다(비 싼 호텔 숙박비)	· 관여자들이 큰 불만을 느끼고, 그렇기 때문에 중요한 차별점이 되기 도 한다(너무 긴 체크아 웃 처리 시간)	· 관여자들 사이에서 분 노를 유발하고, 관계를 끊게 만든다(무료 와이 파이가 없는 호텔)
관여자들이 별다른 관심을 갖지 않는 요소	· 관여자들이 그리 신경 쓰지 않는다(호텔 객실 텔레비전)	· 관여자들이 실제 제품 이나 서비스에 비해 이 요소를 얼마나 중요하 게 생각하는지 미지수 다(로열티 카드 프로그램)	· 존재할 수 없는 영역

[표4]에서는 기업이나 제품의 요소들을 분류하고, 관여자들이 해당 요소들을 어떻게 생각하는지 정리했다. 이런 분류를 할 때는 가치사슬이나 '시장에 가치 있는 제품이나 서비스를 내놓기 위해 기업이 행하는 활동' 같은 전통적인 관념을 토대로 할 수 있다.[3] 서로 다른 가치사슬은 서로 다른 기업 요소 및 제품 요소를 만들어낼 수 있으며, 전략 부문에서 많은 전통적인 관념들이 이런 점에 대한 이해로부터 만들어진다.

이런 작업을 하는 이유는 기업이나 제품의 다양한 요소들이 유발할 수 있는 미래 변화에 대한 시야를 열기 위해서다. 미래 변화 대응전략을 구상할 때는 디자인 싱킹design thinking 기법을 이용할 수도 있다. 팀 브라운Tim Brown과 로저 마틴Roger Martin은 자신들의 논문 〈행동을 위한 디자인〈Design for Action〉에서 실행 가능한 다양한 전략들을 수립하고, 논쟁을 거쳐 최종 전략을 선택하는 방식이 기존에 활용돼온 전략을 보완하는 방식보다 낫다는 의견을 제시한 바 있다.[4]

아레나맵 작성은 전략개발 프로세스의 일환으로 이루어지며, 전략 개발에 연계돼 계속 수정된다.

여기서 '가능한 변화' 열의 내용을 통해 변곡점을 예상할 수 있는데, 가능한 변화는 다음과 같은 식으로 기술될 수 있다.

- 기업들이 차지하기 위해 다투는 자원의 구성이 변할 수 있다.
- 자원을 차지하고자 하는 경쟁자들이 변할 수 있다.
- 자원을 차지하기 위한 경쟁이 일어나는 장소가 변할 수 있다.
- 관여자들의 사고방식이 변하거나 자원이 줄어들면서 경쟁 양상이 격화될 수 있다.
- 소비경험이 변할 수 있다.
- 제품이나 서비스 요소들의 중요도가 변할 수 있다.
- 가치사슬을 구성하는 역량의 유형이 변할 수 있다.
- 기업, 제품, 서비스 등 모든 요소가 변할 수 있다.

부정적인 변곡점의 발생
▶▶▶

아레나맵을 어떻게 활용하면 좋은지, P&G의 면도기 브랜드 질레트를 예로 들어보려고 한다. 질레트는 아주 오랫동안 면도기시장에서 지배적

[표5] 아레나맵 작성하기

	지금의 전제	가능한 변화	미래 예상
자원			
경쟁자들			
관여자들과 그들의 행동			
소비사슬과 관여자들의 행동			
관여자들이 경험하는 제품·서비스 요소			
조직 역량과 자산			

인 위치를 점해왔다. 시장 지배자답게 R&D에도 막대한 투자를 했고, 면도기는 꽤 고가에 팔렸다. 다중 면도날은 질레트가 자랑하는 제품으로, 면도기치고 비쌌기 때문에(그래서 절도범의 표적이 되기 십상이었다) 많은 판매점에서 잠금장치가 있는 진열장에 넣어두고 판매했다. 질레트 면도기를 사고 싶은 사람은 점원에게 진열장에서 꺼내달라고 따로 부탁해야 했다(나는 이 진열장을 '면도기 요새'라고 부른다). 이 번거로운 과정 때문에 깜박하고 질레트 면도기를 사지 않는 이들도 많았다.

2010~2011년에 여러 신생 회사가 면도기시장에 뛰어들었으며, 유튜브, 페이스북, 아마존웹서비스 같은 새로운 홍보 채널을 적극 활용했다. 동시에 남성들 사이에 면도를 자주 하지 않는 분위기가 형성됐다. 그 결과, 질레트의 실적이 크게 떨어지기 시작했다. 저렴한 가격에 정기 배송까지 해주는 달러셰이브클럽Dollar Shave Club이나 해리스Harry's 같은 신생 면도기 회사들의 등장으로, 한때 70퍼센트에 달했던 질레트의 미국

면도기시장 점유율은 최근 54퍼센트까지 하락했다. 그리고 조금 전에 언급했듯 남성들 사이에 면도를 자주 하지 않는 분위기가 형성되기 시작하면서 시장 자체가 줄어들 조짐마저 보이고 있다.[5]

질레트의 현재 상황을 아레나맵으로 분석해보면 어떨까?

[표6] 아레나맵 분석하기: 질레트의 경우

	지금의 전제	가능한 변화	미래 예상
자원	· 남자들이 면도를 중요하게 생각하고, 면도기에 대한 지출을 당연하게 여김	· 면도를 매일 하지 않는 젊은 층 증가, 수염을 기르는 사람 증가 · 소비자들의 가격민감도 더욱 상승	· 면도기시장규모 축소
경쟁자들	· 질레트 70% · 시크 20% · 나머지 10%	· 소셜미디어 및 인터넷 사이트로 소비자들과 직접 관계를 맺는 면도기회사 다수 등장	· 줄어드는 시장규모에도 불구하고, 신규 경쟁자 크게 증가
관여자들과 그들의 행동	· 면도 중시형 : 면도라는 행위 자체를 중시 · 절약형 : 면도를 최대한 빠르게 끝내고, 면도기에 돈 쓰는 데 인색 · 품질 중시형 : 면도기 디자인과 감성 중시	· 남성 패션이 다양해지면서 수염 없는 얼굴이 옳다는 의식이 사라짐: 면도의 중요성이 줄어듦	· 시장을 세분화하고 비즈니스 효율성을 더욱 높여야 함 · 새로운 수요를 찾아야 함
소비사슬과 관여자들의 행동	· 거의 소매점을 통해 판매	· 디지털플랫폼의 발달로 유통 채널 다양화	· 제조업체와 소비자 간 직거래가 일반화됨
관여자들이 경험하는 제품·서비스 요소	· + 깔끔한 면도 · － 면도기 요새 · － 비용 · ? 차별화 · ? 다중 면도날	· 질레트가 가진 차별점들의 중요성이 줄어듦 · 사람들이 적절한 품질의 싼 면도기를 찾기 시작함 · 글로벌 사업을 시작하는 새로운 면도기회사들 등장	· 다중 면도날만으로는 더 이상 차별화가 어려움: 완전히 새로운 차별화 전략이 필요할 수 있음
조직 역량과 자산	· R&D 및 마케팅에 대한 막대한 투자 · 영업직원들을 통한 소매점들과의 관계	· 마케팅믹스의 변화 필요성 대두	· 비용 관리가 핵심 역량이 됨

질레트는 변곡점 발생을 인지하고 다양한 방식으로 대응했다. 우선 질레트 온디맨드Gillette On Demand라는 직거래 서비스를 시작했고, 신생 면도기회사들에 대응하기 위해 자사 제품 가격을 인하했다. 레이저 메이커Razor Maker라는 서비스도 시작했는데, 이는 3D프린터로 고객이 원하는 기능과 디자인의 면도기를 만들어주는 서비스다. 또한 구매경험의 번거로움을 줄이기 위해 문자메시지만으로 면도기를 주문할 수 있도록 했다. 다만 아직까지는 이 같은 시도에도 불구하고 질레트가 면도기시장에서 과거와 같은 위상을 누릴 수 있을 것 같지는 않다.

예기치 못한 곳에서의 경쟁

▶▶▶

청소년 의류를 파는 사람들에게 SNS와 인터넷의 시대가 만들어내는 상황은 그리 좋지 않다. 10대가 가장 관심을 쏟는 행위는 SNS로 다른 사람들과 소통하고 인터넷에서 정보를 얻는 것이며, 그 외의 것들은 별다른 관심이 없다. 청소년의 SNS와 인터넷 사용 실태에 대해 적지 않은 심리학자와 교육전문가가 '중독'이라고까지 할 정도다.[6]

청소년의 의류 구매력은 그 부모를 포함한 가구 전체의 소비 여력과 연계되는데, 결국 부모가 청소년 자녀에게 얼마나 지출하느냐에 상당 부분 영향을 받는다(물론 스스로 돈을 벌어 지출을 결정하는 청소년도 있다). 옷을 사려면 어느 정도 수고도 필요하다. 오프라인이나 온라인 쇼핑몰을 찾아야 하고, 집에 무슨 옷이 있는지 알아야 하고, 용도(근무용, 나들이용, 경조사용 등)도 맞아야 한다. 오프라인이든 온라인이든, 판매자는 이런 전제들을 고려해 판매를 준비한다. 판매자들이 가장 신경 쓰는 것은 의류라는 제품 자체의 품질이나 스타일이다. 고객들의 일상생활까지 신경 쓰지는 않는다. 지난 수십 년 동안 의류 판매자들에게 요구되는 역량은 시즌에 맞는 새로운 스타일을 개발하고, 적절한 시간에 생산하고, 적절한 시간에 판매대에 올리는 것이었다.

얼마 전까지도 그랬다. 그러다 2007년 휴대폰혁명 이후(이해에 아이폰이 출시됐고, 안드로이드 운영체제가 상용화됐다) 가구의 소비 비중이 크게 달라졌다. 또래들 사이에서 소셜미디어가 유행하면서 10대들이 자연스럽게 최신 고성능 IT제품에 대한 강한 욕구를 가지기 시작했다. 청소년의 관심이 의류 구매에서 IT제품 구매로 옮겨 갔다. 옷을 사지 않는 것은 아니다. 다만 청소년에게 의류 구매가 예전만큼 중요하지 않게 됐다.

가구의 지출 역시 의류에서 IT 제품 및 서비스 쪽으로 이동했다. 다시 말해 소비자들에게 완전히 새로운 소비사슬이 생겼고, 이는 소비자들이 추구하는 제품 요소가 완전히 달라졌음을 의미했다. 의류 판매자들이 가진 전통적인 역량의 타당성이 크게 줄어든 것이다. 청소년 의류 업계에 변곡점이 발생한 것이다.

의류 판매자들이 겪게 된 상황

과거에 발생한 변곡점을 해석하는 것은 그리 어려운 일이 아니다. 그런데 앞으로 발생할 변곡점에 대해서는 어떻게 해야 할까?

모두가 옳다고 믿는 비즈니스의 핵심 전제가 깨지거나, 완전히 새로운 성공법칙이 생겼을 때 어떤 영역에서 변곡점이 발생할 가능성이 매우 커진다.

다시 미국의 청소년 이야기로 돌아가보자. 아이폰이 출시된 2007년 당시, 미국의 시장조사기관들은 미국 10대들의 연간 구매력을 800억 달러 정도로 봤다. 부모들은 연간 약 1,100억 달러를 청소년 자녀들을 위해 별도로(식음료, 엔터테인먼트, 의류, 보건의료 등의 항목으로) 지출해준다고 계산했다. 청소년 의류 판매 비즈니스 쪽 사람들은 이 1,900억 달러를 두고 온갖 경쟁자들과 경쟁하는 셈이며, 이 돈의 지출 내역이 어떻게 변하는지를 파악하는 것이 중요하다.

청소년 의류 판매업에서 전통적으로 가장 중시하던 것은 '신학기 시즌'에 맞춘 마케팅이었다. "유통업계 전반적으로 그렇지만, 청소년 의류 쪽은 비즈니스 모델 자체가 이 기간을 중심으로 만들어져 있습니다. 한 해 성과가 이 기간에 결정됩니다."[7] 이 업계 사람들이 자주 하는 말이다. 그리고 점포 단위면적당 매출이나 동일 점포의 시즌별 매출추이 등도 전통적으로 의류 판매업에서 중시되는 숫자였다. 하지만 인터넷혁명이 만들어낼 변화에서 이런 평가 기준은 예전처럼 중요하지 않았다.

그런데 2007년 당시, 이미 많은 전문가가 소셜미디어가 청소년의 생활을 완전히 바꿔났다고 분석했다. 또래끼리 야외에서 함께 놀거나 전화로 직접 통화하는 기존의 친교 방식이 인터넷과 소셜미디어로 옮겨갔다는 것이었다.[8] 당시 〈워싱턴포스트 Washington Post〉는 청소년들이 오프라인 쇼핑몰에 가서 옷을 살 때도 휴대폰으로 친구들에게 옷에 대한 의견을 구한다고 보도했다.[9] 이때만 해도 기사에 등장하는 청소년은 자신이 입는 옷이 남들에게 자신이 누구인지를 알려준다는 생각을 가지고는 있었다. "제 옷을 보고 남들이 제가 어떤 사람인지를 조금이라도 알았으면 해요. 저는 제가 입는 옷을 통해 제가 누구인지를 나타내고 싶어요." 하지만 이제 이렇게 생각하는 청소년은 그리 많지 않은 것 같다.

2014년, 의류 및 의류 구매에 대한 청소년의 태도가 크게 달라졌다는 신호는 더 이상 약하지 않다. 2014년, 〈월스트리트저널〉은 청소년 의류업계에 변곡점이 발생했다고 분석했고, 〈뉴욕타임스〉는 "프레피 스타일보다는 IT기기를 찾는 청소년들"이라는 기사에서 청소년들의 달라진 지출 내역을 이렇게 소개했다.[10]

"옷은 저한테 중요하지 않아요." 뉴욕에 사는 올리비아 다미코(16세)는 동생, 친구와 함께 쇼핑몰에 나온 자리에서 이렇게 말했다. "옷이나 신발은 거의 사지 않아요. 가장 최근에 산 거라고 해봐야 닥터마틴 모조품이 전부예요. 저는 옷이나 신발에 관심이 없어요." 그녀는 인터넷과 소셜미디어 활동을 좋아하기 때문에 용돈을 IT제품 구입에 많이 쓴다고 했다.[11]

어떤 의류업계 종사자는 시장조사를 하러 청소년들과 대화해보면 이들이 의류에 얼마나 관심이 없는지를 알 수 있다고 했다. "앞으로 어떤 옷이 유행할 것 같은지, 옷을 살 때 뭘 중요하게 생각하는지, 이런 주제로 이야기를 나누다 보면 언제나 새로 출시된 아이폰으로 귀결됩니다. 크롭탑이나 하이웨이스트 스타일 이야기를 하더라도 금세 아이폰 이야기로 돌아갑니다."

청소년들이 의류 구입에 쓰는 돈은 계속 줄이는 반면 외식(맥도널드 등)에 쓰는 돈은 계속 늘리고 있다는 조사 결과가 나온 적이 있다. 놀란 연구자들이 분석해보니, 청소년들이 무료 와이파이를 쓰러 음식점을 더 많이 이용하면서 나온 결과였다(결국 청소년들이 스마트폰과 소셜미디어를 많이 한다는 이야기다).

청소년에게 뭔가를 팔려는 사람은 청소년이 지금 뭘 하는지 관찰해야 한다. 그리고 청소년이 지금 가장 관심을 쏟는 일은 인스타그램, 페이스북, 트위터 같은 소셜미디어에 자신과 관련된 사진을 올리는 것이다. 그런데 사진에서 입고 있는 옷이 다른 사람들 사진에서도 반복적으로 발견된다면 어떨까? 웬만하면 피하고 싶을 것이다.

성인도 마찬가지다. 패션위크나 패션쇼에서 공개된 옷을 보고 온라인 예약 구매를 하려는 사람들이 많다. 그 옷이 신상품이라는 이름으로 오프라인 매장에 풀릴 때는 이미 늦다는 것이다. 이에 대해 "제품 피로도가 쌓인다"고 표현하는 사람들도 있다.

> 니먼마커스 백화점의 패션디렉터 켄 다우닝은 막 백화점에 입고된 1만 1,000달러짜리 자수 재킷을 추천했는데, 고객이 시큰둥해했다는 최근 경험을 이야기했다. "좀 더 새로운 거 없나요?" "하지만 이 제품은 저희 백화점에 어제 처음 입고된 겁니다." 그러자 그 고객이 한 달 전에 이미 온라인판매가 시작된 제품이라고 했다는 것이다.[12]

인터넷혁명과 소셜미디어 유행이 청소년의 구매 행태에 끼친 영향 가운데 주요한 것 3가지를 들면 다음과 같다. 첫째, 전자상거래 생태계가 성숙해지면서 소비자는 PC뿐 아니라 스마트폰으로 어떤 제품이든 살 수 있게 됐다. 제품 정보도 온라인에서 풍부하게 얻을 수 있다. 둘째, 인터넷과 소셜미디어를 할 수 있는 기기들이 일반화돼 누구든 이를 소유하고 사용할 수 있게 됐다. 셋째, 사람들이 소셜미디어 활동을 중요하게 생각하면서 남들과 똑같은 옷을 입고 찍은 사진을 포스팅하길 기피하게 됐다. 이런 신호들은 전통적인 방식을 고수하려는 판매자들에게는 매우 힘든 시기가 다가온다는 것을 의미한다.

의류업체들의 대응

의류시장에서 발생한 변곡점에 효과적으로 대응해 큰 이익을 보고 있는 의류업체들이 있다. 패션브랜드 자라를 소유한 인디텍스^{Inditex}는 패스트패션을 창시한 기업으로 유명하다. 인디텍스는 의류 분야의 전통적인 전제들에 과감하게 도전해 큰 성공을 거뒀다는 평가를 받는다. 자라는 계절에 맞춰 순차적으로 디자인하지 않는다. 시장 흐름과 고객 의견을 바탕으로 끊임없이 작업한다. 또한 광고비 지출을 최소화하는 대신 점포 입지에 과감하게 투자한다. 비싼 의류 브랜드들이 입점해 있는 시내 중심지에 점포를 낸다. 비싼 디자이너를 영입하지 않는 대신 최신 유행을 적절히 카피하는 전략을 추구하고, 고객들과의 소통 역량을 기반으로 자신들의 제품을 효과적으로 소개한다.

2015년, 의류시장이 전반적으로 침체를 겪는 동안 패스트패션 브랜드들은 식지 않는 성장세를 유지했다.[13]

전통적인 의류 구매 시즌이 퇴색되고, 기존의 의류시장 전망과 재고관리 방식이 무의미해지고, 소비자 상당수가 온라인 구매로 이동하는 상황에도 자라, H&M을 비롯한 패스트패션 브랜드들만은 시장점유율을 늘려갔다. 신발회사인 자포스도 1999년 창업 이후 폭발적인 성장을 거듭해 창업 10년이 안 돼 매출 10억 달러를 달성했으며, 2009년 아마존에게 12억 달러에 인수됐다. 2017년 상반기 아마존 신발 부문 매출성장

률은 미국 평균치를 크게 넘어서는 것으로 보고됐다.[14]

환경이 완전히 달라진 의류시장에서 중요한 것은 점포 단위면적당 매출액이 아니라 고객당 매출액이다.

패스트패션 전성기에 ASOS, 부후boohoo, 미스가이디드misguided 같은 패스트패션들은 자라보다 더 빠른 속도와 시장친화력을 내세우고 있다. 이들은 소셜미디어로 고객들과 항상 소통하고, 고객들의 요구를 즉각 제품 개발에 반영하고, 판매 지역의 로컬기업들과 협업해 고객들의 요구가 반영된 제품을 수일 내로, 심지어 하루 이내에 판매 점포에 공급한다.

스탯오일의 변신
▶ ▶ ▶

아레나맵을 기반으로 한 분석은 소비자제품 기업이 아니더라도 활용할 수 있다. 노르웨이 정부가 최대 주주인 에너지기업 스탯오일Statoil은 에너지시장에서 기존 경쟁력을 유지하면서 미래의 변곡점에 대응하기 위해 대대적인 변신을 추진해왔다. 이들은 앞으로 (분산형 에너지 시스템과 녹색에너지로 대표되는) 저탄소시대가 올 테지만, 전 지구의 에너지 소비량은 계속 증가할 것으로 예상했다. 스탯오일은 그야말로 조직의 완전한 변신을 추구하며, 사명까지 에퀴노르Equinor로 바꿨다. 사명에서 '오일'을 빼버림으로써 추구하는 바를 분명히 한 것이다.

이에 다음과 같은 기사가 나오기도 했다. "기름과 가스 회사로 알려진 스탯오일이 지난해에 '에너지회사'가 되기로 결정했다. 사명 변화는 그런 결정에 따른 자연스러운 절차라고 한다. 에퀴노르는 2030년까지 연간 자본지출의 15~20퍼센트를 '뉴 에너지 솔루션'에 투자할 예정이다. 이들이 주목하는 사업 분야는 해상풍력발전이다."[15]

노르웨이의 이비단티Evidente가 조사한 바에 의하면, 2013년만 해도 스탯오일은 노르웨이 대학생이 가장 취업하고 싶은 회사 1위였으나, 2018년에는 15위로 추락했다. 스탯오일 같은 화석연료 기업들이 기후변화에 악영향을 끼친다는 인식 때문이었다.

우리가 이 장에서 배운 것들

업계의 모두가 옳다로 생각하는 기존 전제들이 여전히 옳은지 새로운 시각으로 살펴보라. 기업이 가진 기존 경쟁우위가 소멸되고 있음을 의미하는 초기 신호들을 파악하라.

아레나맵으로 기업이 처한 상황 및 시장에 발생할 수 있는 변화를 분석해보라. 아레나맵의 자원은 일반적으로 업계 전체의 시장규모를 의미한다. 경쟁자는 전혀 다른 제품이나 서비스를 공급하는 쪽에서 나타날 수도 있다.

제품 사용과 관련해 고객들은 어떤 행동들을 중시하는가? 그러한 행동들이 구매 의사결정에 어떤 식으로 영향을 끼치는가?

제품을 구매하기 위해 고객들은 어떤 소비사슬을 거치는가? 여러분은 소비사슬에 어느 정도 관여하는가? 기존 소비사슬이 붕괴되고 있지는 않은가?

우리 회사의 제품이나 서비스가 가진 요소들 가운데 고객들이 긍정적으로 인식하는 것들은(고객들을 더욱 유인하고 매출을 증대시키는 요소들은) 무엇인가? 고객들이 부정적으로 인식하는 것들은 무엇인가?

이런 것들이 복합적으로 작용하면서 기업 환경에 어떤 변화를 만들어내고, 그로 인해 어떤 기회들이 생겨날 수 있는가? 우리는 어떻게 대응해야 하는가?

Part 02

다가오는 변곡점을 어떻게 활용할 것인가

SEEING
AROUND
CORNERS

04

고객에게
답이 있다

"와이오밍의 조용한 농장에서 투자자 10명과 식사했는데,
아무 맛도 느낄 수가 없었다. 요리사들의 문제는 아니었다."**1**

_리드 헤이스팅스 넷플릭스 CEO, 2011년

넷플릭스를 세운 리드 헤이스팅스는 동네 비디오대여점에서 영화 〈아
폴로13^{Apollo 13}〉 비디오테이프를 빌렸다가 너무 늦게 반납하는 바람에
꽤 많은 연체료를 문 적이 있다. 그는 이 일로 너무나 화가 났고, 집에서
영화를 감상하는 더 나은 방법을 찾기에 이르렀다.

이는 너무나 유명한 넷플릭스의 창업 스토리 가운데 일부다. 사실
여부는 차치하고, 실제로 넷플릭스 창업이 가능했던 원동력은 DVD 포
맷의 상업화 덕분이라고 보는 게 맞을 것이다. DVD는 디지털 방식으
로 생산되는 데다가 제조원가 자체가 비디오테이프보다 훨씬 저렴했기
때문에 영화 스튜디오들은 대량 구매하는 업체들에게는 꽤 싼 가격에
DVD 포맷을 팔았다.

비디오테이프는 두껍고 무거운 반면 DVD는 얇고 가볍기 때문에 봉

투에 넣어 우편으로 주고받을 수 있었고, 넷플릭스를 창업한 리드 헤이스팅스와 마크 랜돌프도 이 점에 주목했다. 이들은 자신들의 구상을 바탕으로 1997년에 DVD 우편 대여 서비스 사업을 시작했다. 누군가는 이들의 도전에 대해 "또 하나의 아마존이 시작됐다"고 평가하기도 했는데, 이들로 인해 사람들이 콘텐츠를 소비하는 방식이 크게 바뀌었다.[2]

이번 장은 넷플릭스 사례를 중심으로 논의하려 한다. 다가오는 변곡점을 남들보다 먼저 파악하고 행동에 나서 성공한 많은 창업자가 IT나 과학을 공부했다. 넷플릭스의 헤이스팅스는 스탠퍼드대학에서 컴퓨터사이언스를 공부했다. 그는 1991년에 첫 번째 회사인 퓨어 소프트웨어Pure Software를 창업하고 경영하면서 디지털과 IT가 지닌 엄청난 가능성과 다가오는 미래를 알게 됐다. 1996년 8월에는 퓨어 소프트웨어와 아트리아Atria가 합병해 퓨어 아트리아Pure Atria가 됐다. 1년 뒤인 1997년 8월에는 래셔널 소프트웨어Rational Software가 퓨어 아트리아를 인수하면서 헤이스팅스는 넷플릭스를 창업할 수 있는 기반을 마련했다.

헤이스팅스는 오래전부터 콘텐츠 스트리밍 서비스 모델의 잠재력을 알아봤다. 다만 소비자들이 스트리밍 서비스 모델을 받아들이기까지 얼마나 걸릴지에 대해서는 헤이스팅스 본인도 잘못된 판단을 여러 차례 내렸다. "1997년에 우리는 2002년 정도에는 콘텐츠 소비의 50퍼센트가 스트리밍 기반으로 이루어질 거라고 장담했습니다. 그런데 제로였습니다. 2002년에 우리는 2007년에는 콘텐츠 소비의 50퍼센트가 스트리밍 기반으로 이루어질 거라고 장담했습니다. 이번에도 제로였습니다. …… 지금은 스트리밍시장이 폭발했죠. …… 우리는 계속해서 기다렸습니다. 그러다 보니까 그때가 오더군요."[3]

스트리밍 모델의 출발점

▶ ▶ ▶

디지털 스트리밍 서비스 이야기를 시작하려면 1970년대로 거슬러 올라가야 한다. 1970년대에 빅터^{Victor}라는 일본 회사가 비디오 홈 시스템^{VHS}을 만들었다. 1977년, 이 시스템이 미국에 소개된다(비디오카세트를 먼저 대중화시킨 것은 필립스였으나, VHS 이후 필립스의 비디오카세트는 시장에서 퇴출된다). 이후 미국에서는 콘텐츠 공급자들과 시청자들 사이에 콘텐츠 소유권을 둘러싼 일대 전쟁이 벌어진다. 콘텐츠 공급자들은 시청자들을 인질로 붙잡아두고 자신들의 의지대로 시청 행태를 만들어나가려 했고, 시청자들은 그러한 속박에서 벗어나고 싶어 했다.

콘텐츠 공급자들은 콘텐츠 방영 시간, 광고 횟수, 콘텐츠 가격 등을 자신들이 일방적으로 정할 수 있기를 바랐다. 반면에 시청자들은 자신들이 원하는 시간에 콘텐츠를 보고, 광고는 뺄 수 있기를 바랐다. 1970년대, 소니의 미국 시장 비디오플레이어 광고 문구는 "보고 싶은 것을 원하는 때 본다^{Watch Whatever Whenever}"였다.[4]

결국 승리한 쪽은 시청자들이었다. 당시 방송사들은 VHS기기의 녹화 기능이 저작권 위반 소지가 있으므로 불법적이라고 주장했고, 소송까지 제기했다. 지금 기준으로 돌아보면 기묘한 느낌마저 주는 주장이었다. 1976년에 시작한 소송전은 대법원까지 올라갔고, 방송사들이 패소했다. VHS기기가 대부분은 합법적으로 이용되기 때문에, 일부 이용자가 불법적인 용도로 쓴다고 해서 기능을 빼거나 판매를 금지할 수는 없다는 것이 판결문의 요지였다. 이후 시청자들은 VHS기기 녹화 기능을 이용해 콘텐츠 시청에 대한 통제권을 자유로이 행사할 수 있게 됐다.

당시에 콘텐츠를 저장하던 카세트테이프는 여러 가지 단점이 있었다. 콘텐츠를 다시 보기 위해서는 뒤로 감기를 해야 하고, 콘텐츠의 특정 섹션을 단번에 찾아가는 것은 사실상 불가능했다. 카세트테이프 다음에 나온 콘텐츠 저장 포맷은 레이저디스크였다. 레이저디스크는 카세트테이프에 비해 여러 가지 장점이 있었지만, 매우 비쌌고 결정적으로 플레이어에 녹화 기능이 없었다. 레이저디스크 플레이어는 재생만 가능했다. 오늘날의 기준으로 보면 레이저디스크 포맷은 꽤나 불완전한 시스템이었고(영화 한 편을 다 보기 위해서는 중간에 레이저디스크를 뒤집어줘야 했다), 미국 시장에서는 자리를 잡지 못했다(얼리어답터였던 내 부모님은 레이저디스크 시스템을 쓰셨다. 레이저디스크가 단종된다는 소식에 매우 안타까워하셨던 기억이 난다).

그러다 1997년에 DVD가 나왔고, 리드 헤이스팅스는 DVD 포맷에서 엄청난 기회를 발견했다. 디지털 콘텐츠의 스트리밍 서비스에 대한 가능성을 확인해준 것은 1999년에 탄생한 냅스터Napster였다. 냅스터를 통한 이용자 간 콘텐츠 공유는 불법이라는 판결을 받았지만, 냅스터는 기존 기술과 인프라로 디지털 콘텐츠 스트리밍을 할 수 있고, 그런 서비스에 대한 수요도 상당하다는 점을 증명했다. 냅스터 이후 디지털 콘텐츠의 불법 공유가 폭발적으로 늘어났다. 이런 상황은 콘텐츠 공급자들이 변화를 모색하고, VOD 사업에 적극적으로 뛰어드는 계기가 됐다. VOD 방식을 통한 콘텐츠 소비가 미래에는 주류가 되리란 전망이 상식으로 자리잡은 것도 이 무렵이다. 다만 그때가 언제일지는 아무도 몰랐다.

하버드 비즈니스 스쿨의 넷플릭스 사례 연구 자료에 이런 내용이 나온다.

인터넷 서비스 이용자가 확산되면서 시장 전문가들은 가정용 비디오가 초고속인터넷을 통해 직접 공급될 거라고 전망했다. VOD 서비스가 본격화되는 상황에서 기존 비디오테이프 사업자는 새로운 환경에 대비할 시간이 얼마 남지 않은 셈이다. 물론 이렇게 바뀌리란 것은 모두가 대체로 동의한다. 다만 그때가 언제일지에 대해서는 의견이 분분하다.[5]

너무 일찍 진입한 블록버스터

▶▶▶

블록버스터는 너무 일찍 변곡점 발생에 대응해 실패한 대표적 사례다. 블록버스터 역시 앞으로 스트리밍 모델이 콘텐츠 소비의 주류가 되리라 예상했고, 2000년에 일찌감치 엔론(우리가 아는 그 엔론이 맞는다)과 협업해 영화 스트리밍 사업을 추진했다. 블록버스터가 협업한 엔론 브로드밴드 서비스Enron Broadband Services, EBS를 두고 한 업계 전문가는 이렇게 평가했다. "EBS가 클라우드 컴퓨팅, 임베디드 시스템, 온디맨드 소프트웨어 같은 개념을 만들지는 않았지만, 이미 1999년부터 고객들에게 이 서비스를 제공해왔다. 이런 시스템과 서비스가 컴퓨팅시장의 주류가 되기 한참 전부터 말이다."[6]

　VOD 사업을 위한 플랫폼 구축까지는 순조로웠다. 문제는 영화제작사와의 수익 배분 협상이었다. 당시에는 스트리밍 서비스에서 발생하는 이익을 영화제작사와 스트리밍 서비스 회사가 어떻게 배분해야 하는지에 관한 기준이 없었다(아직도 명확한 기준은 없다). 블록버스터는 영화 수익구조를 잘 알고 영화제작사와의 협상 경험도 많았지만, 스트리밍 쪽은 경험이나 지식이 없었다. 게다가 아직 제대로 형성되지 않은 스트리밍시장에서 영화제작사가 만족할 만한 대가를 지불하기는 어려웠다. 인터넷 속도가 느려 다운로드 시간이 오래 걸리고, 거실 텔레비전으로 스트리밍 콘텐츠를 감상하려면 별도의 장치를 사서 달아야 하는 것 등도 문제였다. 결국 블록버스터와 EBS의 협업은 실패로 끝났고, 두 회사는 시차를 두고 파산했다(이를 두고 그들은 서로를 비난했다).

2000년 즈음에는 시장참여자 대부분이 콘텐츠의 소비가 결국은 스트리밍 방식으로 이동하리라 전망했다. 하지만 넷플릭스 같은 스트리밍 방식의 성공 사례가 나온 것은 한참 뒤다. 변곡점이 나타난 뒤에도 한동안 지지부진하다가 어느 순간 갑자기 크게 바뀌었다. 제프 베조스도 변화를 거시적으로 전망하는 것은 일반적으로 그리 어렵지 않다고 말했다. 정말로 어려운 것은 행동에 나서야 할 때를 판단하고, 새로운 변화로 조직을 이끄는 일이라는 것이다.[7]

이어지는 섹션에서는 넷플릭스가 어떻게 시장의 강자가 됐는지를 짚어보려 한다. 그런 다음에 넷플릭스의 스트리밍 사업으로 논의를 이어나갈 것이다.

기존 제품이 가진 부정적 요소를 공략하다
▶▶▶

넷플릭스가 비디오 대여 서비스 시장에 진입했을 때 그 시장에는 이미 블록버스터라는 지배적인 사업자가 있었다. 블록버스터는 고객 수백만 명과 오프라인 점포 수천 곳을 보유했고, 인지도도 업계 최고였다.

2004년, 블록버스터의 매출은 60억 달러에 달했다.[8] 비디오를 빌리는 고객들이 최우선적으로 찾는 브랜드였지만, 블록버스터의 서비스 요소 중에는 고객들이 부정적으로 인식하는 것이 있었다. 바로 연체료였다. 고객들이 지불하는 연체료는 블록버스터의 순이익 규모를 결정할 정도로 핵심 요소였다. 2000년에 블록버스터가 거둬들인 연체료 수입은 8억 달러로, 그해 매출의 16퍼센트를 차지했다.[9]

고객들은 이 연체료를 부정적으로 여기면서도 동시에 당연하다고 생각했다. 고객들이 가치를 취하기 위해 수용해주는 요소였던 것이다.[10] 그렇지만 부정적인 요소를 수용해주는 것도 대안이 없을 때의 이야기다. 기존 가치를 취하면서 부정적인 요소를 수용하지 않아도 되는 새로운 서비스가 나온다면 고객들은 그 부정적인 요소에 수용적이던 태도를 버리고, 불만을 가지거나 나아가 분노한다. 이런 상황에서 넷플릭스는 DVD라는 변곡점을 활용해 고객들이 인식하던 부정적 요소를 제거한 새로운 비즈니스 모델을 만들어냈다. 바로 연체료를 없앤 것이다.

블록버스터의 리더들도 손을 놓고 있지는 않았다. 2004년 무렵부터 존 안티오코John Antioco CEO를 중심으로 본격적으로 대응하기 시작했다 (2004년은 블록버스터가 연간매출액 최고점을 찍은 해이자, 비디오 대여 시장에 신생 회사들이 다양한 비즈니스 모델을 내세우며 진입하던 무렵이다). 존 안티오코는 연체료를 폐지했다. 넷플릭스 같은 신생 회사들에게 없는 블록버스터의 강점, 즉 오프라인 점포 수천 곳을 활용한 정기구독 서비스를 출시했다. 일정 구독료만 지불하면, 오프라인 점포에서 이미 감상한 비디오를 반납하면서 동시에 비디오를 빌려 갈 수 있도록 한 것이다. 이 새로운 정기구독 서비스의 명칭은 '토털 액세스Total Access'였다.

많은 이가 안티오코의 새로운 시도를 탁월한 전략적 결정이라며 긍정적으로 평가했다. 한 전문가는 이렇게 말했을 정도다. "블록버스터에게 부담으로 작용하던 값비싼 부동산과 인프라가 새로운 결정으로 인해 갑자기 엄청난 강점으로 변신했다. 넷플릭스는 도저히 따라갈 수 없는 강점이다."[11]

그렇지만 안티오코의 시도는 회사에 큰 부담으로 작용했고, 곧바로 블록버스터의 실적부진으로 이어졌다. 변곡점을 맞아 큰 변화를 추진하면서 겪을 수 있는 일이었다. 그런데 이때 행동주의 투자자로 유명한 칼 아이칸$^{Carl\ Icahn}$이 끼어들었다. 그는 블록버스터 이사회를 새로 구성하고, 실적부진을 이유로 안티오코를 내보낸 다음 새로운 CEO로 짐 키스 $^{Jim\ Keyes}$를 임명했다.[12] 짐 키스는 안티오코가 추진한 변화 대부분을 되돌렸고, 예전 방식으로 시장에 나타난 변곡점에 대응하려 했다. 결과는 모두가 아는 것처럼 2010년 블록버스터의 파산이었다.[13]

시장에 나타난 변곡점은 신규 진입자들에게 엄청난 기회를 만들어준다. 제품이나 서비스가 한 시장에서 오래 팔리다 보면 소비자들이 부정적으로 인식하는 요소가 생기게 마련인데, 블록버스터의 경우는 연체료였다. 어떤 변곡점이 발생해 부정적인 요소들에서 벗어날 길이 열리면, 소비자 대부분은 기존 사업자를 떠난다. 새로운 사업자가 제시하는 새로운 솔루션으로 옮겨 가는 것이다. 소비자들은 부정적인 요소를 없애준 새로운 사업자에게 매우 긍정적인 감정까지 갖는다. 기존 사업자가 기존 성공방식을 버리고 변곡점에 맞게 변신하는 것은 무척 어렵다. 그런 점에서 기존의 우편 방식 대여 서비스에서 스트리밍 서비스로 변신해낸 넷플릭스의 사례는 관심을 가져볼 만하다.

넷플릭스의 판단 착오
▶▶▶

넷플릭스도 크게 판단 착오를 한 일이 있다. 넷플릭스의 첫 번째 성공은 비디오 대여 서비스를 편리하면서도 저렴하게 제공했기에 가능했다. 넷플릭스 고객들은 일정 구독료만 내면 집에서 우편으로 영화 DVD를 받을 수 있었고, 다 본 영화를 반납하면서 곧바로 새로운 영화를 받을 수 있었다.

앞에서도 말했지만, 콘텐츠 소비의 주류가 스트리밍 기반으로 변하리란 전망은 이미 1990년대에 나왔고, 대다수의 콘텐츠 기업 경영자들도 이런 생각을 했다. 문제는 그때가 언제일지, 언제 변화를 꾀해야 할지 판단하는 일이었다. 헤이스팅스를 비롯한 넷플릭스 경영진은 초고속 인터넷이 일정 수준 이상 보급되자 변화를 꾀하기로 했다. 아직까지 DVD나 블루레이 화질까지는 어려웠지만, 괜찮은 수준의 화질로 영화 스트리밍 서비스를 제공하는 것은 가능했다.

넷플릭스가 영화 스트리밍 서비스인 워치 나우Watch Now를 출시한 것은 2007년 1월이다. 우선은 워치 나우를 통해 다양한 장르의 영화 1,000편 정도를 제공하기로 했다. 월 구독료 5.99달러를 내면 매달 스트리밍 서비스 6시간을 이용할 수 있는 식이었다.

워치 나우를 출시하며 헤이스팅스는 이렇게 말했다. "우리가 1998년 창업 당시 사명을 넷플릭스로 지은 것은 인터넷 기반 서비스를 중심에 두겠다는 생각에서였습니다. 우리의 인터넷 서비스는 처음에는 영화 선택의 편리성을 높였지만, 우리는 언젠가는 영화의 배송까지 인터넷으로 하리라 생각했습니다. 콘텐츠의 분량이나 기술적 한계로 인해 고객 다수가 인터넷으로 영화를 보기까지는 앞으로 몇 년 더 걸리겠지만, 이제는 넷플릭스가 그 새로운 첫발을 내딛어야 할 때라고 생각합니다."[14]

회사 입장에서도 스트리밍 방식은 DVD 우편 배송의 여러 단계를 거치지 않아도 되기 때문에 경제적으로 매우 유리했고, 그렇기에 큰 기대를 걸었다. 넷플릭스는 2010년 발표한 자료에서 DVD 우편 배송은 2013년을 정점으로 하락하기 시작하고, 그 자리를 스트리밍 서비스가 대체하리라 전망했다. 그해 IR에서 이렇게 포부를 밝히기도 했다. "고객들이 좋아할 콘텐츠를 폭넓게 보유하고 서비스 요금을 저렴하게 유지해 모든 사람을 넷플릭스 구독자로 만드는 것이 목표입니다."[15]

지난 장에서 소개한 아레나맵으로 넷플릭스의 스트리밍 서비스를 분석해볼 수 있다. 우선은 자원이다. 아레나맵에서 자원은 일반적으로 업계 전체의 시장규모를 의미하는데, 여기서는 미국 가구들의 엔터테인먼트 관련 지출이라고 할 수 있다. 이동통신 서비스 및 기기의 발전으로 스트리밍 서비스 경쟁은 가정의 거실을 넘어 사람이 갈 수 있는 모든 곳에서 발생한다.

고객들의 행동은 주말 저녁에 영화 한 편을 보는 수준에서 자신이 좋아하는 시리즈물을 몰아서 보는 수준으로 확장됐다. 소비사슬 역시 비디오대여점을 찾거나 우편으로 DVD를 받는 방식에서 컴퓨터나 스마트기기로 편하게 디지털 콘텐츠를 받는 방식으로 크게 변화했다.

조직의 핵심 역량도 비디오테이프나 DVD를 관리하고, 대여점을 운영하는 능력에서 디지털 경험에 관한 것으로 완전히 달라졌다. 비디오테이프와 DVD 시대의 평가지표와 스트리밍 시대의 평가지표는 완전히 다르다.

헤이스팅스는 DVD 우송과 스트리밍 사업을 같은 조직에서 관리하는 것은 비합리적이라고 생각했다. 성과평가 기준, 투자 방식, 성공 동력, 제품 요소 같은 것들이 너무나 달랐기 때문이다. DVD와 스트리밍은 소비경험에 있어서도 완전히 다르다(DVD는 별도의 플레이어와 DVD가 있어야 하고, 감상할 수 있는 장소도 제한적이다).

앞으로 DVD 사업은 쇠퇴하고, 스트리밍이 주류가 되리라 판단한 그는 2011년 7월에 중대한 결정을 하기에 이르렀다. 넷플릭스에 스트리밍 사업만 남기고, DVD 사업은 퀵스터Qwikster라는 별도 법인을 만들어 내려보내기로 한 것이다. 법인이 분리되는 만큼 고객들에게는 DVD 요금과 스트리밍 요금을 별도로 받기로 했다. 고객들은 그때까지 월 구독료 9.99달러에 DVD와 스트리밍을 모두 즐길 수 있었는데, 이제는 매달 스트리밍 서비스에 7.99달러, DVD 우송 서비스에 7.99달러를 내야 했다. 월 이용료가 9.99달러에서 15.98달러로 오르는 셈이었다.

고객들은 거세게 반발했다. 헤이스팅스의 새로운 계획을 서비스의 다양화가 아닌 큰 폭의 요금 인상으로 인식했기 때문이다. 게다가 당시에는 스트리밍 방식으로 감상할 수 있는 영화가 그렇게 많지 않았기 때문에 고객들은 스트리밍 서비스 쪽에 더 큰 불만을 제기했다. 서비스 다양화를 내세운 요금 인상에 반발해 그해 10월까지 넷플릭스를 이탈한 고객이 무려 80만 명에 이르렀다.[16] 그러자 여러 언론에서 "넷플릭스, 심각한 고객 이탈에 직면하다"와 같은 제목으로 넷플릭스의 상황을 다뤘다.[17]

헤이스팅스는 퀵스터를 재빨리 포기하고, 다시 기존 통합 요금제로 돌아왔다. 그는 변곡점의 출현을 예상하고 너무 빠르게 변화를 꾀했다. 분명히 스트리밍은 엔터테인먼트를 즐기고 콘텐츠를 소비하는 주류 방식이 될 테지만, 너무 빠르게 소비자들을 몰아대는 식으로는 거센 저항만 불러일으킬 뿐이다. 너무 이른 변화는 소비자들을 불편하게 하고, 비싼 요금을 치르게 만들기 때문이다.

어떻게 대응해야 할까?

▶▶▶

분명히 스트리밍의 시대가 올 테지만, 현재 넷플릭스의 이익은 전부 DVD에서 나온다. 그렇다면 어떻게 해야 할까? 헤이스팅스와 넷플릭스 경영진이 찾은 해법은 처음의 목표를 조용히 추진하는 것이었다. 이번에는 DVD.com이라는 자사 보유 URL을 기반으로 별도 사업 조직을 만들어 DVD 대여 사업을 진행하기로 했다. 넷플릭스는 2012년 3월에 DVD.com을 매입했는데, 매입 이유에 대해서는 "방어적인 목적"이라고 발표했다.[18]

넷플릭스는 스트리밍 사업은 전 세계를 대상으로 한 고객기반 증대를 목표로 삼았고, 고객 수가 줄어들던 DVD 사업은 효율성 제고와 이익 수준 유지를 목표로 삼았다. 넷플릭스의 스트리밍 사업과 DVD 사업은 서로 다른 조직이 운영했고, 사무실도 거리를 두고 분리했으며, 직원 성과평가와 보상체계도 다르게 운용했다. 2018년이 되자, 스트리밍 사업 쪽 가입자는 전 세계 1억 1,800만 명이 됐다. 반면 DVD 사업 쪽 가입자는 340만 명으로 줄어들었다. 2010년에는 넷플릭스의 DVD 사업 가입자가 2,000만 명이었다. 다가오는 변곡점에 대응하기 위해 헤이스팅스는 스트리밍 사업에 전념하고, DVD 사업은 넷플릭스의 초기 멤버인 행크 브리그먼Hank Breeggemann이 전부 맡기로 했다. DVD 사업 관리의 부담을 던 헤이스팅스가 적극적으로 추진한 프로젝트가 바로 넷플릭스 오리지널 콘텐츠다.[19]

　넷플릭스 오리지널 콘텐츠는 기존 콘텐츠 제작사들에게 상당한 위협이 되고 있다. 기존 콘텐츠 제작사들은 이미 제작해놓은 콘텐츠들을 넷플릭스에 판매하면서 상당한 이익을 취했다. 소비자들에게는 광고 없는 쾌적한 환경에서 저렴하게 재미있는 오리지널 콘텐츠를 제공하는 넷플릭스가 매우 매력적일 것이다. 점점 더 많은 사람이 케이블방송을 끊고 넷플릭스에 가입하고 있다. 콘텐츠 제작사들은 이런 흐름을 막기 위해 넷플릭스에 콘텐츠를 공급하지 않으려 하지만, 흐름을 막기에는 역부족인 듯하다. 한 기사는 이런 상황을 다음과 같이 표현했다. "1분마다 6명이 케이블을 해지하고 있다."[20]

　넷플릭스가 오리지널 콘텐츠를 최초로 제작한 것은 아니지만, 넷플릭스만의 분명한 강점이 있다. 바로 콘텐츠 소비에 관한 방대한 고객 데이터다. 시청자들이 좋아할 만한 요소를 최대한 고려해 제작하는 넷플릭스의 오리지널 콘텐츠는 고객을 유인하는 가장 효과적인 마케팅 도구이며, 덕분에 미국 가정의 75퍼센트가 넷플릭스 스트리밍 서비스를 이용하고 있다.[21] 현재 넷플릭스는 다음과 같은 미션을 제시한다.

　　우리는 고객들이 더 많이 선택하도록 노력한다. 오후 7시 15분 고객들이 쉬고 싶을 때, 친구나 가족과 뭔가를 함께하고 싶을 때, 심심할 때, 이때 할 수 있는 다양한 선택지 가운데 넷플릭스가 선택되도록 한다.[22]

경쟁 양상을 흔드는 변곡점 대응 전략

▶▶▶

지난 장에서 변곡점이 비즈니스의 전제를 바꿀 수 있고, 그 결과 시장에 새로운 기회들이 열릴 수 있다는 점을 살펴봤다. 청소년의 용돈 지출이 통신기기와 인터넷 사용 쪽에 집중되고 의류 구매가 후순위로 밀리면서 의류시장에 변곡점이 발생했고, 이로 인해 기존 의류 사업자들이 매출 및 이익 감소를 겪었다. 하지만 이런 변곡점에 효과적으로 대응한, 혹은 시운이 아주 좋았던 패스트패션 기업들은 큰 성공을 거뒀다.

비디오 대여 시장에서는 비디오 시장에서 발생한 DVD라는 변곡점을 활용해 고객들이 부정적인 요소로 인식하던 연체료를 없앤 넷플릭스가 강자였던 블록버스터를 밀어냈다. DVD에서 스트리밍으로 넘어가던 변곡점에서는 넷플릭스도 중대한 실수를 범했지만, 기존의 핵심 사업에서 발생하는 이익을 유지하면서 오리지널 콘텐츠를 제작하는 전략으로 만회할 수 있었다.

넷플릭스의 사례에서도 드러났듯 경영자들은 3가지에 관심을 가져야 한다. 첫째는 소비자가 어떤 제품이나 서비스를 소비하기 위해 거치는 과정, 즉 소비사슬이다. 헤이스팅스는 빌린 콘텐츠의 반납일자를 신경 쓰면서 대여점에 반납하러 가는 과정을 없앰으로써 고객경험을 긍정적으로 만들었다.[23] 둘째는 제품이 가진 요소에 대한 고객 반응이다. 넷플릭스의 경우는 아직 준비가 덜 된 낮은 수준의 서비스를 제공하면서 가격을 인상해 고객들의 분노를 샀다. 셋째는 고객들이 원하는 것이다. 고객들은 자신이 원하는 것을 얻기 위해 행동에 나서고, 이는 가장 효과적인 동기 유발 요인이다.

고객이 원하는 것을 얻는 과정에 가로놓인 장애물은 고객의 소비를 방해한다. 변곡점은 이런 장애물을 쉽게 없앨 기회를 주기도 한다. 무슨 장애물이 있는지 고객들에게 물어보는 것만으로는 제대로 알 수 없다. 고객들도 자신의 소비를 방해하는 요소들이 뭔지 제대로 모르는 경우가 많다. 적지 않은 경우, 고객은 더 좋은 선택지가 있음에도 기존 선택을 고수하거나, 불편을 계속 참으면서 소비하거나, 혹은 불편하다는 이유로 필요한 소비 자체를 포기한다.

넷플릭스의 다음 변곡점은?

▶ ▶ ▶

넷플릭스는 비디오 대여와 비디오 스트리밍 서비스에서 지금까지 큰 성공을 거둬왔지만, 이들이 준비하는 다음번 경쟁은 지금까지와는 차원이 다르다. 우선 이들은 단순한 스트리밍 서비스를 넘어 적극적으로 오리지널 콘텐츠를 제작하고 있다. 영화나 방송 콘텐츠 제작사와 직접적으로 경쟁하기 시작한 것이다. 지금 넷플릭스가 제작하는 오리지널 콘텐츠들은 다른 콘텐츠 제작사들이 가볍게 여길 만한 수준이 아니다. 심지어 넷플릭스는 2018년에 영화관용 영화 세 편을 만들어 영화관에 직접 배급했다. 다른 영화제작사들과 똑같이 스트리밍 서비스로 제공하기 전에 영화관에 먼저 배급했다. 그들은 자신들이 직접 제작한 영화로 아카데미상에도 도전했다. 오리지널 콘텐츠의 제작 능력을 검증받고 싶었기 때문이다. 넷플릭스는 스트리밍 서비스 가입자들을 유치하고 유지하는데 있어 오리지널 콘텐츠가 핵심 요소라고 판단했고, 그렇기 때문에 수준 높은 오리지널 콘텐츠 제작을 중요하게 생각한다.

오리지널 콘텐츠 제작 능력을 계속 높이면서 가입자 수를 빠르게 늘리고 있는(이는 케이블 사업자들이 가입자 기반을 잃고 있다는 의미다) 넷플릭스의 행보는 기존 사업자들에게 경각심을 불러일으켰다. 그 결과 디즈니는 자사 콘텐츠를 넷플릭스에 공급하지 않고, 디즈니플러스라는 자체 스트리밍 서비스를 시작하겠다고 발표했다. 워너미디어를 소유한 AT&T도 넷플릭스와 결별하고 자체 스트리밍 서비스를 시작하려는 움직임을 보이고 있다. 그런가 하면 대형 케이블 사업자들은 저렴한 온디맨드 서비스를 출시하고, 시청 시간에 따라 요금을 내는 새로운 요금제를 선보이는 식으로 넷플릭스의 스트리밍 서비스에 대응하고 있다.

강력한 기존 사업자들의 이와 같은 대응에도 넷플릭스는 흔들림 없이 성장하고 있다. 자신들의 사업을 기존 규범이 아닌 아레나맵 방식으로 생각하기 때문이다. 넷플릭스는 자신들의 사업을 전통적인 방송 사업이 아닌 여가산업으로 인식한다. 다음은 그들이 투자자들에게 보낸 메시지의 일부분이다.

우리는 사람들이 여가에 하는 모든 활동을 경쟁 대상으로 인식하고 있습니다. 타사 스트리밍 서비스, TV, DVD, TVOD 등을 통한 콘텐츠 시청만이 아니라 독서, 유튜브, 비디오게임, 페이스북, 친구들과의 모임, 연인과의 식사 같은 활동까지도 경쟁 대상으로 인식합니다. 우리는 소비자들이 여가에 쓰는 시간과 돈의 극히 일부만 점유하고 있는데, 이는 우리에게 그만큼 기회가 많음을 의미합니다. 우리가 계속해서 발전할 수만 있다면 말입니다.[24]

넷플릭스가 페이스북에 버금가는 수준의 이용자 기반을 가진다면 어떻게 될지 상상해보라. 넷플릭스 이용자들은 실제로 요금을 지불하는 사람들이고, 넷플릭스는 정부 당국 및 이용자들과 이해 충돌을 빚을 수 있는 데이터의 수집과 활용은 하지 않아도 되는 입장이다. 스트리밍 엔터테인먼트산업에서 다음번에 발생하는 변곡점은 이와 관련된 것일 가능성이 크다.

휴대폰과 전통적인 카메라

▶ ▶ ▶

사람들이 하려는 작업에 뒤따르는 제약들을 살펴보고, 이를 없애줄 방법을 찾는다면 전에 없던 고객들을 새롭게 만들어낼 수 있다. 사람들이 이루고자 하는 목표를 방해하는 것들이 뭔지 살펴보라. 바로 거기에 다음번 변곡점에 대한 해답이 있다. 이를 위해서는 사람들의 삶을 관찰할 필요가 있다. 사람들이 뭘 하고 싶어 하는지, 실제로는 그 결과가 어떤지, 그 원인이 뭔지 등을 파악하는 것이다.

오늘날의 스마트폰은 정말로 놀라운 기기다. 다양한 작업들을 용이하게 만들어주기 때문이다. 손전등, 디지털 기록계, 카메라, 캠코더, 이메일 단말기…… 다 헤아리기도 어렵다. 우리는 스마트폰 덕분에 온갖 장비나 기기를 들고 다니지 않으면서 많은 작업을 할 수 있다. 디지털 콘텐츠 제작도 그렇다. 전통적으로 사용되던 여러 도구들 없이도 디지털 콘텐츠를 제작하고, 시청할 수 있다. 분명 스마트폰은 많은 분야에서 변곡점을 만들어내는 결정적인 요인으로 작용해오고 있다.

제이미 케네디Jamie Kennedy PGA골프 콘텐츠 디렉터가 2002년과 2018년의 타이거 우즈 경기 광경을 자신의 트위터에 비교해 올린 일이 있다. 2002년에는 현장 관객들이 타이거 우즈의 경기를 열심히 지켜보고만 있었다. 반면에 2018년에는 저마다 스마트폰을 들고 타이거 우즈를 찍고 있었다.[25] 타이거 우즈의 경기를 직접 보기 위해 현장을 찾은 건지, 아니면 타이거 우즈를 찍기 위해 현장을 찾은 건지 모를 지경이었다. 어떤 장소나 이벤트에 참가했다는 사실을 사진이나 동영상으로 인증하는 것을 10대 청소년들만 중요하게 생각하는 것이 아니다.

이런 소비자 행동을 다음과 같이 구분해 생각해보겠다.

[표7] 소비자의 행동 분석

언제	하고 싶은 것	할 수 있는 것
상황	동기	목표
가족이나 친구가 관심 있어 할 만한 이벤트를 직접 보고 있다	해당 이벤트를 사진이나 동영상으로 남기고 싶다	해당 이벤트의 사진이나 동영상을 가족, 친구와 공유한다

이 표의 목표를 이루는 데 있어 스마트폰은 전통적인 카메라보다 훨씬 더 유용한 도구다. 최신 기술로 소형화했다고는 해도 카메라는 여전히 크고 무겁다. 게다가 용도가 사실상 한 가지이고, 배터리도 빠르게 닳는다. 전통적인 카메라로 찍은 사진이나 동영상은 별도의 장치에 저장해야 하고, 다른 사람들과 공유하려면 여러 단계를 거쳐야 하고, 심지어 파일 변환을 해야 할 수도 있다. 반면에 스마트폰은 카메라앱을 켜서

촬영하고 SNS에 올리면 끝이다!

소비자의 행동 제약을 줄이거나 없애는 방법을 찾는다면 (무겁고 부피가 큰 비디오 카세트테이프 대신 DVD를 내놓고, 나아가 주머니에 넣어 다닐 수 있는 동영상 촬영 도구를 내놓는 것과 같이) 기업은 큰 기회를 가진다. 그리고 이런 방법을 찾기 위해서는 소비사슬을 제대로 파악하고, 추구하는 목표를 효과적으로 이루지 못했을 때 소비자들이 느끼는 좌절감을 이해할 수 있어야 한다. 소비사슬의 각 단계마다 소비자들이 부정적으로 인식하는 요소가 있을 수 있다는 점을 생각하라.

이번에는 차량공유 서비스 기업인 우버와 리프트Lyft에 대해 이야기해보겠다. 이들은 서비스 출시와 동시에 기존 택시 서비스를 뒤흔들어놨는데, 특히 뉴욕시 같은 미국 대도시들에서 큰 인기를 얻었다. 우버와 리프트의 출현은 기업들이 기존 성공방식이나 비즈니스 전제를 고수하다가는 존립 자체가 단번에 흔들릴 수도 있음을 보여주는 극명한 사례다.

뉴욕시의 택시가 불편과 불친절의 대명사가 된 데는 배경이 있다. 1930년대 대공황으로 실직한 많은 사람이 생계비를 벌기 위해 택시운전사가 됐다. 대공황으로 손님은 줄어드는데 택시운전사는 폭발적으로 늘어난 것이다. 뉴욕시 중심가는 택시들로 교통정체가 심각해졌고, 택시들의 상태는 점점 더 불량해졌고, 택시 운전은 난폭해졌다. 이에 뉴욕시는 승객 안전을 보장하고 택시 서비스 수준을 높이기 위해 1937년부터 하스 액트Haas Act에 따른 엄격한 택시면허제를 시행했다.[26] 하스 액트에 따라 뉴욕시 택시면허증의 수가 크게 줄어들자 뉴욕시 택시면허증 시장이 형성됐다. 2013년을 기준으로 뉴욕시가 발급한 택시면허증은 1만 3,587개다. 이처럼 면허증이 희소하자, 2013년에 뉴욕시 택시면허

증이 130만 달러에 거래되기도 했다.[27]

뉴욕시 택시면허증의 공급 제한은 택시회사 사주들과 택시운전사들에게는 높은 수준의 이익을 보장해줬지만, 승객들은 불편과 불친절을 겪었다. 2012년, 메건 맥아들Megan McArdle 기자는 "당신이 택시를 잡지 못하는 이유"라는 기사를 썼다.[28]

나를 비롯해 대다수 도시인은 택시에 불만이 많다. 지저분하고, 불편하고, 정작 필요한 때는 오지도 않는다. 이른 아침에 공항으로 급하게 가야할 때는 잡기가 어렵다. 연말이나 비 오는 퇴근 시간대에는 아예 잡을 수가 없다. 대다수의 택시운전사가 마약이라도 한 것처럼 운전한다. 여성들은 위협적인 택시운전사들에 대해 이야기하고, 흑인 남성들은 택시들이 자신을 태우려 하지 않는다고 불평한다.

그러면서 맥아들은 우버 서비스를 칭찬했다. 기사가 나온 2012년만 하더라도 우버는 기존의 리무진 서비스와 손님을 연결해주는 역할만 하고, 우버 드라이버 서비스는 아직 내놓지 않았을 때다. 택시회사들은 처음부터 우버를 반대했고, 온갖 법규를 들어 우버의 확장을 막으려 했다. 그런데 우버의 확장을 막고 택시회사들이 계속 성장할 수 있는 기반은 법규가 아니라 고객들이라는 점을 택시회사 경영자들이 이해했다면 어땠을까 하는 생각이 든다.

이런 상황인식의 부재로 택시회사들은 지금 큰 위협에 직면해 있다. 택시 소비자들의 행동을 다음과 같이 구분해 생각해보겠다.

[표8] 택시 소비자들의 행동

언제	하고 싶은 것	할 수 있는 것
상황	동기	목표
걸어가기에는 먼 곳에 가야 하는데, 지금은 내 차를 이용할 수 없다	운송 서비스를 이용하고 싶다	비용이나 절차 등을 최소화하면서 목적지에 도착한다

이때 소비자들이 이용해오던 전통적인 택시에 관해 분석하면 다음과 같다.

[표9] 기존 택시 이용에 대한 분석

소비사슬 연결	기존 택시 이용	부정적 요소/고객 고통 포인트
호출	·콜센터를 통한 호출 ·길에서 직접 잡기 ·전화로 사전 예약 ·택시승차장으로 가기	·택시 호출 성공 여부를 장담 못 함 ·승객 중심이 아님 ·오래 기다려야 할 수도 있음 ·승차를 거부당할 수 있음
승차	·예상할 수 없는 서비스 ·냄새 나는 차 안 ·운전 중 딴청을 피우는 운전사 ·낡은 자동차 ·실내 온도는 운전사 마음 ·거친 운전	·택시 내부 환경이 대부분 쾌적하지 않음
요금 지불	·현금 ·택시에 설치된 단말기로 신용카드 결제 ·따로 말해야만 영수증을 받을 수 있음	·신용카드를 받지 않는 경우도 있음 ·거스름돈이 없다고 하는 경우도 있음 ·영수증을 요청해 받기까지의 시간이 오래 걸림

소비자가 원하는 바를 이루는 과정에서 겪는 부정적 요소를 정리했다. 이제 부정적 요소가 생기는 원인과 그 해결 방법을 정리해보자.

[표10] 기존 택시의 부정적 요소와 해결책

부정적 요소/고객 고통 포인트	부정적 요소가 생기는 원인	가능한 해법
·택시 호출 성공 여부를 장담 못 함 ·승객 중심이 아님 ·오래 기다려야 할 수도 있음 ·승차를 거부당할 수 있음	·택시가 도시 전역에 퍼져 있어 손님을 기다리는 방식은 운전사 입장에서 경제적이지 않음	·지리적으로 퍼져 있는 운전사와 손님을 연결해주는 스마트폰 앱
·택시 내부 환경이 대부분 쾌적하지 않음	·택시면허증이 희소하고 독점적인 상태에서는 택시 안을 쾌적하게 유지할 이유가 없음	·운전사와 손님의 상호 평가 시스템
·신용카드를 받지 않는 경우도 있음 ·거스름돈이 없다고 하는 경우도 있음 ·영수증을 요청해 받기까지의 시간이 오래 걸림	·택시면허증이 희소하고 독점적인 상태에서는 신기술을 빠르게 도입할 이유가 없음	·간편결제 시스템을 도입해 신용카드 처리 시간을 현저하게 단축하고, 영수증은 온라인으로 자동 발급

차량호출 서비스의 등장은 뉴욕시 같은 미국 대도시의 택시시장에 의미 있는 변곡점을 만들어냈다. 미국 대도시 택시시장에서 극명하게 나타난 여러 문제들 때문에 이 같은 변화는 더욱 가속화됐을 것이다. 2017년, 뉴욕시에서는 택시보다 우버가 더 많은 사람을 실어 나르게 됐다. 이는 시정부도 전혀 예상하지 못한 상황이었다.[29]

정부가 변곡점이 만들어내는 변화를 따라가지 못하는 일은 흔하다. 차량호출 서비스 기업들이 본격적으로 영업을 시작하자, 뉴욕시는 이들 기업이 소속 운전자들에게 최저임금을 지급해야 한다는 명령을 내렸다. 기업이 돈을 버는 유일한 수단이 소속 운전자에게 받는 수수료라는 연구 결과에 따른 조치였다. 하지만 이런 시정부의 명령은 차량호출 서비스의 현실과 동떨어진 불필요한 것이었다.[30]

이동수단에 대한 온디맨드 서비스는 다양한 분야에서 빠르게 시장을 형성하고 있다. 최근 미국에서는 전기스쿠터 온디맨드 서비스가 주목받고 있는데, 이 서비스의 선두주자인 버드Bird 같은 기업은 2018년에 기업가치 20억 달러를 돌파했다.[31] 차량호출 서비스 기업들 가운데 하나가 뉴욕시에서 시티 바이크Citi Bike라는 자전거 공유 서비스를 운영하는 모티베이트Motivate에 투자할 거라는 이야기도 들려온다(리프트가 2.5억 달러에 인수했다 – 옮긴이 주). 우버는 차량호출 서비스의 영역을 다양한 운송수단으로 확장하려는 움직임을 보이고 있다. 하지만 이들 가운데 누가 살아남을지는 아직 알 수 없다.

다시 소비사슬 분석 이야기로 돌아가보자. 여러분이 참여하는 시장에서 전에 없던 변화가 생겨, 소비사슬에 존재하는 부정적 요소를 개선하거나 아예 없애는 경쟁자가 나타나지는 않는지 항상 살펴보라. 시장의 변곡점을 의미하는 것일 수 있다. 만약 그 가능성이 감지됐다면 기존 사업자로서 여러분은 경계해야 한다.

변곡점이 필요한 미국의 보건의료

▶ ▶ ▶

워런 버핏은 어떤 상황을 알기 쉽게 표현해주는 것으로 유명하다. 그는 미국의 보건의료 부문에 대해 "미국 경제를 빠르게 좀먹는 굶주린 촌충"이라고 표현했다.[32] 미국의 보건의료 부문에 대한 지출 비중은 전 세계 그 어느 나라보다도 클 뿐 아니라 더 빠르게 증가하고 있다. 〈컨슈머 리포트Consumer Report〉에 따르면, 미국의 보건의료 지출규모는 경제규모 세계 5위 국가의 국가총생산보다 크다.[33]

국가 경제에서 어느 한 부문이 이처럼 큰 몫의 지출을 유발하는 것은 결코 좋지 않다. 막대한 돈이 다른 많은 부문의 발전에 사용되지 못한다는 의미이기 때문이다. 그 결과, 미국 근로자 임금은 정체됐고, 많은 가구가 충분한 소득을 올리지 못했다. 2018년, 제프 베조스, 워런 버핏, 그리고 제이미 다이먼Jamie Dimon 제이피모건체이스 CEO는 미국의 보건의료 지출을 획기적으로 줄일 수 있는 사업을 함께하기로 합의했다. 이들의 사업 혹은 프로젝트가 아직 구체화된 것은 아니지만, 이들이 이런 합의를 했다는 것은 미국의 보건의료 지출 수준이 임계점에 도달했고, 이제는 이 부문에 변곡점이 출현할 필요가 있음을 의미한다.

지금 미국은 과잉진료로 인한 의료비 과다지출 문제를 겪고 있다. 일반적인 산업 분야에서 높은 효율성은 경쟁력 제고와 매출증대로 이어지지만, 의료 분야에서 높은 효율성은 큰 폭의 매출감소를 의미하는 경우가 많다. 병원에서 혁신적인 의료장비를 도입해 CT 촬영을 기존 3회에서 1회로 줄이는 혁신을 이루면, 해당 병원의 CT 촬영 매출이 거의 3분의 1로 줄어든다.

의료비 지출을 합리적으로 유도하기 위한 방법으로 많은 의료전문가가 의료행위 자체가 아니라 결과의 가치에 대해, 즉 환자 상태라는 결과에 대해 의료비를 지급하는 시스템을 제안하고 있다. 과잉진료가 병원의 이익감소로 이어지는 구조를 만들면 과잉진료에 대한 유인이 사라진다는 것이다. 물론 이 방법도 의도치 않은 결과, 예를 들면 환자에게 필요한 치료, 혹은 효과가 좋지만 값이 비싼 치료를 병원에서 기피하는 결과를 유발할 수 있다. 아니면 한 국가의 전체 의료비 지출을 한 국가기관이 통제하는 방식도 있다. 이 경우, 치료 효과를 기준으로 어떤 환자에게 어떤 치료를 적용해야 하는지가 대부분 미리 정해져 있으며, 전 세계 많은 나라가 이 방식을 채택하고 있다. 미국도 보건의료에 대한 지출을 통제해야 하는 상황이기 때문에 어느 정도까지는 이 방식을 도입하는 게 불가피해 보인다.

미국의 보건의료 부문에 대해 우선 보험약제관리기업 PBM^{Pharmacy} ^{Benefit Manager}에 관한 이야기를 통해 미국 내 전체 보건의료 지출 관리 가능성을 생각해보려 한다. 너무 복잡하면서도 불투명하고, 그래서 그 내부에서 일어나는 일을 제대로 파악하기 어려운 미국의 보건의료 부문 은 지금 변곡점이 필요하다.

보험약제관리기업 PBM은 제대로 기능하고 있는가?

PBM은 미국 보건의료 시스템 내의 업태로, "보험사들의 행정 비용을 줄이고, 환자 적격성 판단을 확인하고, 보험금 지급을 관리하고, 제약 사들과 보험사들 간 비용 분담을 중재하는 등"의 기능을 수행한다.[34]

PBM은 미국 보건의료 시스템 내의 분명한 필요에 의해 생겨난 업 태이기 때문에 빠르게 성장했고, 지금은 보건의료 시스템 내의 많은 영 역에 관여하고 있다. PBM들이 올리는 막대한 수익은 결국 의약품 공급 사슬의 모든 요소에서 환자들과 그 가족들이 지불하는 돈에서 나온다는 비판적인 지적이 있을 정도다. 〈월스트리트저널〉은 이런 기사를 쓰기도 했다. "PBM들의 수익성은 정말로 놀라울 정도다. 지난 2년 동안 그들의 EBITDA는 매출총이익의 85퍼센트나 된다."[35]

대표적인 PBM 기업들로 익스프레스 스크립츠^{Express Scripts}, 옵텀 Rx^{OptumRx}, CVS 헬스^{CVS Health} 등이 있다. 펨브로크^{Pembroke} 컨설팅의 집

계에 따르면, 이들 세 기업이 2017년을 기준으로 미국 전체 병원처방의 72퍼센트에 관여했다고 한다.[36] 2017년을 기준으로 미국에서 오리지널 약에 지출된 돈의 15퍼센트가 PBM 같은 중간 단계 기업들 몫으로 지출됐다는 분석 보고도 있다. 참고로 다른 나라들은 이 비중이 대략 4퍼센트 정도라고 한다.[37]

PBM 사업자들이 언제나 보건의료 소비자들에게 최선의 이익이 되는 식으로 행동하지는 않는다는 여러 분명한 신호들이 있음에도, 이들은 피듀시어리 스탠다드fiduciary standard(사업자들이 고객들에게 신의성실의 무를 다해야 한다는 규정) 수용을 강력하게 거부하고 있다. 2018년, 블룸버그는 다음과 같이 보도했다. "일부 주요 PBM 사업자들은 피듀시어리 스탠다드가 자신들의 사업에 매우 부정적인 영향을 끼칠 수 있다고 우려하고 있다. 건강보험회사인 시그나 코프Cigna Corp에 인수되기로 합의한 익스프레스 스크립츠는 2015년에 작성한 자체 보고서에서 '피듀시어리 스탠다드는 영업이익과 현금흐름을 나쁘게 만들어 우리의 재무상태에 매우 부정적인 영향을 미칠 수 있다'는 결론을 내기도 했다."[38]

PBM을 향한 불만과 비판의 목소리가 계속 높아지고 있으며, 나는 이러한 상황이 결국에는 PBM의 변곡점으로 이어지리라 본다.

신뢰할 수도 없고 알 수도 없는 약값

의료 소비자들이 저렴하게 약을 공급받을 수 있도록 도와주는 것이 PBM의 역할임에도, 이들이 개입해 약을 더 비싼 값에 사야 하는 일이 종종 일어나면서 의료 소비자들의 불만이 높아지고 있다. 특히 PBM 때문에 약값 구조가 너무나 복잡해지면서 일반인들은 이해할 수 없는 지경에 이르렀다는 지적이 많다.

기존 PBM에 대한 불만이 높아지면서 굿Rx^{GoodRx} 같은 스타트업이 생겨났다. 굿Rx는 약값 비교 앱을 기반으로 사업을 전개하고 있다. 이 앱을 이용하면, 자신이 있는 지역의 약값을 확인하고 서로 비교할 수 있다. 일례로 내가 지금 있는 위치에서 굿Rx 앱으로 리피토 30정을 검색하면, 최저가 9달러(월마트, 현금결제)에서 최고가 27.62달러(약국체인 듀안리드)까지 검색이 된다.

무의미한 약가고시가

PBM의 역할 가운데 하나는 제약회사들과 협상해 고시가에서 약값을 인하하는 것이다. 그런데 이 역할이 의료 소비자 개인에게 직접적으로 영향을 끼치는 것은 아니다. ABC뉴스에 이런 내용이 보도된 적이 있다. "약가고시가 인하 협상은 보험사들에게만 의미가 있습니다. 의료 소비자들은 인하된 가격이 아니라 원래 고시가를 기준으로 약값을 지불합니다. 인슐린을 매달 고시가 기준 200달러어치 투약하는 의료 소비자가 본인부담금 20퍼센트를 지불하는 것으로 보험사와 계약을 맺었다면, 보험사가 약값 할인을 받아 제약사에 75달러를 지불하기로 합의하더라도 의료 소비자는 15달러가 아니라 고시가의 20퍼센트인 40달러를 약값으로 내야 합니다." PBM이 제약사들을 상대로 할인율을 얼마만큼 이끌어내든 의료 소비자들에게는 직접적인 혜택이 전혀 돌아가지 않는다.[39]

ABC뉴스는 위의 내용을 보도하면서 이런 말도 했다. "약국이 PBM에게 받는 돈이 얼마가 됐든, 의료 소비자들은 본인부담금을 전액 냅니다. 예를 들어 PBM이 본인부담금에 해당되는 액수로 약국에 6달러를 지불한다 하더라도 의료 소비자는 본인부담금 10달러를 전부 지불해야 합니다. 차액 4달러는 그대로 PBM의 몫이 되는 것입니다."

의료 소비자들이 내는 본인부담금이 약값보다 비싼 경우도 있는데, 이 때문에 의료 소비자들이 PBM을 상대로 소송을 제기하기도 한다. PBM을 향한 의료 소비자들의 불신과 분노가 너무나도 커진 나머지 몇몇 주에서는 의료 소비자들이 내는 본인부담금이 약값을 넘어서지는 못하도록 법으로 규제하려는 움직임마저 보이고 있다.[40] 그리고 이 문제와 관련해 몇몇 약사들은 회사로부터 의료 소비자들에게 약값 할인 가능성에 대해 일절 이야기하지 말라는 압력을 받았다고 폭로하기도 했다. 2018년의 한 소송에서 시그나 코프는 약값보다 더 많은 본인부담금을 받지 말라는 법원명령을 받았고, 이 같은 판결은 많은 주목을 받았다.[41]

의료계 관행

PBM과 제약사는 다양한 약품을 두고 리베이트 협상을 한다. PBM이 제약사에게 고시가로 약값을 지불한 다음 리베이트를 받는 식이다. 제약사들은 이 관행 때문에 약가고시가를 적정 수준 이상으로 책정한다. 미국의 보건의료 지출이 너무 많다는 지적이 계속해서 나오자, 제약사들은 PBM 때문에 의료 소비자들의 부담이 커진다는 논리를 내놨다(약값 인상의 요인이 PBM에 있다는 것이다).

의료계의 여러 관행들이 점점 더 일반에 알려지면서 여기저기서 불만의 목소리가 터져나오고, 의료계 전반에 대한 사람들의 불신이 커지고 있다. 이런 상황에서 캐터필러 같은 경우는 직원들의 약값 지출을 줄이기 위해 회사 차원에서 나섰고, 상당한 성과를 거뒀다.

캐터필러가 미래의 표준이 될까?

▶ ▶ ▶

1장에서 과학소설가 윌리엄 포드 깁슨이 말한 "미래는 이미 여기 와 있다. 다만 널리 확산되어 있지 않을 뿐이다"라는 문장을 소개했다. 이 말은 앞으로 발생할 변곡점을 파악하는 데 매우 유용한 관점을 제시해준다. 어떤 조직이나 지역에서 대다수 사람들이 겪는 문제점이나 제약이 해결된 경우, 그 상황을 살펴봄으로써 앞으로 발생할 수 있는 변곡점의 가능성을 가늠해볼 수 있다. 이런 점에서 현재와 같은 보건의료비 지출 구조에서 PBM이 유발하는 비용을 절감하는 식으로 직원들의 의료비 지출을 줄인 캐터필러의 사례는 관심을 가져볼 만하다.

1996~2004년에 캐터필러 직원들의 처방약 지출액이 연평균 14퍼센트씩 증가하자, 경영진은 이를 절감하기 위한 대책 마련에 착수했다. "지금 상황을 그대로 받아들일 수도 없고, 기존 시스템을 방치할 수도 없다. 새로운 시스템을 만들 필요가 있다." 당시 경영진 회의에서 나온 말이다. 그들은 시스템을 보완해 처방약 지출액을 10~25퍼센트까지 줄일 수 있다고 판단했다.[42]

다음 표로 PBM의 서비스를 분석해보면, 캐터필러 같은 기업들이 어디서 지출을 줄일 수 있는지 판단할 수 있다. 예전의 캐터필러는 여느 기업들과 마찬가지로 PBM이 요구하는 대로 비용을 지불했지만, PBM의 서비스를 분석하고 여러 가지 상응 조치를 취하는 식으로 상당한 지출을 줄일 수 있었다.

캐터필러가 직원들의 의료비 지출을 절감하는 과정에서 거둔 성과는 놀라웠다. 회사 측이 공식적인 수치로 발표한 자료는 아직 없지만, 전

[표11] PBM 서비스 분석

소비사슬 연결	부정적 요소/고객 고통 포인트	캐터필러의 조치
PBM 선정	이해 충돌	비용의 내역을 투명하게 공개해주는 PBM 선정
비용에 대한 이해	투명성 부족	대형 제약사와는 직접 협상
처방에 따른 약 선정	투명성 부족, 비용 인상	회사가 자체적으로 결정할 수 있는 것들 찾기
약값 할인	할인 혜택 배제	공급자와 투명한 가격정책 추구

문가들은 캐터필러가 절감한 지출액이 연간 3,750만 달러에 달할 것으로 추정한다. 캐터필러 역시 지출이 줄었다고 말한다.[43]

이번 프로젝트를 이끈 토드 비스핑Todd Bisping 캐터필러 의료보험 매니저는 의료보험 개혁 연대Health Transformation Alliance, HTA에도 관여하고 있다. 캐터필러의 경험을 토대로 의료비 지출을 줄이고자 하는 여러 기업이 HTA에 참여하고 있다. HTA를 비롯한 여러 시도들이 거둔 결과가 아직 사회 전반적인 혁신으로 이어지진 않았지만, 제프 베조스, 워런 버핏, 제이미 다이먼 등 명망 있는 리더들도 힘을 보태는 만큼 미국의 보건의료 과다지출 문제는 조만간 변곡점을 맞을 것으로 보인다.

제프 베조스의 아마존은 아예 보건의료 분야로의 사업 확장을 추진하고 있다. 아마존이 많은 분야의 비즈니스 양상을 완전히 바꿔놨듯 보건의료 분야에도 큰 변화를 가져올지도 모르겠다.[44]

우리가 이 장에서 배운 것들

기존 사업자들이 고객들을 불편하거나 불쾌하게 만들고 있다면 새로운 사업자가 진입해 기존 시장을 파괴하거나 대규모 고객 이탈을 유발한다.

변곡점 발생이 확실하더라도 그것이 우리가 있는 시장에서 현실화되기까지는 꽤 오랜 시간이 걸릴 수 있다.

고객들은 인질이 아니다. 고객들이 계속해서 우리의 비즈니스 모델에 붙잡혀 있지는 않을 것이다.

성장 사업부와 침체 사업부는 서로 분리할 필요도 있다. 두 사업부는 평가 지표나 조직운영 방식이 다르고, 고객들이 기대하는 가치도 서로 다르기 때문이다.

앞으로의 변곡점을 예상하는 데 있어 고객들이 처한 상황과 기대하는 결과를 정확하게 이해할 필요가 있다.

다음번 변곡점을 주도하기 위해서는 시스템 구조(예를 들면 처방약 유통 구조와 가격 구조 같은)와 고객들의 고통을 정확하게 파악할 수 있어야 한다.

05

상황에 따라
계획을 수정하기

"올바른 판단하에 열심히 노력해 얻은 결과가 자신의 믿음을 부정하는 부자연스러운 상황으로 이어지는 일이 있다."[1]

_제프 베조스

기존 비즈니스 전제들을 전부 바꿔놓을 정도의 변화를 논의하면서 가장 먼저 변곡점의 징후를 발견할 수 있는 곳들에 대해 이야기했다. 그다음에는 변곡점의 초기 신호들을 파악하는 법에 대해 이야기했다. 즉 시나리오 플래닝으로 변화의 진행을 파악하는 법이다. 그다음에는 전통적인 산업의 관점이 아닌 아레나맵 관점에서 비즈니스를 분석하는 법을 살펴봤다. 소비자들이 원하는 바를 얻는 과정에서 겪는 고통이나 번거로움을 없애는 새로운 경쟁자의 출현은 기존 사업자들에게 큰 위협이 되는 변곡점의 발생을 의미할 수 있다는 점도 이야기했다. 이제부터는 변곡점 발생이 분명해졌을 때 취해야 하는 행동에 대해 이야기하려고 한다.

미래를 정확하게 예견하고, 필요한 행동을 정확하게 취하는 식으로 접근할 수 있는 것은 아니다. 미래의 다양한 가능성을 상상하고, 여러 신

167

호와 증거를 파악하고, 상황 전개에 따라 대응하는 식으로 접근하는 것이 현실적이다. 우리가 사는 복잡계의 세상에서 미래는 수많은 변수의 영향을 받는다. 따라서 발생 가능한 다양한 미래를 예상할 필요가 있으며, 그렇게 해야 올바르게 대응할 수 있다.

인텔은 SF소설 작가, 미래학자 등 미래를 테마로 작업하는 창작가를 직원으로 채용한다. 인텔이 이들에게 기대하는 것은 정확한 미래 예견이 아니다. 발생 가능한 미래를 바라보는 다양한 시각을 조직 내에 만들어내는 것이다.

계획을 수정해야 할 때

▶▶▶

시기와 구체적인 내용은 아직 모르지만 분명히 변곡점이 발생하리란 점을 인지했다면, 이제 그 변곡점에 대응해 뭘 해야 할지 결정을 내려야 한다. 문제는 여전히 불확실성이 크다는 것이다. 즉 결정을 내릴 때 구체적인 정보보다는 불확실한 가정에 의존해야 한다. 불확실한 상황에서의 의사결정 프로세스는 방향성이 명확한 상황에서와 완전히 다르다.[2]

불확실한 상황에서의 의사결정 프로세스라는 주제에 관해서는 다른 책에서 심층적으로 다룬 적이 있지만, 개괄적으로 설명하면 혼란 속에서 일단 시작하고, 실험적인 태도를 유지하고, 가장 크고 중요한 목표 하나를 지향해 결단력 있게 나아가는 것이다. 이때 리더는 가장 크고 중요한 목표를 흔들림 없이 옹호해야 하며, 목표를 향해 나아가는 수단이나 방법에 대해서는 언제라도 바꿀 수 있는 유연한 태도를 지녀야 한다.

미래학자 폴 사포Paul Saffo는 "최대한 빠르게 최대한 다양한 미래를 예상하고, 틀렸음이 확인된 예상은 최대한 빠르게 기각하라. 강한 의견을 약하게 지녀라"라고 조언했는데, 내가 제안하는 접근법도 같은 맥락이다.[3]

불확실한 상황에서 사업을 추진할 때는 새로운 정보가 입수되고 상황이 바뀔 때마다 사업계획을 수정 보완해야 한다. 미래를 예상하고, 이 예상이 옳은지 확인하기 위한 기준치들을 정하고, 기준치에서 어긋나는 상황이 전개되면 계획을 수정해 실행한다. 많은 기업이 상황을 확실하게 파악할 때까지 계획 실행을 미룬다. 하지만 변곡점에서 큰 이익을 취하기 위해서는 남들보다 먼저 움직여야 하기 때문에 불확실한 상황에서 계획을 수립하고 실행하는 것에 익숙해질 필요가 있다.

변곡점 대응 계획은 사전에 세세한 부분까지 전부 수립하는 식으로 접근하지 않는다. 변곡점 대응 계획에 대해 피터 심스는 "작은 도박"의 연속이라고 했고, 나는 '상황에 따른 계획planning to learn'이라고 한다.[4] 불확실한 변곡점에 대응할 때는 계획을 수립해 이를 무작정 따르는 방식이 아니라, 내가 체크포인트라고 부르는 상황이 발생할 때마다 지속적으로 계획을 수정해나가는 방식이 바람직하다.

체크포인트란 변곡점과 관련해 새로운 사실을 안 시점을 의미한다. 체크포인트에서는 다음 2가지 판단을 내려야 한다. 첫째는 새로운 사실이 비용이나 시간을 투입하고, 위험을 감수할 만한 가치가 있느냐 하는 점[5]이다. 다시 말해 새로 안 사실이 조직의 '입맛'에 맞는지 판단해야 한다. 둘째는 새로운 사실을 토대로 계획을 수정해야 하는지, 아니면 기존 계획을 유지해야 하는지를 판단해야 한다.

정보가 충분하지 않은데 올바른 판단을 내려야 하는 상황은 사람들을 무척 곤란하게 만든다. 회의라도 열면 무의미한 논쟁이 벌어지기 일 쑤다. 이런 때는 창의적으로 접근해야 한다. 자신의 가정이 옳다는 게 증 명되지 않았더라도 전에 모르던 새로운 사실을 아는 것 자체가 의미가 있다. 막다른 지점에 갇혔다는 사실을 알게 되더라도 그 자체로 의미가 있다. 이런 사실을 알게 됨으로써 방향을 전환할 수 있기 때문이다.

모든 정답을 안다는 태도는 당장 버려야 한다. 불확실한 상황에서 는 누구도 모든 답을 알 수 없다. 1년 6개월 뒤에 일어날 일을 예상하고 구체적으로 상세한 계획을 수립하는 것은 시간 낭비다. 앞으로 다가올 불확실성을 이해하려 하는 편이 조직의 성공 가능성을 높인다.

나심 니콜라스 탈레브Nassim Nicholas Taleb는 《안티프래질Antifragile》에 서 이렇게 말했다. "예상하지 못한 상황(혹은 충격적인 상황)의 발생이 부 정적인 요소들보다는 긍정적인 요소들을 더 많이 내포할 때 이를 '안티 프래질'이라 부른다. 그 반대는 '프래질'이다."[6] 변곡점을 앞두고 상황에 따른 계획을 추진할 때 비용이나 손실을 최소화하고 이득을 최대화하는 방법을 찾아야 한다. 비용이 적게 든 실패들을 용인하고, 기존 가정이 틀 렸다면 이를 최대한 빠르게 확인해 기각하고, 최대한 빠르게 확실한 것 들을 찾아내 계획에 적용하는 식으로 대응하는 방법 말이다.

그렇더라도 아직은 팩트가 아니다

▶▶▶

앞에서도 언급했지만, 변곡점이 저 멀리 보이면 새로운 변화에 너무 일 찍 뛰어드는 경우가 대부분이다. 변곡점이 뭘 의미하는지 제대로 이해할 수 있을 정도의 정보가 입수되기도 전에 너무 많은 자원을 투입해버리는 것이다. 디지털혁명에 있어서도 예외는 아니었다. 수많은 기업과 리더가 비싼 대가를 치르고 나서야 자신들이 너무 일찍 변화에 뛰어들었음을 깨달았다.

디지털기술과 관련해 잘못된 판단을 내리는 이유는 디지털혁명의 영향력을 제대로 파악하지 못하기 때문이다. 1장에서 디지털혁명의 영향력과 관련해 정보의 분산 보관과 통합 보관이라는 측면에서 논의한 바 있다. 기업들의 전통적인 전략과 비즈니스 모델에 대한 디지털혁명의 영향력을 생각해보면, 지금까지 올바른 판단을 내리고 뛰어난 성과를 내오던 기업들이 왜 디지털혁명에 대해서는 잘못된 판단을 내리는 경우가 많았는지를 이해할 수 있다. 라이언 맥매너스^{Ryan McManus} 교수도 기업들이 디지털혁명의 영향력을 제대로 이해하지 못하고 있음을 지적했다.[7]

디지털화라는 변곡점

▶ ▶ ▶

이제까지 단편적으로 분리돼 이루어지던 활동이 디지털화의 흐름으로서로 연결되고 있다. 일례로 예전에는 기업들이 소비자만족도를 어필하기 위해 〈컨슈머리포트〉나 베터 비즈니스 뷰로^{Better Business Bureau} 같은 몇몇 소비자만족도 순위를 관리하면 됐지만, 지금은 소비자만족도를 발표하는 플랫폼이 많이 늘어났고 이런 플랫폼들의 평가가 서로 연결되고 있다. 소비자 입장에서도 예전에는 영업사원이나 판매점 점원에게 제품에 대해 물어봤다면, 지금은 다양한 온라인 플랫폼에서 제품에 대한 실제 사용 후기를 찾아볼 수 있다.

책의 앞부분에서 "봄이 오면 가장자리 눈부터 녹는다"고 말하면서 다가오는 변곡점에 대해 전략적 판단을 내리고자 한다면 변곡점을 가장 먼저 알아볼 수 있는 곳, 즉 조직의 가장자리인 일선 현장에 관심을 가져야 한다고 했다. 하나를 덧붙이자면, 디지털화가 만들어내는 변화에도 관심을 가져야 한다. 바로 여기에 변곡점이 만들어낼 미래를 가늠해볼 단서들이 있기 때문이다.

출발은 마케팅이었다

디지털화로 가장 먼저 변화를 맞은 곳은 기업 활동의 핵심이라고는 보기 어려웠던 마케팅 쪽이었다. 닷컴 골드러시 초기에 가장 주목받았던 활동은 URL을 선점하고, 배너광고를 위한 디지털 공간을 확보하고, 웹사이트와 블로그의 가입자를 늘리는 일이었다. 그 전까지는 마케팅 비용을 집행하는 기업 측에서 일방적으로 힘을 행사하고 정보를 제공했지만, 디지털화의 영향으로 이런 방식이 더 이상 유효하지 않게 됐다. 하지만 이런 마케팅 분야의 변화가 기업의 생존 여부를 결정할 정도로 중요하다고 인식하는 기업은 별로 없었다. 디지털화의 영향이 마케팅 분야를 넘어설 조짐이 아직까지는 구체적으로 보이지 않기 때문이다.

마케팅의 디지털화가 시작된 초기에는 오히려 아날로그 마케팅 비용 지출이 크게 늘어났다. 〈포천〉 같은 전통적인 간행물은 물론이고 〈와이어드Wired〉 같은 IT전문지조차 지면광고가 계속 증가했고, 책은 점점 더 두꺼워졌다. 2000년에는 미국의 GDP 대비 광고시장규모가 2.5퍼센트까지 폭증했는데, 닷컴버블이 꺼지면서 2.2~2.3퍼센트로 내려오기는 했다.[8]

마케팅의 디지털화는 전통적인 광고사업자들에게 상당한 위기의식을 불러일으켰다. 실제로 구글은 2000년에 애드워즈 AdWords 서비스를 출시했다. 이 서비스는 특정 제품 구매 가능성을 보이는 키워드를 검색한 이용자에게 해당 제품 광고를 노출시키는 식으로 작동한다. 출시 첫해부터 애드워즈 매출액은 7,000만 달러를 기록했다.[9] 애드워즈를 이용하는 광고주들은 이용자들의 검색 결과에 따라 자신들의 광고를 노출시키는 데 얼마를 지불할지 스스로 결정할 수 있다. 더 많은 광고비를 지불할수록 검색 결과에 따라 우선적으로 광고를 노출시킬 수 있다. 구글 검색 이용자가 광고를 클릭하면, 광고주는 자신이 결정한 광고비를 구글에 지불하게 된다. 구글 검색 결과에 우선적으로 광고를 노출시키고자 하는 광고주들은 다른 광고주들보다 더 많은 광고비를 제시하면 된다.[10] 그런가 하면 검색엔진 이용자들이 광고를 클릭하지 않더라도 광고 노출 횟수에 따라 과금하는 광고 모델도 있다.[11]

마케팅의 디지털화에 따라 광고시장은 점차 아날로그에서 디지털 쪽으로 이동했다. 실제로 신문광고의 경우, 2005년 900억 달러에서 2017년 500억 달러로 시장규모가 큰 폭으로 줄어들었다.[12] 이 정도의 감소폭이면 전통적인 미디어들이 심각한 타격을 입은 셈인데, 디지털화라는 변곡점이 만들어내는 변화가 기존의 전통적인 미디어들에게 어떤 영향을 끼칠지는 아직도 가늠할 수 없는 상황이다.

그다음은 사업 운영이었다

그다음으로 디지털화의 영향을 받은 영역은 사업운용 쪽이었다. 멕시코 시멘트회사 시멕스^{CEMEX}만 하더라도 업무의 디지털화로 고객 서비스 수준을 전과 완전히 다르게 높일 수 있었고, 이를 통해 경쟁력을 확보했다. 한 가지 예를 들면 시멕스는 레미콘의 JIT$^{Just\ In\ Time}$ 서비스를 제공하기 시작했는데, 이는 건설사들에게 매우 큰 가치를 제공하는 것이었다. 시멕스는 IT기업인 델을 롤모델 삼아 JIT 콜센터도 운영하기 시작했다. 고객들이 JIT 콜센터에 주문을 넣으면, 시멕스가 고객들이 원하는 시간에 레미콘을 공급하는 식이다.

디지털화로 사업운영 패러다임이 완전히 달라지고 있다. 까다롭고 비용이 많이 드는 것을 당연하게 받아들였던 업무들을 훨씬 더 용이하고 저렴하게 처리할 수 있게 됐고, 이 같은 변화는 기업들에게 많은 기회를 열어주고 있다.

그다음은 제품과 서비스였다

디지털화의 가능성을 고려했을 때 디지털 제품과 서비스가 시장의 주역으로 등장하는 것은 시간문제였다. 책, 영화, 잡지, 사진 같은 콘텐츠가 디지털 제품으로 판매되기 시작했으며, 이런 제품 유형의 변화는 소비경험의 변화로 이어졌다. 이제 콘텐츠의 경우, 소비자들이 제품이 있는 곳으로 찾아가는 게 아니라, 제품이 소비자들이 있는 곳으로 찾아간다.

기존 제품에 디지털 요소가 부가되면서 더 큰 가치 창출로 이어지는 경우도 있다. 대표적으로 자동차를 들 수 있다. 완성차 제조사들과 자동차 부품사들은 운송수단으로서의 자동차에만 초점을 맞춰왔는데, 이제는 자동차를 네트워크 노드로 보기 시작했다. 오늘날 자동차회사들은 온라인으로 자동차를 진단한 다음 그 결과를 정비 서비스로 연결하고, 고객들의 자동차보험까지 관리한다. 그리고 이는 추가적인 수익으로 이어진다. 이런 변화 속에서 운전자들과 자동차들이 생성하는 데이터는 상당한 가치를 가지며, 이는 자동차회사들에게 큰 기회를 의미한다.

그다음은 비즈니스 모델이다

디지털화로 인해 기존 비즈니스 모델의 기본 전제들이 달라질 수도 있다. 앞에서 언급했듯 기존 성공방식을 가지고 있는 조직의 리더들이 성공방식이 변했음을 인지하고 수용하기란 여간 어려운 일이 아니다. 무엇보다 그들은 새로운 변화에 관심을 가질 시간 자체가 부족하다. 바쁘기 때문이다.

보험업을 생각해보라. 디지털화는 보험산업의 가치사슬을 구성하던 전통적인 요소들에 광범위한 영향을 끼친다. 게다가 디지털화가 도입된 새로운 비즈니스 모델은 기존 비즈니스 모델보다 훨씬 저렴하게 운용될 수 있기 때문에 디지털화를 빠르게 수용하지 않는 사업자들은 엄청난 비용 압박을 받을 수밖에 없다.

1. 판매

고객들에게 보험을 '판매'하던 전통적인 보험중개인들이 사라지고 있다. 그 대신 고객들은 온라인으로 직접 보험에 가입하고, 이제는 모바일기기로도 가입할 수 있다. 오늘날 점점 더 많은 보험상품이 온라인에서 고객

맞춤형 보장을 제공하며, 고객은 전보다 훨씬 저렴하게 자신이 원하는 보장을 선택할 수 있다. 블록체인 기술이 더해지면서 이제 보험 가입자들은 별도로 보험계약서를 챙기지 않아도 되고, 보험사들 역시 계약서류를 훨씬 쉽게 관리할 수 있게 됐다.

2. 보험상품 개발 및 보험료 책정

오래된 대형 보험사들이 가진 핵심 경쟁우위는 보험에 관한 방대한 데이터베이스다. 이들은 이 데이터베이스를 토대로 최적의 보험료를 책정하고 이익을 극대화할 수 있다. 그런데 빅데이터를 활용하기 쉬워지고 인공지능 기술까지 더해지면서, 매우 예외적인 특이한 사고가 아니라면 기존 대형 보험사들의 데이터베이스 관련 경쟁우위가 사실상 사라졌다. 보험의 선호 조건, 즉 학력이 높거나 특정 직업에 종사하는 것이 별다른 의미가 없어졌다. 단순한 추정이 아니라 실제 데이터를 토대로 보험료가 책정되기 때문이다.

3. 보험금 지급

프로그레시브Progressive 같은 선도적인 보험사들은 보험금 산정과 지급 시간을 계속 줄여나가고 있다. 이들이 지향하는 목표는 이른바 '실시간 보험금 지급'이다. 이 목표를 위해 첨단 IT기기, 드론, 스마트폰 등을 활용해 사고 통지 시간을 단축하고, 스마트 알고리즘을 활용해 즉각적으로 정확한 보험금을 산정한다. 사고 통지, 보험금 산정 및 지급 등의 과정을 고객들이 납득하는 수준에서 최대한 빠르게 진행하는 것을 추구하고 있다.

보험업은 지금 변곡점을 지나는 중이며, 거대한 변화를 앞두고 있다. 대다수 보험사 경영자가 이를 안다. 문제는 바로 여기서 발생한다. 변곡점 초기에 변화의 신호가 강해지면, 경영자들은 자신이 변화에 관한 충분한 정보를 입수했다 판단하고(여기에 컨설턴트들이 가세하는 경우도 많다) 막대한 돈과 자원을 변화에 투입하는 결정을 내린다. 거대한 배의 항로를 너무 일찍 변경하는 것이다.

이런 결정은 대부분 실패로 판명 난다. 변화의 신호가 강하더라도 변곡점 초기에는 여전히 유동적인 부분이 훨씬 많다. 앞에서 언급한 상황에 따른 계획, 즉 새로운 정보가 입수되고 상황이 바뀔 때마다 사업계획을 수정 보완하는 방식을 따라야 하는 이유가 바로 여기에 있다.

디지털이 만들어내는 환영
▶▶▶

디지털화 프로젝트는 많은 부분에서 여느 혁신 프로젝트들과 같은 양상으로 전개된다. 프로젝트와 관련된 구체적인 사실 정보가 별로 없는 상태에서 의사결정권자의 임의 판단에 따라 프로젝트가 시작되는데, 이 판단이 옳다는 보장은 어디에도 없다. 의사결정권자는 가정과 추측으로 판단을 내리는데, 이는 매우 나쁜 악순환으로 전개되기 쉽다.

프로젝트가 진행되고 의사결정권자의 임의 판단에 따른 결과가 나타나면, 많은 경우 판단이 틀렸다는 결론이 내려진다. 그런데 이런 결론을 쉽게 수용하는 의사결정권자는 별로 없다. 프로젝트에 자신이 깊게 관여해 있고, 이미 조직의 상당 자원이 투입된 상태이기 때문이다. 의사결정권자는 자신의 판단이 틀렸다는 결론을 무시하고, 계속해서 기존의 가정과 추측을 고수하며 프로젝트를 진행한다. 프로젝트는 조직에 상당한 손실을 끼치고, 누군가 용기를 내어 실패를 인정해야 한다고 목소리를 낼 때까지 계속된다.[13]

이런 실패 사례에서 뭔가 배울 수 있다면 그나마 좋겠지만, 그런 경우는 드물다. 실패한 프로젝트를 주도한 사람들은 조직을 떠나고, 남은 사람들은 해당 프로젝트에 대한 언급을 회피하기 때문이다. 실패 사례에 관한 정보를 구하는 것 자체가 어렵다. 드물게 실패 사례에 관한 정보가 상당 부분 공개되고 정리된 경우가 있는데, BBC의 디지털 미디어 이니셔티브Digital Media Initiative가 바로 그렇다. 이 프로젝트는 BBC에 9,800만 파운드의 손실만 입히고 아무 결실 없이 끝났다.[14]

BBC 디지털 미디어 이니셔티브
▶▶▶

앞에서 넷플릭스 사례를 다루면서, 1990년대 말부터 사람들이 콘텐츠의 온디맨드 서비스가 일반화될 거라 전망했다고 말했다. 2000년에는 하버드 비즈니스 스쿨 교재에도 이 같은 전망이 실렸다.

디지털 콘텐츠의 유통과 소비가 완전히 변하리란 전망이 분명해지자, 2008년 BBC는 디지털 미디어 이니셔티브라는 프로젝트를 출범시켰다. 이 프로젝트의 목표는 콘텐츠의 제작과 유통에서 "비디오테이프를 없애는 것"이었다.[15] 디지털 미디어 이니셔티브는 의사결정기구인 BBC 트러스트BBC Trust에서 정식으로 승인했고, 예산은 8,100만 파운드가 배정됐다. 프로젝트 책임자는 애슐리 하이필드Ashley Highfield가 맡았다. 방송 기술과 관련해 BBC와 오랜 협력관계에 있던 지멘스도 참여했고, 컨설팅사인 딜로이트Deloitte도 자문역으로 참여했다. BBC는 이 프로젝트가 성공해 수익을 창출할 것으로 전망했다.[16] 당시 프로젝트에 참여했던 한 인사는 이렇게 말했다. "디지털 미디어 이니셔티브는 전사적 규모의 프로젝트입니다. 이를 통해 우리는 온디맨드, 멀티플랫폼 디지털 환경에 대응하고, 새로운 서비스를 적절한 비용으로 공급할 수 있는 기반을 갖게 될 것입니다."[17]

디지털화의 의미를 제대로 파악하지 못하다

BBC는 프로젝트 조직만의 노력으로 디지털 미디어 이니셔티브를 완성할 수 있을 거라 생각했다. 너무 쉽게 생각한 것이다. 하지만 이 프로젝트가 성공하기 위해서는 BBC 전체의 비즈니스 모델을 완전히 바꾸는 수준의 개혁이 필요했고, 이는 조직 전체의 주요 업무 흐름을 완전히 바꿔야 함을 의미했다. 새로운 기술적 요구 및 업무 흐름의 변화에 따라 성과평가 기준이 달라지는데, 이는 필연적으로 조직 내부의 상당한 반발을 수반한다.

이 프로젝트와 관련해 BBC는 지멘스와 그동안 진행한 여느 프로젝트들과 마찬가지 수준으로 계약을 진행했다. 자신들이 생각한 구체적인 목표가 순조롭게 달성되리라 생각했기 때문이다. BBC는 지멘스에게 자신들이 원하는 바를 주문하고, 상황을 거의 물어보지 않았다. 기존의 여느 프로젝트들과 마찬가지로, 지멘스는 BBC가 원하는 결과물을 만들어 납품만 하면 된다고 생각했기 때문이다. 사실 대형 IT 프로젝트가 실패하는 전형적인 원인이 사용자가 계속해서 요구사항을 변경하거나 요구사항을 확실하게 제시하지 않기 때문이라는 점을 감안하면, BBC의 접근법은 합리적이었다. 문제는 디지털 미디어 이니셔티브의 경우는 확실한 결과라는 것이 처음부터 존재하지 않았다는 것이다.

디지털 미디어 이니셔티브는 수많은 서브 프로젝트들로 이루어져 있었다. 새로운 미디어 인제스트 시스템 구축, 이를 위한 새로운 미디어 자산관리 시스템 구축, 새로운 미디어 자산관리 시스템을 통한 콘텐츠 관리 등, 하나의 서브 프로젝트가 다른 여러 서브 프로젝트들로 이어지는 구조였다. 디지털 미디어 이니셔티브가 완성되면 스토리보드는 기존의 수작업이 아니라 온라인으로 처리될 것이고, BBC로 유입되는 콘텐츠들은 새로운 스토리지 시스템에서 관리되고 공유될 것이었다. BBC는 경쟁입찰을 거치지 않고 곧바로 지멘스를 이 프로젝트의 시스템 공급사로 선정했다. 이 일을 가까이에서 지켜본 한 인사는 이렇게 말했다. "BBC와의 관계에 있어서 지멘스와 다른 경쟁사들 간 거리는 아주 멀어 보였다."[18]

성공을 확신하고 안이하게 대처하다

BBC는 이 프로젝트에 성공해 조직 전체가 단번에 변하리라 확신했다. 그러나 이는 매우 위험한 생각이다. 디지털 성숙도가 낮은 조직에서는 디지털화를 우선 작게 시작하고, 천천히 변화를 확산시키는 접근법이 적절하다. 한꺼번에 막대한 자금을 투입해 공격적으로 변화를 추진하는 방식은 실패로 끝나기 쉽고, 이로 인한 손실 역시 막대하다. 프로젝트 자체는 결실로 이어졌다 하더라도 그 결과물을 조직 전체에 이식하고 성과를 만들어내는 것은 또 다른 문제다. 흔히 말하는 '폭포수 방식'으로 구시대적 조직을 새로운 시장에 적합한 조직으로 성공적으로 바꿀 수 있다는 생각은 너무 단순한 가정이다. 더욱이 기존 조직이 새로운 방식에 어떻게 반응할지 제대로 이해할 수 없는 외부 기업이 제시하는 방식은 BBC에게 별 도움이 되지 못했다.

BBC는 프로젝트에 참여하는 협력사들과의 관계 역시 원활하리라 생각했다. 그러나 이 프로젝트는 '상황에 따른 계획' 방식으로 진행되지 않았고, 프로젝트가 가치를 창출하는 방향으로 나아가고 있는지 지속적으로 확인하고 계획을 수정하는 과정 없이 진행됐다. 경영진과 기술진 사이에 원활한 의견교환도 없었고, 정기적인 프로젝트 리뷰도 없었다.

정보를 가진 사람들이 경고의 목소리를 내지 못하다

실무를 담당한 사람들이 직접 목소리를 내고, 경영진은 그 목소리를 경청해야 한다는 기본 원칙도 지켜지지 않았다. 당시 프로젝트에 관여했던 한 사람은 이렇게 말했다. "실무급 직원들은 목소리를 내지 못하는 문화가 있었습니다. 프로젝트에 대한 우려를 의사결정권자들에게 전할 수 없었죠. 그냥 직원들끼리만 프로젝트 실패를 걱정하는 이야기를 나눴습니다."[19]

2009년 9월, BBC와 지멘스는 디지털 미디어 이니셔티브에 관한 협업을 중단하기로 결정했다. BBC는 조직 내부에서 프로젝트를 이어나가기로 했다.

결과적으로 BBC의 디지털 미디어 이니셔티브는 실패했고, 영국 의회까지 나서서 프로젝트 실패 원인을 살펴보기에 이르렀다. 돌이켜보면

BBC는 너무 안이한 전망과 기대를 가지고 프로젝트를 추진한 셈이다. 프로젝트 평가 보고서에 이런 내용이 나온다. "해당 프로그램은 지멘스가 처음 생각했던 것보다 훨씬 더 까다로웠다. 지멘스는 BBC의 업무 흐름에 대한 깊이 있는 지식이 부족했다. BBC 역시 지멘스의 설계 및 개발 업무에 대해 매우 제한적인 지식만 갖고 있었다."[20]

너무 늦게 길을 찾다

지멘스와의 협업을 중단한 BBC는 내부적으로 팀을 구성해 애자일 방식으로 디지털 미디어 이니셔티브를 지속했다. 이번에는 개발자들과 이용자들 간의 협업을 추진했고, 새로운 정보가 입수되고 상황이 바뀔 때마다 계획을 수정하기도 했다. 올바른 길을 찾은 셈이다. 그러나 너무 늦게였다. BBC 경영진은 2012년 10월에 디지털 미디어 이니셔티브를 중단하기로 결정했고, 곧바로 프로젝트 철수 절차에 들어가겠다고 발표했다. 도미닉 콜스Dominic Coles 당시 BBC 운영 담당 책임자는 프로젝트 중단에 대해 이렇게 말했다.

테크놀로지와 디지털은 너무 빠르게 변하고, BBC 내부에서는 사업 운영과 콘텐츠 제작에 관한 요구 사항이 바뀌었습니다. 5년 전에는 있지도 않았던 디지털 제작 도구들이 미디어산업의 표준이 됐습니다. BBC 프로그램을 제작하는 데 필요한 다양하면서도 까다로운 사항들을 충족하는 솔루션을 개발하는 일은 우리 예상보다 훨씬 더 도전적인 것이었고, 그 결과 개발 일정이 늦어졌습니다. …… 프로젝트 중단 결정이 내려진 지금, 이번 프로젝트로 인한 BBC의 손실액은 9,840만 파운드로 집계되고 있습니다. 프로젝트가 완성되지 않은 상태에서는 지금까지 개발해놓은 소프트웨어와 하드웨어가 별다른 가치를 창출하지 못하고, 이번 프로젝트에 추가적인 투자도 할 수 없기 때문에 이 금액은 전부 손실로 잡힐 것입니다.[21]

상황에 따른 계획 방식에서는 최종 결과물뿐 아니라 프로젝트 추진 과정에서도 가치가 만들어진다고 본다. 목표로 했던 최종 결과물이 나오지 않았다고 아무 가치도 창출되지 않았다는 식의 인식은 매우 잘못됐다.

이제 BBC 사례와 대별되는 사례를 소개하려 한다. 암 치료에 디지털화를 도입한 의료계의 이야기다. 다시 한 번 강조하지만, 극도로 불확실한 상황에서 성공 가능성을 높이고자 한다면 상황에 따른 계획 방식으로 접근할 필요가 있다.

의료데이터 분야, 효과적인 비즈니스 모델을 찾다

▶ ▶ ▶

보 바이든은 2015년에 뇌암으로 사망했다. 자식의 죽음을 계기로, 조 바이든 미국 대통령은 미국의 의료시스템을 유심히 들여다봤다. 그가 얻은 결론은 충격적이었다. 그는 2018년 미국과학진흥회American Association for the Advancement of Science, AAAS 총회 연설에서 이렇게 말했다. "미국의 의료시스템은 완전 엉망입니다. 난해하고, 심각한 상태로 방치되고 있습니다."[22]

미국 의료시스템 내의 정보는 서로 분리돼 있다. 가치 있는 데이터가 개별 기관의 파일함이나 시스템 내부에 보관되고, 상당한 치료 효과를 본 요법에 관한 정보가 의사들 사이에서 공유되지 못한다. 물론 미국 의료계는 암 치료와 관련해 상당한 성과를 이뤄왔지만, 지금까지의 발전 과정은 그리 체계적이지 않았고 곳곳에 상당한 허점이 있다.

2016년, 오바마 당시 대통령은 바이든 부통령에게 캔서 문샷Cancer Moonshot이라는 프로젝트를 맡겼다. 암이란 질병을 종식시키겠다는 야심찬 목표로 출범한 국가 규모의 프로젝트로, 그런 만큼 미국 의료계에 변곡점으로 작용했다. 특히 이 프로젝트가 추구한 일차적인 목표는 암 치료와 관련한 미국 내 공공부문과 민간부문의 활동과 정보를 통합하는 것이었다.

그 무렵 미국 의회는 '21세기 치료법21st Century Cures Act'이라는 법을 통과시켰다. 이 법에 따라, FDA는 신약 개발 및 치료 활동을 지원하기 위해 임상데이터를 비롯한 다양한 데이터를 의료회사들이 제공하게 됐다(이런 조치에 대한 비판의 목소리도 있다).

캔서 문샷 프로젝트, 21세기 치료법, 암 치료에 대한 미국 정부 차원의 강력한 의지 표명 등은 암 치료와 관련해 변곡점이 나타날 가능성이 커졌음을 의미하는 강력한 신호들이었다. 암 치료를 위해 공공부문과 민간부문 사이에 전례 없는 협력이 추진될 것이고, 이는 아레나맵이 변할 것임을 의미했다.

이런 변화의 분위기에서 주목받은 스타트업이 있다. 바로 플랫아이언 헬스Flatiron Health라는 의료데이터 기업이다. 플랫아이언 헬스는 불확실한 상황에서 상황에 따른 계획 방식을 효과적으로 활용해 성공을 거됐다. 플랫아이언 헬스의 젊은 두 창업주는 변화가 가장 먼저 일어나는 가장자리에서 변화를 발견했고, 자신들이 발견한 기회에 과감하게 도전했다.

파충류를 팔던 젊은이들

냇 터너Nat Turner와 자크 와인버그Zach Weinberg는 예사롭지 않은 청년 시절을 보낸 젊은 창업가들로, 2012년 플랫아이언 헬스를 창업할 당시 아직 20대에 불과했다. 특히 냇 터너는 2010년 그의 첫 회사인 인바이트 미디어Invite Media를 구글에 8,100만 달러를 받고 매각했을 때 24세였다.[23] 2018년, 그의 2번째 회사인 플랫아이언 헬스를 로슈Roche에 20억 달러를 받고 매각했을 때는 32세였다.[24]

터너와 와인버그는 어릴 때부터 스타트업 쪽에서 일했지만, 본격적으로 자신들의 사업을 이끌어 큰 성공을 거둔 것은 와튼스쿨 창업자 프로그램에 참여하면서부터다. 와튼스쿨 창업자 프로그램은 '불확실한 상황에서 사업을 추진할 때 사업계획은 새로운 정보가 입수되고 상황이 바뀔 때마다 수정 보완돼야 한다'는 개념을 중심으로 하는 '상황에 따른 성장 추구'를 강조한다(와튼스쿨 창업자 프로그램을 주도적으로 개발한 사람은 나와 함께 책을 쓰기도 한 이언 맥밀런Ian MacMillan 교수다).

터너와 와인버그가 원래부터 헬스케어에 관심이 있었던 것은 아니다. 냇 터너는 취미제품 판매 사업으로 시작했고, 점차 돈을 더 많이 벌수 있을 것 같은 업종으로 사업 범위를 확장해나갔다. 음식 배달, 웹디자인, 파충류 분양 등이 그가 거친 사업 분야들이다. 터너가 인터넷의 힘을처음으로 실감한 것은 파충류 분양 사업을 할 때였다고 한다. 웹사이트를 만들자 많은 사람이 접속해 문의도 하고 주문도 했다는 것이다.

터너와 와인버그가 창업한 인바이트 미디어의 시작과 성장을 보면, 아레나맵 기반의 분석과 상황에 따른 계획이 매우 효과적인 접근법이라는 것을 알 수 있다. 이들은 와튼스쿨에 다니면서 비디오에그^{VideoEgg}에서 인턴으로 일하다가 광고 분야의 사업을 해야겠다고 생각하게 됐다. 터너는 〈파이낸셜 포스트$^{Financial\ Post}$〉와의 인터뷰에서 인바이트 미디어의 창업 계기에 대해 다음과 같이 말했다. "온라인광고산업에서 기술적 복잡성과 낮은 수용성 같은 문제를 발견했습니다. …… 이런 문제들을 해결하기 위해 인바이트 미디어를 창업했고, 우리 회사가 크게 성장하리라 생각했습니다."[25]

이들은 온라인광고산업이라는 아레나에서 사람들이 겪는 문제들을 파악했고, 기회를 발견했다. 그런 다음 창업했고, 회사의 큰 성장을 예상했다.

상황에 따른 계획의 경우, 자신이 그리는 성공이 어떤 모습인지 규정하는 것에서 시작한다. 처음부터 실현 가능성을 따지는 것이 아니라, 가능한 모습이 어떤지를 그려보는 것이다. 터너와 와인버그는 자신들이 창업하는 회사에 관한 아레나맵을 작성했고, 특히 아레나맵의 자원 항목에는 '돈의 흐름$^{dollar\ flow}$'이라는 이름을 붙였다(여기서 말하는 자원은 기업이 진입하는 시장에 소비자들이 지출하는 총액을 의미한다).[26] 그런 다음 이들은 광고와 광고 대상이 광고주의 의도대로 연결되고 있는지를 파악했다. 냇 터너는 인바이트 미디어의 창업 초기에 대해 다음과 같이 말했다.

우리는 영상광고 네트워크 회사로 시작했습니다. 유튜브가 아직 나오기 전에 유튜브 창업자들과도 만나 이야기를 나눴는데, 그들도 동영상을 중심으로 하는 사이트 구축을 생각하고 있었습니다. 세상에 동영상은 무수히 많습니다. 모든 사람이 동영상을 보죠. 그래서 우리는 "이만한 광고 수단이 없겠다"고 생각했습니다. 저는 그 전에 비디오에그라는 곳에서 일했는데, 동영상 시청 횟수가 하루 5억 뷰까지 나온 적도 있습니다. 하지만 이런 상황을 이익으로 창출하지는 못하고 있었죠. 그 정도의 동영상 시청을 감당하려면 서버 비용만 50만 달러가 들어갑니다. 그러나 광고주들을 끌어들일 방법은 찾지 못하고 있었습니다.

우리는 사람들이 어떤 동영상을 보면, 예를 들어 TNT의 야구중계를 보면 화면 왼쪽 아래 구석에 조그맣게 광고 팝업이 나오도록 했습니다. 우리는 그 팝업을 인바이트^{invite}라고 불렀고, 우리 회사 이름인 인바이트도 여기서 유래했습니다. 그 이름은 시청자들에게 뭔가를 보거나 행하도록 권유하거나 초대한다는 의미를 가지고 있습니다.[27]

터너는 자신들이 최초로 낸 아이디어에 대해 "솔직히 말해 완전 엉터리였다"고 평가했다. 사업 방향을 페이스북 광고 쪽으로 돌렸지만, 이번에도 잘되지 않았다. 광고 대상과 광고에 활용되는 영상 사이에 상당한 괴리가 있음을 발견했고, 이 괴리를 메울 수 있는 시스템을 개발하기 시작했다.

이들은 일종의 온라인 광고 거래소를 개발했지만, 이번에도 기대만큼 성과가 나지 않았다. 그래서 마지막으로 선택한 방식이 광고 에이전시 기반의 모델 구축이었다. 터너에 따르면, 이 마지막 방식의 아이디어를 구체화하고 본격적으로 사업을 추진하기까지 1년 반이 걸렸다. 그리고 그 1년 반 동안 인바이트 미디어의 투자자들은 상당한 불안감과 불만을 표출했다고 한다. 한 투자자는 터너와 와인버그가 상황에 따라 계획을 여러 차례 변경하는 것을 두고 "인바이트 미디어의 창업주들이 너무 유행을 따른다"고 말했을 정도다.

이 마지막 방향전환 때 터너와 와인버그는 웹 콘텐츠에 광고를 배정하는 작업에 광고 에이전시들을 참여시켰다. 이런 방식을 기반으로 비드매니저Bid Manager라는 사업 모델을 만들었다. 바로 8,100만 달러를 받고 구글에 매각한 사업 모델이다. 비드매니저는 웹 콘텐츠 광고의 거래모델 가운데 가장 성공적인 모델이고, 인터넷 이용자들이 광고를 보는 대신 무료로 인터넷과 웹 콘텐츠를 이용할 수 있도록 하는 인터넷 생태계의 핵심 축 가운데 하나다.

2010년, 터너와 와인버그는 8,100만 달러에 회사를 구글에 매각했다. 구글과의 통합 작업을 위해 최고경영자 자리는 유지했다. 다만 구글에서 자신들의 지위가 계속되지는 않으리라 판단하고, 새로운 창업 아이디어를 구상하기 시작했다.

인바이트 미디어 매각 건으로 터너와 와인버그는 스타트업 시장에서 높은 신임도를 얻었고, 투자자들을 쉽게 모으고, 유능한 직원들을 수월하게 채용할 수 있게 됐다. 그런가 하면 그들 자신도 엔젤투자에 나서서 좋은 아이디어를 물색했다. 이때 상황에 대해 터너는 이렇게 말했다. "이기적인 일이기는 했죠. 자크와 저는 엔젤투자를 하면서 다른 창업자들을 만나고, 그들의 아이디어를 배웠습니다. 그렇게 해서 헬스케어 분야를 알게 됐어요."[28] 다양한 관점과 아이디어를 습득하는 것은 중요하다. 하지만 미래에 대한 어느 한 가지 관점에 매몰돼서는 안 된다. 그렇게 해서 플랫아이언 헬스가 탄생했다.

광고 소프트웨어에서 헬스케어로

터너는 백혈병을 앓는 사촌동생이 있다. 터너와 와인버그가 플랫아이언 헬스를 창업하기 전, 그 사촌동생의 아버지가 터너에게 이런 말을 했다고 한다. "해마다 수백 명의 아이들이 백혈병 진단을 받아. 그런데 그 아이들이 어떤 약을 처방받고 그게 어떤 작용을 하는지 부모들은 정보를 구할 수가 없어."[29] 이 이야기를 들은 터너와 와인버그는 암 치료 체계에서 환자들에게 정보의 흐름을 만들어주는 일이 매우 중요하고, 이 분야 사업을 추진할 가치가 있겠다는 판단을 내렸다.

그때까지 터너와 와인버그는 헬스케어 분야에서 여러 가지 사업 기회들을 살펴보고 있었는데(보험, 의료분쟁 등등), 사촌동생의 아버지로부터 암 치료에 관한 불만을 들은 이후에는 이 문제에 집중해 사업 기회를 살펴보기 시작했다. 터너는 자신과 와인버그의 가장 큰 특징 가운데 하나로 왕성한 호기심을 들었다. "우리는 '왜 그렇게 돼야만 하지?'라는 의문을 가지면 답을 찾을 때까지 계속해서 질문을 제기합니다."[30]

터너와 와인버그는 디지털 역량과 의술을 결합하면 환자들에게 전과 완전히 다른 치료경험을 제공할 수 있으리라 생각했다. 이런 생각을 가진 후에는 자신들이 잘 모르는 분야, 즉 의료를 공부하기 시작했다. "하루에 의료인 20명"을 만나면서 최대한 많이 배우려 했다.[31] 실제로 터너는 창업하려는 사람들에게 공부가 중요하다고 조언했다.

터너는 창업하려거든 해당 산업 분야에서 일하는 사람을 최대한 많이 만나보라고 하면서 이렇게 말했다(터너와 와인버그는 플랫아이언 헬스를 출범시키기 전에 500명 이상을 만났다고 한다). "사람들이 해주는 말을 기록하고, 상품 아이디어를 구상하고, 해당 분야를 잘 아는 사람들, 즉 의사, 병원 경영자, 보험사 관계자에게 아이디어를 선보이라. 그들의 피드백을 빠르게 받을수록 좋다."[32]

하지만 의료인들에게만 의존해서는 소프트웨어를 만들기 어렵다. 플랫아이언 헬스는 지역의 종양센터들에서 구조적 데이터와 비구조적 데이터를 입수하는 역량을 구축했다. 이런 역량을 기반으로 개별 환자들에게 더 나은 치료법을 제안하고, 나아가 암 치료에 관한 다양한 빅데이터를 분석할 수 있다.

사실 플랫아이언 헬스는 의료 정보의 치료 목적 개방이라는 FDA 관련 법규 개정의 수혜자다. 2019년, 스콧 고틀리프Scott Gottlieb FDA 국장은 이런 연설을 한 적이 있다. "디지털기술은 보건의료를 더욱 효율적이고 더욱 환자 중심적으로 만들어줄 수 있는 가장 유용한 수단들 가운데 하나입니다. 이건 무작위 대조 시험 같은 게 아닙니다. 오히려 그것과는 거리가 멉니다. 새로운 기술을 활용한 새로운 접근법은 더 확실한 치료법을 판단하는 데 이용할 수 있는 증거 자료의 범위를 확장시켜줄 수 있음을 보여줬습니다."[33]

개별 기관에서 진행하는 임상시험들의 경우, 대표성이 충분히 확보되지 않아 왜곡된 결과가 나올 수 있다는 우려가 항상 뒤따랐다. 하지만 플랫아이언 헬스의 시스템으로 인해 이런 우려가 크게 낮아졌다. 플랫아이언 헬스는 2018년에 다국적 기업 로슈에 인수됐으며, "규제 상태의 정보"라 불리는 의료정보를 앞으로도 계속 분석해나갈 계획이다.[34] 2018년, 플랫아이언 헬스와 화이자는 한 유방암 콘퍼런스에서 대조군(특정 치료가 적용되지 않은 환자집단) 데이터와 자신들이 보유한 환자 데이터를 비교해 보인 바 있다.[35] 이를 통해 치료 효과를 검증하기 위한 대조군의 경우는 플랫아이언 헬스의 데이터만으로도 충분히 정확한 정보를 제공할 수 있음을 증명했는데, 이는 치료 효과를 검증하기 위한 임상 시험 비용을 크게 줄일 수 있음을 의미한다.[36]

성공하는 사업가들의 사고방식

▶ ▶ ▶

터너와 와인버그를 비롯해 성공한 사업가들에게 공통적으로 나타나는 사고방식 혹은 일하는 방식이 있다. 지난 몇 년 동안 나는 '습관적으로' 창업하고 성공하는 사람들을 연구했고, 이들의 성공이 행운이 아니란 결론을 내렸다. 이들이 성공한 이유는 사고방식 혹은 일하는 방식 때문이다. 이들은 정보를 수집하고, 가치 있는 정보를 골라내고, 자신이 수립한 가정을 확인하고, 자원을 동원하는 데 뛰어나다.

이들은 광범위하면서도 다양한 유형의 네트워크들에 참여하는데, 이 네트워크에서 아이디어를 얻고, 문제가 발생했을 때의 해법도 구한다. 내 동료인 이언 맥밀런 교수 역시 이 점을 지적한다. 그에 따르면, 연속적으로 다수의 성공을 거두는 사람들은 자신의 지식 분야 이외의 분야 사람들과 광범위한 네트워크를 형성해 지식과 정보를 주고받는다.

맥밀런은 이런 활동을 '웨빙webbing'이라고 부른다. 또한 이들은 호기심이 왕성하다. 남들이 쉽게 지나치는 현상도 관심을 갖고 파고드는 성향이 있다. 다수의 믿음을 그대로 수용하기보다는 스스로 논리를 찾아 답을 구한다. 추진력이 강하고, 전과는 다른 유형의 새로운 정보가 나타나면 주저하지 않고 곧바로 방향전환을 할 줄 안다. 이들은 자신이 보는 현상에서 큰 흐름을 찾으려 한다. 더 나은 서비스를 바라는 고객 세그먼트가 있는가? 고객에게 새로운 욕구가 있는가? 기존 방식을 불편해하는 고객들이 많은가? 공급이 지나치게 남아돌거나 지나치게 부족한 영역이 있는가? 연속적으로 다수의 성공을 거두는 사람들이 항상 제기하는 질문들이다.

내 동료 교수이자 스타트업계의 전설인 스티브 블랭크 교수는 습관적으로 창업하고 성공한다. 지금까지 그는 여러 기업을 직접 창업했고, 그 가운데 4개 기업을 증시에 상장시켰다. 그는 창업하려면 끝없는 호기심을 가져야 하며, 여기저기 다녀보면서 다른 사람들이 발견하지 못하는 큰 흐름을 찾아낼 수 있어야 한다고 말했다. "답은 회사 건물 안에 없습니다." 그는 이 말을 한 것으로도 유명한데, 해답을 찾기 위해서는 많은 사람들을 만나고, 현재 모습을 드러내고 있는 혁신이 사람들의 삶을 어떻게 바꿀 수 있는지에 대한 통찰을 남들보다 빠르게 얻어야 한다고 했다. 그는 이 일련의 과정을 '고객 개발'이라고 부른다. 일단 자신의 아이디어를 시장에 내놓은 뒤에 새로운 정보가 입수되고 상황이 변할 경우, 시장에 대한 접근법을 적절하게 바꿔야 한다는 점도 강조했다. 스티브 블랭크에 따르면, 습관적으로 창업하고 성공하는 사람들은 새로운 기업 시작하기를 좋아하는 것이지, 큰 조직을 관리하는 일을 좋아하는 것은 아니다. 그래서 자신이 창업한 기업이 성공하고 큰 조직으로 변신할 무렵이면 조직을 떠나는 경우가 많다는 것이다. 2012년의 한 강연에서 그는 이렇게 말했다.

저는 제가 창업한 기업이 큰 조직이 되기 전까지는 모든 것이 좋습니다. 시장조사에서부터 기업을 막 일궈나가는 시기까지는 일이 즐겁습니다. 하지만 제가 하는 주된 일이 인사관리라는 느낌이 들면 제가 조직을 떠날 때가 된 것입니다. 지지난번에 창업한 기업의 경우, 처음에는 3,500만 달러의 손실을 입었습니다. 하지만 저는 1,200만 달러의 추가 투자금을 받아냈고, 결국에는 투자자 한 명당 10억 달러가 넘는 이익을 만들어줬습니다. 혁신적 창업가들에게 실패는 '좋은 경험'일 뿐입니다.[37]

습관적으로 창업하고 성공하는 사람들은 본능적으로 상황에 따른 계획 접근법을 따른다. 그리고 이는 본능이 아니더라도 학습을 통해 받아들일 수 있는 방식이다. 다만 상황에 따른 계획은 비즈니스 세계의 일반적인 방식이 아니기 때문에 통상과는 다른 사고방식을 요한다.

문제의 본질에 초점을 맞추라
▶ ▶ ▶

"본원적인 문제와 사랑에 빠지셔야 합니다. …… 특정 해법이 아니고요." 여기저기서 꽤 많이 인용되는 이 말을 내가 처음 들은 것은 카렌 핸슨Kaaren Hanson 인튜이트Intuit 전 디자인혁신 담당 부사장이 컬럼비아 비즈니스 스쿨에서 한 강연에서였다. 그런데 이런 통찰을 아는 것과 이를 실제 조직에서 실행하는 것은 전혀 다른 문제다. 전통적인 계획과 실행 방식을 따르는 조직에서라면 더욱 그렇다.

많은 경우, 사람들은 특정 해법을 따르면 자신이 추구하는 목표를 이룰 거라고 믿는다. 그러나 특정 해법에 매달리는 것은 목표에 도달하는 좋은 방법이 아니다.

오래전부터 P&G에서 의욕적으로 상품화를 추진했던 퓨어^{PuR}라는 제품이 있다. 오염된 물을 정화시켜 식수로 만들어주는 화학제품인데, 기능성 자체는 흠잡을 데가 없었다. 다만 오염된 물을 식수로 쓰는 나라의 국민들은 구매력이 거의 없었기에 퓨어의 상품화는 거의 진척되지 않았다. 결국 P&G는 2004년에 퓨어 사업을 완전히 중단하기로 내부적으로 결정을 내렸다.

당시 P&G의 임원이던 그레그 올굿^{Greg Allgood}은 퓨어 사업을 주도적으로 추진했던 인물로, 퓨어가 유지되기를 바랐다. 그가 찾은 방법은 국제기구들과 연계해 저개발국가들에 보급하는 방식이었다. 그러던 2004년 12월, 동남아시아에서 쓰나미 참사가 발생했다. P&G는 쓰나미 피해 지역에 300만 달러 규모의 원조를 하기로 결정했다. 원조물품 중에는 퓨어 1,300만 개도 포함돼 있었다. 그레그 올굿에 따르면, 이 일을 계기로 회사 내부에서 퓨어를 바라보는 시각이 완전히 달라졌다고 한다. 결국 P&G는 퓨어를 상업용 제품이 아닌 사회적 제품으로 세상에 내놓기로 결정했다.

P&G가 새롭게 도입한 퓨어의 사업 모델은 제조원가를 조금 상회하는 가격으로 국제원조기구들에 퓨어를 공급하고, 국제원조기구들은 깨

끗한 식수를 구할 수 없는 저개발국가 사람들에게 퓨어를 무상으로 제공하는 방식이었다. 퓨어를 사회적 제품으로 국제원조기구들에 공급하면서 P&G는 엄청난 PR효과를 누렸다. 저소득국가 시장도 깊이 이해하게 됐다. 덕분에 각국 정부나 NGO와 시장 접근에 관해 논의할 때 상당히 유리한 입장이 됐다.[38] 그 뒤로 P&G는 정수사업들을 거의 다 매각했지만, 퓨어의 사업과 브랜드는 유지하고 있다. 구체적인 접근법을 찾지 못했더라도 문제의 본질에 대한 해결책을 마련해둔다면 기회는 찾아온다. P&G의 퓨어는 미래 변화에 대한 준비가 우연한 계기에 의해 성공으로 이어진 사례라고 하겠다.

결과로서의 성공의 모습을 규정하라
▶▶▶

어떤 계획을 시작하기 위해서는 그러한 시도가 가치 있음을 보여줄 수 있어야 한다. 여기서 말하는 가치란 경제적 가치일 수도 있고, 기회 창출일 수도 있고, 영역 확장일 수도 있다. 플랫아이언 헬스를 창업한 냇 터너와 자크 와인버그는 사람들이 겪는 중대한 문제들을 찾아내고, 그 해법을 모색했다. 나심 니콜라스 탈레브는 불확실성이 기회의 가치를 더 높일 수 있다고 말했는데, 터너와 와인버그의 성공을 보면 이런 점이 확인된 셈이다.

그다음에는 주요한 목표치들을 기준으로 계획의 현실성을 판단해야 한다. 현실성이 있다고 판단했다면, 계획을 추진하기 위한 구체적인 실행방안을 마련한다. 이 과정에서 많은 가정을 세우게 되는데, 이런 가정들이 맞거나 틀리다는 점을 검증해 보일 수 있어야 한다.

상황에 따른 계획은 내가 체크포인트라고 부르는 상황의 발생을 중심으로 진행된다. 여기서 말하는 체크포인트란 우리 의지와 상관없이 일어나는 사회적·자연적 상황일 수도 있고(주요한 법규의 의회 통과 같은), 우리가 진행하는 실험에 따른 결과일 수도 있다. 다가오는 중요한 변곡점에 효과적으로 대응하기 위해서는 체크포인트 발생에 따라 조직이 빠르게 움직일 수 있어야 한다.

다가오는 변화로 인해(다가오는 변곡점이 만들어내는 변화로 인해) 의사결정권자들이 직면할 불확실성이 높아질 때는 상황에 따른 계획이 효과적인 방식이 된다. 체크포인트의 발생에 따라 지속적으로 계획을 수정함으로써 오히려 구조성과 원칙을 지키고, 자원을 합리적으로 활용할 수 있다.

장난감 프로젝트에서의 상황에 따른 계획
▶ ▶ ▶

상황에 따른 계획으로 중요한 변곡점에 대응한다는 개념은 하이테크 스타트업이나 글로벌 대기업 정도나 활용할 수 있다고 생각하는 사람이 있을지도 모르겠다. 그래서 이번에는 내가 킥스타터에서 본 어느 장난감 개발 프로젝트에 대해 이야기해보려 한다.

장난감산업은 지금 중요한 변곡점을 지나는 중이다. 전통적인 개념의 장난감을 가지고 노는 아이들이 줄어들고, 월마트나 타깃 같은 대형 유통기업들을 통해 팔려 나가는 장난감 매출 비중이 계속 늘어나면서 장난감 전문 매장들이 줄줄이 문을 닫고, 동영상 기반 오락물이 아이들 사이에서 점점 더 인기를 얻는 이 모든 상황이 장난감산업이 중요한 변곡점을 지나고 있다는 징후다. 간혹 애니메이션이 큰 인기를 얻으면서 관련 장난감 매출이 큰 폭으로 증가하기도 하지만, 전체적인 흐름을 바꿀 정도는 아니다. 급기야 2018년에는 미국 최대 장난감 유통점인 토이저러스Toys"R"Us가 미국 내 영업을 중단한다고 발표하기에 이르렀다.

디지털혁명은 장난감산업에도 영향을 끼치고 있다. 새로 생겨나는 장난감 스타트업들은 물론이고 마텔 같은 기존 장난감 대기업들도 자신들의 장난감에 디지털 요소들을 결합시키는 중이다.

킥스타터를 통한 크라우드펀딩 방식으로 제품화된 옥토보Octobo라는 장난감이 있다. 싱커팅커Thinker-Tinker라는 프로젝트 팀이 개발한 옥토보는 부드러운 헝겊인형에 다양한 센서들과 최신 인공지능을 결합한 장난감으로, 외부 접촉이나 움직임에 능동적으로 반응한다. 이 인형의 반응은 인형에 탑재된 태블릿컴퓨터가 통제한다.

옥토보는 아이, 부모와 상호작용을 하며 교육과 놀이 목적으로 활용된다. 태블릿컴퓨터 소프트웨어를 업그레이드해 아이의 성장에 맞춰 옥토보의 움직임이나 반응을 달리할 수 있다.[39]

옥토보는 오픈아이디오OpenIDEO 상을 수상했다. 유팅 수Yuting Su 싱커팅커 대표는 옥토보를 "아이들의 친구 헝겊 로봇"이라고 설명한다. 그녀는 아이를 낳고 기르면서 이런 장난감 친구가 있으면 좋겠다고 생각했고, 자신의 박사논문 역시 상호교감형 게임 및 미디어 디자인에 관한 것이었다고 한다.

그녀는 옥토보를 만든 계기를 다음과 같이 설명했다.

오늘날의 장난감과 학습도구는 아이들이 편안한 기분으로 즐겁게 뭔가를 배울 수 있도록 하는 데 실패했습니다. 장난감이 아이들의 빠른 성장 속도를 따라가지 못합니다. 그래서 아이들은 장난감을 계속해서 가지고 놀지 않습니다. 첨단기술을 적용했다고 하는 오늘날의 장난감 대부분이 아이들이 가족이나 친구와 보낼 수 있는 시간을 잠식하고, 심지어 책 읽는 시간까지 가져갑니다. 옥토보는 아이들의 성장에 따라 함께 성장합니다. 옥토보에 적용된 디지털기술은 이 같은 문제들을 해결하도록 설계돼 있습니다.

유팅 수는 소비자의 욕구와 기존 장난감 제품 사이의 간극을 알아보고 행동에 나섰다. 기존 장난감의 용도나 기능은 한두 가지에 불과해 아이들이 금세 싫증 낸다. 또 아이들이 자라면 장난감은 용도를 잃는다. 새롭게 나오는 디지털 장난감은 인터페이스 자체가 어린아이들에게 적절하지 않다. 또 디지털 장난감이라고 해도 이용자와의 상호작용은 극히 제한적이다. 유팅 수는 아이들과 능동적으로 상호작용을 하면서 아이들의 교육을 돕지만, 다른 디지털 앱들과 달리 과몰입을 유발하지 않는 디지털 장난감이 나온다면 어린아이를 둔 부모들에게서 매우 긍정적인 호응을 끌어낼 수 있으리라 생각했다. 그녀는 자신이 만들고자 하는 장난감이 이런 기능성에 더해, 아이들이 껴안았을 때 부드럽게 느낄 수 있었으면 더 좋겠다는 생각도 했다.

유팅 수에 따르면 물리적인 놀이는 운동능력과 다른 신체능력을 높이는 데 필수적인데, 디지털기기와 디지털 장난감의 보급 및 사용이 늘어날수록 아이들이 물리적인 세상에서 놀이를 할 기회가 점차 사라진다고 한다. 2018년, 한 인터뷰에서 그녀는 이렇게 말했다. "물리적인 놀이는 아이들의 발달을 돕습니다. 시각과 동작을 동조시키는 것, 손발 근육을 쓰는 것, 물리적인 놀이를 통해 이런 것들을 훈련하게 됩니다. 어릴 때부터 다양한 촉감을 느끼는 것도 중요하죠. 학습은 지식을 통해서만 이루어지지 않습니다. 우리 몸은 물리적으로 뭔가를 만지고 행동하는 과정에서 많은 것을 배웁니다."[40] 이 인터뷰는 싱커팅커가 막 출범하던 때에 이루어졌는데(유팅 수는 이때를 두고 롤러코스터를 타는 것 같았다고 말했다), 디지털 놀이와 물리적 놀이를 융합한다는 개념은 기존 장난감시장이 변곡점을 맞을 것이란 의미였다.

싱커팅커의 옥토보 프로젝트가 거친 체크포인트 몇 가지를 소개하면 다음과 같다.

- 페이스북 광고로 잠재고객 데이터 수집
- 제품 양산을 위한 제조업체 물색
- 콘텐츠 개발은 인하우스 방식보다 개발자 커뮤니티들과의 협업을 통해 진행하는 편이 더 효율적이라고 판단
- 콘텐츠를 개발하고 제품을 평가하는 과정에 교육자들을 참여시킴
- 추구해야 하는 주요 지표들을 구체적으로 정리
- 프로토타입 제작 및 개선

각 체크포인트는 프로젝트 팀에서 수립한 중요한 가정들을 평가하거나 확인하는 기회가 되며, 여기서 얻은 정보는 이어지는 판단들에 활용된다. 2019년 초, 싱커팅커의 옥토보 프로젝트는 거의 최종 단계에 이

르렀다. 제품 개발은 끝났고, 제품에 요구되는 품질 수준을 유지하면서 대량생산을 해내면 시장에 본격적으로 공급할 수 있는 상태다. 프리론칭 단계에서 제품 체험자들의 사용 후기는 대부분 긍정적이다.

진짜 혁신을 추구하려면

▶▶▶

기업이 변곡점을 거치면 기존에 가지고 있던 경쟁우위들이 의미를 잃고, 기존 시장이 큰 폭으로 축소되면서 위기를 맞는다. 시장에 발생하는 변곡점을 오히려 기회로 만들기 위해서는 이런 상황을 상쇄할 수 있도록 끊임없이 혁신해야 한다. 하지만 많은 기업에서 혁신은 '혁신극장'을 벗어나지 못한다. 회의실에 앉아 혁신을 논할 뿐, 전사적인 차원의 혁신 추구는 전혀 이루어지지 못하는 것이다. 혁신이 전사적으로 진행되기 위해서는 성과평가 기준이 달라지고, 혁신에 대한 경영진의 관심과 실질적인 지원이 뒷받침돼야 한다.

많은 사람이 혁신에서 가장 중요한 것이 좋은 아이디어라고 생각한다. 진짜로 좋은 아이디어 하나만 내놓으면 나머지는 뒤따라간다는 것이다. 하지만 혁신과 관련해 이것만큼 잘못된 생각도 없다!

물론 좋은 아이디어는 중요하다. 그러나 회의실에서 나온 혁신 아이디어가 상품화돼 시장에 출시되는 경우는 지극히 드물다. 중요한 것은 아이디어를 구체화하고, 상품화하고, 이를 위한 사업부를 조직하기까지 끌고 나가는 추진력이다. 그리고 불확실한 상황에서 이 일련의 과정을 끌고 나가는 효과적인 방식이 바로 상황에 따른 계획이다.

우리가 이 장에서 배운 것들

변곡점이 발생할 거란 신호가 강해지면 대응에 나서야 한다. 다만 신호가 강하더라도 여전히 불확실성이 높기 때문에, 확실한 사실보다는 여러 가정을 전제로 행동에 나서야 한다. 이런 상황에서 변화 대응의 성공 가능성을 높이는 방법이 바로 '상황에 따른 계획'이다. 불확실한 상황에서 사업을 추진할 때 사업계획은 새로운 정보가 입수되고 상황이 바뀔 때마다 수정 보완돼야 한다는 것이 상황에 따른 계획의 개념이다. 불확실한 상황에서 리더가 자기 생각이나 가정이 옳음을 증명하기 위해 노력하는 것은 바람직하지 않다.

변곡점을 앞둔 불확실한 상황에서는 최대한 많은 가능성을 열어두고 최대한 많은 가정을 수립하고, 수립한 가정들이 맞는지 틀린지 최대한 빠르게 검증하고 확인할 필요가 있다.

반드시 옳은 선택을 내려야 할 필요는 없다. 현재의 판단과 행동을 다음 단계로 나아가기 위한 과정이자 정보 축적의 기회로 인식하라.

자신의 사업 영역에서 문제의 본질에 집중하라. 자원을 가진 것은 누구인가? 이번 계획은 시도할 만한 가치가 있는가?

습관적으로 창업하고 성공하는 사람들은 광범위하면서도 다양한 유형의 네트워크에 참여한다. 이 네트워크들을 통해 새로운 아이디어와 문제 해결에 대한 조언을 얻고, 필요한 자원을 구하는 것이다. 그들처럼 성공하고자 한다면 그들을 배우는 것도 좋은 방법이다.

06

조직문화부터
바뀌어야 한다

마이크로소프트의 3번째 CEO 사티아 나델라가 맨 처음 강조한 개념은 '공감'이다. 마이크로소프트라는 조직에서 오래 일한 사람들에게는 꽤나 당혹스러운 상황이었다. 하지만 사티아 나델라는 고객들과의 공감과 임직원 상호 간 공감을 통해 마이크로소프트를 심리적 안전감을 느낄 수 있는 일터로 만들고, 이를 기반으로 성장을 추구한다는 전략을 발표했다.

심각한 내부 경쟁을 넘어 내부 적대감으로 유명한 마이크로소프트의 조직문화를 바꾸겠다는 선언이었다. 마이크로소프트의 상호 적대적 조직문화는 워낙 유명해서 2011년 풍자만화까지 그려졌을 정도다.

나델라는 마이크로소프트의 기존 조직문화를 바꾸고, 조직원들이 미래를 바라보는 조직의 관점을 공유할 수 있도록 하겠다는 목표를 세

[그림4] 글로벌 기업과 다른 MS의 조직 구성도

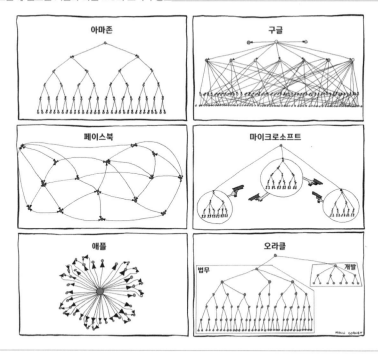

왔다. 많은 언론이 최고경영자 사티아 나델라가 마이크로소프트의 변화를 이끌어냈다고 평가했지만, 그는 훨씬 전부터 조직을 바꾸기 위해 노력해왔다. 마이크로소프트의 중간관리자 시절부터 팀 화합을 기반으로 팀원들이 공통 목표를 추구하도록 이끌었고, 덕분에 그가 이끄는 팀은 훨씬 더 큰 성과를 거두곤 했다.

　이것이 이번 장의 주제다. 우리는 기업이 성공하면 CEO의 초월적인 능력을 칭송하고, 기업이 실패하면 CEO의 무능력을 비판한다. 하지만 성공하는 조직의 진짜 영웅은 조직 곳곳에 존재한다. 여러분 자신이 그 영웅 가운데 한 사람이 될 수도 있다.

성공하는 조직을 만드는 진짜 영웅 대부분은 실무가 행해지는 현장에 있는 사람들이다(1장에서 이야기한 가장자리에서 일하는 사람들이다). 최고경영진의 역할은 이들이 의견을 전할 수 있는 공간을 만들고, 조직의 성공을 위해 역할을 수행한 사람들에게 적절한 포상을 해주고, 실무를 가장 잘 아는 사람들에게 필요한 권한을 부여해주는 것이어야 한다.

변곡점을 잘 헤쳐 나가는 조직들을 보면 이들의 목소리를 잘 듣고, 이들의 의견을 조직 활동에 반영하고, 이들을 더 큰 영향력을 발휘할 수 있는 직급으로 승진시켜준다. 반면에 변곡점을 거치면서 허둥거리고 실패하는 조직들을 보면 변곡점에 관한 정보를 가진(좋은 정보든 나쁜 정보든) 사람들의 목소리를 무시한다. 나는 리더들에게 조직을 복잡한 것이 아니라 복합적인 것으로 인식하라고 말한다.[2] 만약 조직이 복잡한 것이라면 상황이나 징후로 조직의 행동이나 변화를 예측할 수 있다. 그러나 조직은 복합적인 것이기 때문에, 즉 조직 내외의 요소들이 복합적으로 작용하는 시스템이기 때문에 조직의 행동이나 변화를 예측하기란 불가능하다.

나는 이 2가지 개념을 설명할 때 대형 여객기와 항공교통관제 시스템을 예로 든다. 보잉747은 매우 복잡한 기계다. 하지만 조작법을 학습하고, 상황이나 징후에 대비가 돼 있다면 자신의 의지대로 조종할 수 있다. 반면에 항공교통은 복합적인 시스템이다. 수많은 요소들이 서로에게 복합적으로 작용하고, 예상하지 못한 일이 벌어지기 쉽고, 때로는 통제 불능에 빠질 수도 있다.

다시 한 번 말하지만 조직은 복합적이며, 따라서 조직이 변곡점에 효과적으로 대응하기 위해서는 구성원들이 변곡점에 대한 인식을 공유하고 있어야 한다. 다가오는 변곡점에 제대로 대응하지 못하면 조직의 미래가 불투명해진다는 점을 구성원 모두가 받아들이는 것이 기본이다. 변곡점에 대한 조직의 대응에서 실질적으로 중요한 것은 실무자와 중간관리자가 취하는 행동이다.

최고경영진이 올바른 지침을 내리는 것으로 충분하다고 믿는 것은 거의 확실한 실패 비결이다. 복합적인 조직을 충분히 통제하고 관리할 수 있다고 믿지 않고, 구성원들에게 필요한 수준의 권한이양을 해주는 것이 변곡점 앞에서 조직을 이끄는 올바른 방법이다. 실무급 직원이 새로운 정보를 입수했을 때 필요한 행동을 빠르게 취하고 변화에 동참할 수 있도록 이끌어내는 것이야말로 리더에게 요구되는 역할이다.

마이크로소프트의 킨, 기대 가득한 출발과 참담한 실패

▶▶▶

조직을 복합적인 것이 아니라 복잡한 것으로 인식한 리더의 잘못된 생각이 만들어낸 실패의 대표 사례로 마이크로소프트의 휴대폰 킨^{Kin}을 들 수 있다(킨은 나델라가 최고경영자가 되기 몇 년 전인 2010년에 출시된 제품이다). 사실 나는 킨의 전략이 매우 훌륭했고, 제품 자체도 재미난 기능과 특성을 여러 가지 가지고 있다고 생각했다. 또 킨의 개발 팀 역시 뛰어난 인재들로 구성돼 있었다. 그래서 킨의 실패가 더욱 기억에 남고, 그에 대해 참담하다고 표현한다. 킨의 실패 사례는 변곡점을 대응하는 데 있어 많은 교훈을 남겼다.

마이크로소프트에게 다가오던 변곡점의 징후들

제이 알라드J Allard는 여러모로 마이크로소프트에 의미 있는 족적을 남긴 인물이다. 그는 보스턴대학을 졸업하고 곧바로 마이크로소프트에 들어가 네트워킹 프로그래머로 일하기 시작했다. 그때가 1991년이다. 그가 회사에 인터넷 시대를 준비해야 한다고 제안한 것이 1994년 1월 이다.

알라드는 변화를 가장 먼저 알아볼 수 있는 가장자리에서 일하던 직원이었고, 인터넷이라는 변곡점이 가져다줄 위기와 기회를 누구보다 먼저 인지했다. 그리고 인터넷 시대에 전사적으로 대응해야 한다는 자신의 생각을 경영진에게 제안했다.

많이들 알고 있듯 알라드가 입사하던 무렵의 마이크로소프트는 패키지 형태의 제품을 PC 이용자들에게 팔았다. 마이크로소프트 직원 대부분이 아직 인터넷이라는 변곡점의 의미를 진지하게 생각하지 않던 1994년 1월에 그는 "윈도 : 인터넷 시대의 차세대 킬러 애플리케이션"이라는 제안서를 회사에 제출했다.[3] 거기에는 이런 내용이 들어 있었다. "인터넷은 마이크로소프트가 대규모 네트워크에서 다양한 차원(고객들의 욕구, 기술적 도전, 서비스 품질 문제, 전자상거래, 정보탐색 기술 등)의 이익을 추구할 수 있는 엄청난 기회를 만들어줄 것입니다."[4] 이때 알라드는 겨우 25세였다.

알라드가 제안한 미래상은 매우 현실적이었고, 빌 게이츠는 이 문제를 토론하기 위해 마이크로소프트의 최고경영진과 젊은 직원들이 참여하는 회의를 소집했다. 이 회의에 참석한 젊은 직원들 중에는 당연히 알라드도 있었다. 당시 〈뉴욕타임스〉는 알라드를 인터넷 시대를 예견한 젊은 선지자로 소개하는 기사를 작성했고, 알라드는 인터넷이 세상을 완전하게 바꿀 거라는 전망을 내놨다.[5] 그리고 알라드로 인해 고무된 빌 게이츠는 인터넷을 중심으로 사업을 추진한다는 결정을 내렸다.[6] 그렇게 해서 나온 제품이 인터넷 사용에 특화된 윈도95다(마이크로소프트가 인터넷 브라우저 시장의 절대 강자 넷스케이프에 본격적으로 도전한 것도 이 무렵이다). 알라드의 제안 이후 마이크로소프트는 사업 방향을 크게 바꿨다.

마이크로소프트가 결코 가볍게 넘길 수 없었던 변곡점의 징후가 또하나 있었다. 소니가 플레이스테이션2를 가정 내 엔터테인먼트와 IT 활동의 중심으로 만들겠다고 선언한 것이다. 소니의 계획이 실현된다면 플레이스테이션이 상당수의 PC를 대체할 것이고, 이는 PC운영체제를 주력 사업으로 하는 마이크로소프트에게 큰 타격이 될 터였다. 이에 마이크로소프트는 게임산업에 진입하는 식으로 대응하기로 결정했다. 이번에도 알라드는 자신이 강하게 요구해 마이크로소프트의 게임기 개발팀에 합류했고, 그 팀은 나중에 엑스박스 팀이 된다. 알라드는 마이크로소프트 엑스박스의 개발과 성공에 상당히 큰 기여를 했다는 평가를 받는다. 알라드는 MP3플레이어인 준Zune의 개발을 이끌기도 했다. 제품이 시장에서 좋은 반응을 얻지 못해 금세 사업을 접기는 했지만, 마이크로소프트 내부에서 제이 알라드에 대한 평판은(그리고 그에 대한 빌 게이츠의 신뢰는) 여전히 독보적이었다.

모바일 컴퓨터 시대의 도래

2000년 전후로 휴대폰 이용자가 폭발적으로 증가했다. 전 세계 휴대폰 이용자가 10억 명을 돌파했다는 보도가 연이어 나왔던 기억이 난다.[7] 하지만 휴대폰 이용자들이 할 수 있는 것이라고는 전화와 문자메시지 정도였다(다들 고개를 푹 숙이고 두 엄지손가락으로 문자메시지를 보내는 광경을 자주 목격할 수 있었다). 그러던 중 2000년에 애플 출신 개발자 앤디 루빈Andy Rubin, 맷 허센슨Matt Hershenson, 조 브릿Joe Britt이 데인저Danger 라는 회사를 창업하고, 저렴하면서도 뛰어난 사용자경험을 제공하는 무선인터넷기기를 개발하기 시작했다.[8]

이들은 무선인터넷이 되는 소형 컴퓨터 힙탑Hiptop을 출시했다. 원래 이름은 피넛Peanut이었고, 나중에는 티모바일 사이드킥T-Mobile Sidekick 이라는 이름으로 대중화된다. 데인저의 목표는 누구라도 이동하면서 인터넷을 할 수 있는 기기를 만드는 것이었다. 그때만 하더라도 인터넷은 유선인터넷선에 연결된 PC에서만 가능했다. 그리고 아직까지 피넛은 PC에서 인터넷 포털에 연결해 데이터를 내려받은 다음 일정 관리나 새로운 이메일 확인 등의 작업을 할 수 있는 수준에 머물러 있었다. 데이터 전송도 원웨이 트랜스퍼 수준이었다. 데인저는 피넛을 매우 저가에 파는 대신 피넛 이용자에 대한 요금을 인터넷 포털에서 지급받는 비즈니스 모델을 채택했다.[9]

우리가 아는 혁신은 어느 날 갑자기 완성된 형태로 나타나는 것이 아니라 점진적으로 진행된다. 조금 전에도 설명했듯 데인저의 피넛은 처음에는 PC(그리고 인터넷 포털)에 연결해 데이터를 내려받는 방식으로 개발됐다. 그런 다음 데인저는 FM라디오 전파를 이용해 데이터를 수

신하는 기능을 추가하려 했고, 이를 위해 미국 대도시들에서 라디오 주파수 대역을 임차하려는 계획까지 추진했다. 하지만 크리스 디살보[Chris DeSalvo] 당시 데인저 수석엔지니어는 이에 대해 "정말로 나쁜 아이디어였습니다"라고 말했다.[10]

FM 전파를 이용한 데이터 수신 프로젝트를 포기한 데인저가 다음으로 추진한 프로젝트는 GPRS 기반의 투웨이 데이터 전송 기술 구현이었다. 데인저의 이 새로운 기술에 보이스스트림 와이어리스[VoiceStream Wireless] 통신사가 관심을 보였다. 자사 서비스를 적용할 전용 기기를 찾고 있었다는 것이었다. 보이스스트림 와이어리스는 웨스턴 와이어리스[Western Wireless]의 자회사였다(나는 보이스스트림 서비스의 최초 가입자들 가운데 한 명으로, 에릭슨의 휴대폰을 쓰고 있었다). 보이스스트림 와이어리스는 2001년에 도이치텔레콤[Deutsche Telekom]에 인수되고, 2002년에는 사명을 티모바일 USA로 바꿨다.

보이스스트림 와이어리스에서 기술에 관심을 나타낸 이후 데인저는 완전히 새로운 기기를 개발하기로 결정하고 피넛이라는 이름을 버렸다. 그런 다음에 개발해낸 기기가 힙탑이다. 크리스 디살보는 힙탑을 이렇게 평가했다. "자유롭게 인터넷을 할 수 있는 최초의 스마트폰입니다."[11] 힙탑은 지금 우리가 아는 것처럼 스마트폰으로 클라우드와 앱스토어를 이용하는 등의 개념을 구현했고, 이 밖에도 많은 혁신적인 기능을 담고 있었다.

2002년 10월, 티모바일은 힙탑을 사이드킥이라는 브랜드로 바꿨다. 사이드킥은 엄청난 성공을 거뒀는데, 특히 유명 연예인들이 많이 쓰면서 10대들 사이에서 큰 인기를 끌었다. 패리스 힐튼이 자신의 중요 정보와 누드 사진이 저장된 모바일기기를 해킹당하면서 소동이 벌어졌는데, 그때 해킹당한 모바일기기가 사이드킥이었다.

너무나도 매력적인 아이디어, 킨의 개발 전략

이제 다시 제이 알라드로 돌아가자. 신기하게도 애플이 최초의 아이폰 출시를 위해 달려가던 무렵, 제이 알라드 역시 사이드킥 같은 휴대폰이 시장성이 있다고 생각했다. 그는 "범운영체제를 기반으로 하고 클라우드를 중심으로 하는" 다기능 저가 휴대폰을 구상했는데, 블랙베리 같은 값비싼 휴대폰을 필요로 하지 않는 젊은 층 사이에서 인기를 끌 것으로 예상했다.[12]

그는 자신이 구상한 휴대폰의 시장이 꽤 클 것이라고 믿었다. 스마트폰의 몇 가지 주요 기능을 제공하면서 저가에 데이터 요금이 많이 나오지 않는 휴대폰에 대한 수요는 이미 상당했다. 특히 소셜미디어에 사진을 올리고, 친구들과 문자를 주고받는 정도의 기능만 쓰는 사람은 굳이 값비싼 고성능 휴대폰이 필요 없었다. 이 계획을 실현하기 위해 마이크로소프트는 2008년 9월, 5억 달러에 데인저를 인수했다.[13]

여기부터는 내 의견을 조금 적으려 한다. 나는 마이크로소프트의 전략에 아쉬움이 많다. 고가 스마트폰에서 구현되는 기능이 포함된 저가 스마트폰이라는 것을 정말로 만들어낼 수 있다면(판매가를 충분히 내릴 수 있다는 전제하에) 시장파괴자로 작용할 것이고, 마이크로소프트는 PC 대중화에 버금가는 효과를 누렸을 것이다. 하지만 이 정도 일을 실현할 수 있으려면 시장에 더 일찍 진입했어야 하고, 제품 개발에 전사적 자원과 노력을 투입했어야 한다.

어쨌든 알라드의 아이디어는 너무나 매력적이었고, 마이크로소프트의 다른 사람들 역시 그의 아이디어에 동조했다. 게다가 다른 몇몇 회사에서 마이크로소프트의 휴대폰 개발에 협력사로 참여하고 싶다는 의사를 표명했다. 결국 마이크로소프트는 제조사는 샤프, 통신사는 버라이즌을 협력사로 정했다. 당시 마이크로소프트는 윈도 폰을 개발 중이었는데, 알라드의 개발 팀은 이것과 완전히 분리된 독립 조직으로 움직였다(알라드는 스티브 발머 당시 마이크로소프트 CEO의 전폭적인 지지를 받고 있었다). 알라드가 직접 팀원들을 선발했는데, 이들 중에는 MP3 플레이어 준 개발에 참여했던 이들도 있었다.

윈도 폰과 알라드가 주도하는 폰은 서로 다른 사업부에서 개발을 진행했다. '프로젝트 핑크'라고 불린 킨의 개발은 엔터테인먼트 앤드 디바이스Entertainment and Devices 사업부에서 로비 바흐Robbie Bach의 책임하에 이루어졌다. 로비 바흐는 엑스박스를 성공으로 이끈 사람들 가운데한 명으로, 조직에서 높은 신임을 받고 있었다. 그리고 윈도 폰 개발은 윈도 사업부에서 앤디 리스Andy Lees의 책임하에 이루어졌다.

그러는 사이, 애플이 아이폰 출시 소식을 알리며 세상의 주목을 받았고, 구글에 인수된 안드로이드도 2008년 첫 제품 출시를 발표했다(구글의 안드로이드 인수 때 큰 역할을 한 인물이 바로 데인저 창업자 가운데 한 명인 앤디 루빈이다). 그렇다면 마이크로소프트의 킨은? 당시 개발에 참여한 한 인사는 마이크로소프트의 휴대폰 개발에 대해 "활력을 잃어가고 있었다"고 평했다.[14]

바로 여기서 온갖 문제들이 시작됐다. IT 전문매체 〈인가젯Engdget〉은 이런 기사를 내보냈다. "간단히 말해, 앤디 리스는 핑크 프로젝트의 존재를 좋아하지 않았다. 한 내부 인사에 따르면, 리스는 핑크 프로젝트를 질투했다. 킨이 회사의 관심을 크게 받으면 윈도 모바일에 투입돼야 할 자원까지 가져갈 수 있다고 우려했다. 두 프로젝트 사이의 알력은 상당했고, 결국은 리스의 의지가 관철됐다. 핑크 프로젝트가 리스 아래로 들어갔고, 알라드는 밀려났다."[15]

킨 개발 프로젝트는 참담하게 끝났다. 리스의 개입으로(킨의 OS가 윈도7과 같이 작동하도록 만들라고 주문하는 식이었다) 핑크 프로젝트는 계속 지연됐다. 충분한 지원을 받지도 못했다.[16] 협력사로 참여한 버라이즌은 알라드와 함께 작업했을 때는 데이터 사용량 기반의 저가 상품을 내놓겠다고 했으나, 최종적으로는 값비싼 월간 요금제만 내놨다. 킨이 생각한 고객들은 아무 매력도 느끼지 못하는 요금제였다. 그렇게 해서 킨은 원래 계획과 전혀 다르게 출시됐고, 6주 만에 단종되는 비극을 맞았다. 이로 인해 마이크로소프트가 입은 손실은 10억 달러가 훌쩍 넘는다. 그해에 스티브 발머의 보너스가 절반으로 깎였는데, 킨의 실패가 한가지 이유였다.[17] 알라드가 추진하던 쿠리어Courier 태블릿 PC 프로젝트도 취소됐는데, 윈도 모바일의 사업 방향과 맞지 않는다는 이유 때문이라는 이야기가 나왔다. 결국 알라드는 마이크로소프트를 떠났다.

킨의 실패는 마이크로소프트에 회사 전체의 비전을 추구하는 문화가 없었음을 드러내는 상징적인 사건이다. 점점 더 많은 기업이 통합된 고객경험을 제공하기 위해 조직 내 협업을 추구하고 있었지만, 마이크로소프트는 그렇지 못했다.[18]

원래 마이크로소프트는 조직 가장자리에 있는 사람들의 목소리를 잘 듣던 기업이었다. 특히 빌 게이츠 시절에는 그랬다. 그러나 그 뒤로는 그렇지 못했고, 당연히 그런 목소리를 기반으로 혁신을 이루어내지도 못했다.

마이크로소프트는 시가총액 6,420억 달러로 2000년을 시작했다. PC시장에서의 압도적인 지위를 기반으로 막대한 돈을 벌어들였다. 1996~2005년의 10년 동안 PC시장은 윈도와 인텔, 이른바 윈텔의 시대였다. 그야말로 시장지배자로 군림했다. 그러나 2012년에 윈텔의 PC시장 점유율은 35퍼센트까지 떨어졌다. 애플과 구글이 윈텔의 점유율 상당 부분을 가져간 것이다.[19]

마이크로소프트의 새 CEO로 취임한 스티브 발머는 완전히 새로운 윈도를 표방하며 윈도비스타를 출시했다. 오랜 개발 끝에 내놓은 역작이었다. 그러나 윈도비스타에 대한 이용자들의 평가는 매우 나빴다. 마이크로소프트는 스마트폰과 모바일 앱 시장에 제대로 대응하지 못했는데, 최고경영진의 관심이 윈도비스타 문제에 쏠려 있었기 때문이라는 이야기도 있다. 실제로 아이폰이 처음 출시됐을 때 스티브 발머는 물리 키보드가 없는 데다가 이렇게 비싼 휴대폰은 업무 용도로 적합하지 않기 때문에 비즈니스 시장에서 외면받을 것이라고 쉽게 판단을 내렸다. 그는 이렇게 말했다고 한다. "나는 우리의 스마트폰시장 전략이 좋습니다."[20]

물론 마이크로소프트도 모바일이 중요하다는 것은 알았다. 그러나 아는 바를 실행으로 옮기는 것은 조직문화의 문제다. 2013년, 〈애틀랜틱Atlantic〉의 데릭 톰슨Derek Thompson 기자는 이런 기사를 작성했다. "마이크로소프트는 사람들이 정말로 좋아할 만한 것들을 만드는 회사가 아니다. 사람들, 특히 컴퓨터로 업무를 처리하는 사람들이 반드시 써야 한

다고 생각하는 것들을 만드는 회사다."²¹ 이 무렵, 스티브 발머는 마이크
로소프트 CEO 자리에서 내려오고 싶다는 의사를 표명했다. 〈뉴요커ᴺᵉʷ
ʸᵒʳᵏᵉʳ〉는 이렇게 논평했다. "마이크로소프트의 다음 CEO는 트렌드를
알아보고, 유능한 개발자들을 끌어들일 줄 알아야 한다. 누가 됐든 스티
브 발머와는 아주 달라야 한다."²²

조직문화를 바꾸는 공감

킨의 참담한 실패, 휴대폰시장에 대한 총체적인 부실 대응은 마이
크로소프트가 다가오는 변곡점에 효과적으로 대응하는 데 필요한 핵심
적인 뭔가를 가지지 못했음을 의미한다. 다가오는 변곡점을 알아보는
것, 그 자체로는 아무것도 이루지 못한다. 중요한 것은 전략 실행이다.
변곡점이 보내는 신호에 대응해 효과적으로 전략을 실행하기 위해서는
조직원 모두가 미래에 대한 관점을 공유하고 있어야 한다. 그리고 사티
아 나델라의 마이크로소프트는 '공감'이라는 개념을 통해 이런 변화를
이루어냈다.

마이크로소프트는 스티브 발머의 후임을 조직 안팎에서 장장 6개
월 동안이나 물색했고, 최종 낙점된 사람이 바로 사티아 나델라. 그
는 2014년 2월에 취임했는데, 취임 후 첫 공개 연설에서 회사에 대한 자
신의 계획 몇 가지를 드러냈다. 가장 먼저 강조한 것은 "사람 중심의 IT"
다.²³ 그때까지는 업무용과 가정용을 구분하고, 사용 목적을 중심으로
제품을 개발했다면, 앞으로는 이용자를 중심에 두고 제품을 개발하겠다
는 것이었다. 그러면서 뛰어난 사용자경험을(뛰어난 제품이 아니라) 만들
어내겠다고 말했다. 파트너십, 생태계, 협력 같은 단어를 함께 언급했다.

사티아 나델라가 마이크로소프트 CEO가 되면서 가장 중점을 둔 것은 조직문화의 일신이었다. 그는 이렇게 말했다. "한 기업의 최고경영자만이 할 수 있는 일이 있습니다. 조직의 분위기를 만들고, 조직원들의 마음을 얻고, 조직문화를 바꾸는 일이 바로 그것입니다."[24] 그러면서 앞으로는 중요한 선행지표들에 집중하겠다고 선언했다. 중요한 선행지표들에 관해서는 2장에서 논의한 바 있다. 그는 이렇게 설명했다. "이제 우리는 성공의 후행지표들에 대해서는 이야기하지 않을 것입니다. 매출이나 이익 같은 것들 말입니다. 성공의 선행지표는 뭘까요? 바로 고객의 사랑입니다." 그는 앞으로 마이크로소프트라는 조직 전체가 고객의 사랑이라는 선행지표에 매진하도록 만들겠다고 했다.

이번 장에서 내가 진짜로 하고 싶은 논의는 이제부터 시작된다. 조직원들 절대 다수가 미래의 성공을 의미하는 선행지표들에 관한 조직의 관점을 공유할 수 있도록 하기 위해서는 어떻게 해야 할까?

새로운 조직문화
▶▶▶

성공한 기업에서는 기존 성공 모델을 유지할 것이냐, 아니면 새로운 모델을 찾아야 하느냐를 두고 고민이나 갈등이 발생한다. 기존 성공 모델을 계속 유지해야 한다는 주장이 우세할 경우, 기업은 효율성을 높이는 데 초점을 맞춘다. 사업 모델이 크게 바뀌지 않는다면, 사업 모델을 구성하는 모든 요소들을 검토해 효율성 극대화와 작업 최적화를 추구하는 것이 당연하다. 이는 애덤 스미스 이후 경영학을 공부한다는 사람들이 배운 내용이고, 프레더릭 윈즐로 테일러 이후 기업 현장에서 그대로 적용돼온 방식이다.[25] 그리고 오늘날에는 작업 최적화를 위해 인공지능까지 활용된다.[26]

그러나 비즈니스 모델이 반복적이고 기계적인 작업과 관련 없는 기업, 복잡한 시장에 대한 대응이나 혁신 추구가 중요한 기업의 경우는 작업 효율성 극대화라는 개념이 기업을 성공으로 이끄는 데 도움이 되지 않을 뿐 아니라, 오히려 기업을 망쳐놓을 위험까지 있다. 리더들의 진짜 임무는 기존 방식에 의존하는 것이 아니라 조직의 지속적인 변화에 대응하는 것이다. 끊임없이 새로운 상황을 탐색하고 유연하게 대처하는 것이 그들의 역할이다. 리더들은 조직의 자원을 창고에 쌓아둔 채로 유지하는 것이 아니라 자원을 효과적으로 배분하고 활용할 줄 알아야 한다. 새로운 정보가 입수되면 적절하게 대응하고, 조직 내의 모든 목소리에 귀를 기울여야 한다.[27] 반복적이고 기계적인 작업이 아닌, 복잡한 시장에 대한 대응이나 혁신 추구가 비즈니스 모델의 핵심 요소라면, 그런 조직의 리더들에게는 이와 같은 역할이 요구된다.

나델라는 좋은 제품 만드는 것을 강조하는 조직문화를 뒤로하고, 새로운 역량을 갖추는 자세가 마이크로소프트에 시급하다고 판단했다. 그리고 이렇게 바뀌기 위해서는 조직구조 변화가 뒷받침돼야 했다. 2018년, 그는 한 연설에서 이렇게 말했다. "저는 실리콘밸리의 역량을 원합니다. 클라우드컴퓨팅 역량을 원합니다. AI 역량을 원합니다. 우리가 만드는 기기들이 미적 요소를 갖추길 원합니다. 이 같은 역량들을 시기와 시장에 따라 효과적으로 적용할 수 있기를 원합니다. …… 디지털에 사업부는 별 의미가 없습니다. 다 함께 만들어야 합니다."[28]

그는 CEO가 되고 마이크로소프트의 해외 사업장도 많이 방문했는데, 2016년의 한 연설에서 그 이유를 설명했다. "CEO가 하는 일이 뭘까요? CEO는 불확실한 미래에 관한 판단을 내려야 하고, 조직문화를 정립해야 합니다. 저는 이렇게 많은 사업장을 방문하면서 CEO의 역할에 필요한 많은 것들을 배웁니다."[29]

그는 취임 초기부터 마이크로소프트의 기존 문화를 완전히 바꾸는 것을 목표로 삼았다. 마이크로소프트의 기존 문화에서는 많이 알고 말을 잘하는 사람이 높은 평가를 받았다. 토론이라도 하면, 정답을 말하고 승리하는 것이 참석자들의 목표였다. 나델라가 2017년에 출간한《히트 리프레시Hit Refresh》를 보면, 마이크로소프트의 기존 문화가 심리학자 캐롤 드웩Carol Dweck이 말한 '고정형 사고방식'과 상당 부분 닮았다는 지적이 나온다.[30] 캐롤 드웩에 따르면, 고정형 사고방식을 가진 사람은 남을 능가하기 위해, 자신의 실력을 드러내기 위해, 정답을 찾기 위해 너무나도 많은 시간을 보낸다. 그런가 하면 성장형 사고방식을 가진 사람은 새로운 정보를 열린 태도로 받아들이고, 배우고 성장하는 것을 지향하고, 잘하는 것보다 발전하는 것을 더 중시한다.[31] 나델라는 마이크로소프트의 조직문화에 성장형 사고방식을 정착시키고 싶어 했다.

실제로 나델라는 캐롤 드웩에게 이를 위한 컨설팅을 의뢰하기도 했다. 그런 나델라에 대해 캐롤 드웩은 "나델라의 새로운 지식에 대한 갈구와 실수에서 배우고자 하는 의지는 정말로 놀라웠다"라고 평했다.[32]

나델라는 새로운 리더의 기준을 제시했다. "저는 팀 구성원으로 일하고자 하는 사람들과 잘 맞을 겁니다." 그때까지 마이크로소프트는 스스로를 돋보이게 할 줄 아는 사람들을 리더로 양성해왔다. 하지만 나델라가 등장하면서 분위기가 완전히 바뀌었다. "리더가 되기 위해서는 팀으로 일할 줄 알아야 합니다. 저는 그걸 아주 중요하게 생각합니다. 앞으로는 완전히 다른 마이크로소프트가 될 것입니다." 나델라는 팀원들과 목표를 공유하고, 팀에 활력을 불어넣고, 불평하지 않는 유형의 리더를 높이 평가했다. "'일이란 게 원래 힘들지. 그래도 당신은 리더잖소. 다 그런 거요. 힘들다고 불평할 수는 없소. 세상 사는 게 다 힘든 거니까.' 저는 이렇게 말하지 않습니다. 대신 이렇게 말합니다. '우리가 일하는 곳은 힘든 곳입니다. 그리고 리더로서 당신의 임무는 그 힘든 곳에서 장미를 찾는 것입니다.'"**33**

마이크로소프트 최고경영진 회의의 새로운 화두는 공감이 된다.

명확한 목표를 공유한다는 것
▶ ▶ ▶

기업 전략에 관한 책을 쓰는 사람으로서 나는 전략이 그렇게 의미 있고 소용 있는 거냐는 질문을 자주 받는다. 기업이 가진 경쟁우위가 순식간에 사라질 수도 있고, 다음 시장 흐름을 정확하게 예측할 수도 없는데, 먼 미래를 지향하는 관점을 규정하는 데 그토록 많은 노력을 기울일 필요가 있느냐는 것이다.

그러나 이런 인식은 대단히 잘못됐다. 시장 상황이 복잡할수록 수뇌부의 직접적인 지시 없이도 조직의 각 부분이 효과적으로 움직일 수 있어야 하는데, 이를 위해서는 조직원들이 조직 전체의 목표가 뭔지, 자신이 어떻게 움직여야 하는지 분명히 알고 있어야 한다. 조직 전체가 목표를 명확하게 공유하는 것은 조직의 각 부분이 능동적으로 움직이는 기반이 된다.

조직원들이 전략이나 방향성을 공유하지 못한 조직은 일선 현장에서 제대로 된 판단을 내릴 리 없고, 자원이 효과적으로 활용되지 못하고, 사람들은 뭘 해야 할지 몰라 혼란스러워한다. 그리고 심각한 비효율을 초래하는 내부 알력이나 갈등이 일어나기 알맞은 환경이 조성된다. 조직원 모두가 같은 방향으로 나아가기 위해서는 명확한 목표를 공유하고, 나아가 목표에 열정을 가질 수 있어야 한다.

2014년, 나델라는 자신이 생각하는 조직의 목표를 이렇게 말했다. "마이크로소프트를 직원들이 일에서 깊이 있는 의미를 찾을 수 있는 100년 기업으로 만들고자 합니다."[34] 그러면서 목표를 이루기 위한 일련의 전략을 수립해 빠르게 추진했다. 우선 데스크톱 소프트웨어가 아니라 클라우드에 집중하기로 했다. 그다음에는 실패한 인수로 평가받던 노키아의 휴대폰 사업부를 매각했다(마이크로소프트는 노키아 휴대폰 사업부와 결별하는 과정에서 86억 달러를 지불해야 했다).[35] 그는 글로벌 클라우드 사업을 위한 데이터 센터 건립에 대대적으로 투자했고, 네트워크 서비스 사이트인 링크드인을 인수했다. 회사의 새로운 미션을 다음과 같이 제시하기도 했다. "전 세계 모든 사람, 모든 조직이 더 큰 성취를 이루어낼 수 있도록 돕겠습니다."[36] 그리고 회사의 뿌리이자 기반으로 인식되던 윈도 제품군에 대한 비중을 줄여나가기 시작했다.

실무자들도 변곡점에 대응할 수 있어야 한다

▶ ▶ ▶

이제까지 계속 강조했지만, 변곡점의 출현을 가장 먼저 알아보는 사람은 현장 실무자다. 이들이 변곡점을 지나면서 어떻게 대응하느냐에 따라 조직의 미래가 결정된다. 사티아 나델라의 기본적인 경영철학도 이와 맥락을 같이한다. 그는 《히트 리프레시》에서 이렇게 말했다. "우리는 자신이 할 수 있는 일의 범위를 너무 축소해 인식하고, 다른 사람이 우리에게 해야 하는 일의 범위를 너무 확대해 인식한다. 한번은 직원들과 질의응답을 하던 중 잠깐 화가 났다. 한 직원이 이렇게 물어왔기 때문이다. '왜 저는 제 휴대폰에서 직접 인쇄할 수 없는 걸까요?' 나는 부드러운 말투로 대답했다. '그렇게 되도록 한번 해보세요. 회사에서 전폭적으로 지원해주겠습니다.'"

나델라는 현장 직원들이 자신의 목소리를 낼 수 있는 공식·비공식 경로를 만들었고, 직원들의 의견을 가벼이 넘기지 않았다. 또 최고경영진 회의 때는 '놀라운 프로젝트'라는 것을 한 다음 본 회의를 진행했는데, 이 놀라운 프로젝트란 마이크로소프트의 전 세계 사업장에서 진행된 프로젝트 가운데 흥미로운 것을 최고경영진에게 소개하는 시간이다. 놀라운 프로젝트는 〈패스트컴퍼니Fast Company〉에도 소개된 적이 있다. 해리 매크래컨Harry McCracken은 기사에서 마이크로소프트 터키 지사의 한 팀이 개발한 시각장애인에게 책 읽어주는 앱이 놀라운 프로젝트로 마이크로소프트 최고경영진에게 소개된 일화를 다뤘다.[37] 나델라는 최고경영진 회의에서도 자유로운 의사소통을 강조한다. 자유로운 분위기에서 의사소통이 이루어져야 정보가 원활하게 흐르고, 그것이 의사결정에 더 도움이 된다는 것이 그의 논리다.

　나델라는 자신에게 있을지 모를 고정관념을 깨고 새로운 관점을 얻기 위해 다양한 측면에서의 경험에 스스로를 노출시키려 한다. 사실 그의 아들은 심각한 뇌성마비를 겪고 있는데, 그래서인지 그는 마이크로소프트의 장애인 직원들에게 특별한 관심을 쏟는다. 그는 장애인 직원들과 정기적으로 만나 이야기를 나누고, 폭넓은 사안에 대한 다양한 의견을 청취한다.

　그런가 하면 넷플릭스 인사이더 프로그램에도 참여했다. 리드 헤이스팅스 넷플릭스 CEO는 한때 마이크로소프트 이사회 멤버였는데, 이를 계기로 나델라는 넷플릭스에도 관여하게 됐다. 사실 그때까지 나델라는 마이크로소프트 이외의 기업을 경험해본 적이 전혀 없었다. 그는 넷플릭스에서의 경험을 매우 신선하게 여겨서 메이슨 모핏Mason Morfit 밸류액트 캐피털ValueAct Capital CEO에게 이렇게 말했다고 한다. "넷플릭스는 새로 입수되는 데이터를 기반으로 매우 빠르게 방향전환을 합니다." 메이슨 모핏에 따르면, 나델라는 마이크로소프트의 관료주의 특성과 비교하면서 넷플릭스의 이런 특성에 대해 큰 관심을 나타냈다.[38]

　2014년, 나델라는 페기 존슨Peggy Johnson을 사업개발 담당 부사장으로 영입하면서 그녀에게 이렇게 말했다. "레드먼드(마이크로소프트 본사가 있는 도시) 안에서 일하는 시간만큼 레드먼드 밖에서도 일해주세요."[39] 바깥세상에서 새로운 정보를 입수하고, 특히 실리콘밸리 사람들과 네트워크를 형성해달라는 의미였다. 나델라 본인도 자주 실리콘밸리를 찾는다(마이크로소프트 CEO 중에서는 처음 보이는 행보였다). 실리콘밸리 사람들과 네트워크를 형성하려는 그의 노력은 결실로 이어지고 있다. 실리콘밸리 스타트업들은 일반적으로 아마존웹서비스를 클라우드 플랫폼으로 이용하는데, 최근 들어 마이크로소프트의 클라우드 플랫폼을 이용하는 스타트업들이 생겨나고 있다.

나델라는 가능성 있는 신사업을 추진하는 팀은 회사 차원에서 전폭적으로 지지할 거란 점도 분명히 했다. 마이크로소프트가 야심 차게 준비하고 있는 혼합현실 장비인 홀로렌즈^{HoloLens}의 경우가 그 예다. 홀로렌즈 개발을 이끄는 알렉스 키프먼^{Alex Kipman}은 이렇게 말했다. "최고경영자가 '이게 뭔지 잘 모르겠네요'라고 말하고 나서 '컴퓨터 기술의 미래군요'라고 말하기까지의 기간이 지금까지 제가 봐온 중에 가장 짧았습니다. …… 결정을 내린 뒤로 나델라 회장은 우리 프로젝트의 가장 든든한 지원자가 됐습니다."[40]

이용자정보 5억 건을 보유한 링크드인을 260억 달러에 인수한 일 역시 좋은 전략으로 평가받고 있다. 페이스북이나 트위터가 일반 이용자의 정보를 가지고 있다면, 링크드인은 직업인의 데이터를 갖고 있으며, 후자의 가치나 활용도가 훨씬 더 높다고 할 수 있다. 전 세계 10억 명 이상의 오피스 제품군 이용자 정보와 링크드인 이용자 정보를 결합할 경우, 마이크로소프트는 인공지능 소프트웨어 개발과 머신러닝 분야에서 상당한 경쟁우위를 지닌다. 링크드인으로 비즈니스의 최신 트렌드를 실시간으로 파악할 수도 있다.

불확실한 변곡점 이후를 내다본다는 것은 더 큰 실패를 사전에 차단한다는 의미이기도 한다. 나델라는 더 큰 미래 손실을 유발할 것으로 판단되는 프로젝트는, 이미 상당한 투자가 이루어졌다 하더라도 과감하게 중단한다. 그는 마이크로소프트 밴드^{Microsoft Band}라는 스마트폰 주변

기기 사업을 포기했고, 막대한 자금을 들여 인수한 노키아 휴대폰 사업부를 다시 매각했다. 마이크로소프트는 노키아 휴대폰 사업부와 결별하기 위해 86억 달러를 지불하고, 직원을 무려 2만 명이나 내보내야 했다. 스마트폰 사업은 이제 마이크로소프트의 손을 떠났다는 판단을 내렸기 때문이었다.[41] 나델라는 다양한 분야에서의 소프트웨어 개발을 매우 중요하게 생각했는데, 이를 위해 리눅스와도 손을 잡았다. 나델라의 전임 CEO인 스티브 발머는 리눅스를 "종양"이라고 부르며 매우 싫어했다. 다만 2016년에 "저는 이제 리눅스를 사랑하게 됐습니다"라고 리눅스의 가치를 인정하는 발언을 하기도 했다.[42]

리더들은 사람들 앞에서 "좌절하지 말라"고 쉽게 말한다. 그러나 그렇게 말하는 리더 자신도 그 원칙을 지키기란 여간 어려운 일이 아니다. 2016년 3월, 마이크로소프트는 테이Tay라는 인공지능 챗봇을 만들어 트위터로 올려보냈다. 인공지능 챗봇이 트위터에서 실제 사람들과 어떤 식으로 상호작용을 하는지 알아보기 위해서였다.

실험은 참담한 실패로 끝났다. 장난기가 발동한 일부 사람들이 테이에게 인종차별, 성차별을 비롯한 여러 부정적인 메시지를 전달했고, 테이가 그런 메시지를 다른 사람들에게 퍼뜨린 것이다. 트위터에서 활동하는 시간이 늘어날수록 테이가 퍼뜨리는 부정적인 메시지는 그 분량과 정도에서 심각한 양상으로 전개됐다. 온갖 비평이 쏟아졌고, 개발 팀은 테이를 트위터에서 내렸다.

나델라는 어떻게 반응했을까? 그는 테이 개발 팀에게 이런 메시지를 전달했다. "계속 전진하세요. 저는 언제나 여러분과 함께할 겁니다."[43] 일이 뜻대로 진행되지 않을 때 지원해주는 것이 CEO의 역할이라는 것이 나델라의 소신이다. 이런 CEO의 태도는 미래에 도전하는 조직원들에게 용기를 불어넣어준다.

마이크로소프트는 원래 1년에 한 번씩 전 세계 사업장 임직원들이 모여 회의를 했다. 나델라는 이 전통을 이어받아 미국, 중국, 인도, 이스라엘 등 전 세계 사업장 임직원 1만 8,000명이 참석하는 원위크^{One Week}라는 이벤트로 발전시켰다. 원위크 참가자들은 '패션프로젝트^{passion project}'를 선택해 활동한다. 패션프로젝트 가운데 상당수는 마이크로소프트에서 '개라지^{garage}'라고 부르는 단계로 나아가, 새로운 사업 아이디어에 대한 실험을 한다. 개라지에서 개발되고 실험되는 소프트웨어들은 3D드로잉에서부터 프레젠테이션 자료의 자동 번역에 이르기까지 매우 다양하다. 여기서 제안되는 프로젝트 중에는 별난 것들도 있지만, 미래의 변곡점에 대한 도전과 실험의 결과라는 점에서 상당한 의미가 있다.

평가 및 보상체계에도 변화가 필요하다
▶ ▶ ▶

지금까지 조직문화와 전략이 중요하다고 이야기했다. 그런데 조직의 변화, 조직원들의 행동 변화를 끌어내는 가장 효과적인 수단은 평가와 보상체계다. 아무리 좋아 보이는 새로운 전략을 내놓는다 하더라도 평가와 보상체계가 기존 방식 그대로라면 아무것도 바뀌지 않는다. 평가와 보상체계는 조직원들의 생각과 행동을 이끌어가는 방향타로 작용한다.

마이크로소프트의 경우는 단순한 매출 기반의 성과평가 방식에서 이용자들의 제품 사용 시간까지 고려하는 성과평가 방식으로 변화를 줬다. 리더를 평가할 때는 팀원들 간 협력에 관한 항목들을 포함시켰다. 후행지표뿐 아니라 선행지표까지 평가에 포함시킨 것도 큰 변화다. 매출이나 이익 같은 기존의 전통적인 지표들과 함께 고객만족도와 고객 사랑 같은 미래의 성과를 의미하는 지표도 보겠다는 것이다.

이에 대해 나델라는 이렇게 말했다. "우리는 고객들의 제품 사용 시간까지 봅니다. 월간 사용 시간과 일간 사용 시간의 내용이나 추이 같은 것들도 분석합니다. 물론 분기 매출이나 제품군의 이익 같은 요소들도 여전히 중요하게 보고 있습니다."[44]

같은 방향이 만드는 힘
▶ ▶ ▶

이번 장에서는 클라우드와 AI를 비롯한 다양한 신사업으로 사업 영역을 확장하고 있는 마이크로소프트의 사례를 통해 조직이 추구하는 변화에 있어 조직원들의 협력과 방향성이 얼마나 중요한지를 살펴봤다. 이는 다가오는 변곡점에 대응하려는 다른 기업들에게 많은 것을 시사한다. 지시와 통제, 테일러식 성과급제, 개인 성과의 극대화 유도 같은 방식은 오늘날의 복잡한 시장 환경에서는 심각한 역효과를 낳을 가능성이 크다.

명확하게 제시된 목표를 향해 모든 조직원이 같은 방향으로 나아갈 때 발산될 힘을 생각해보라. 이런 힘은 다가오는 변곡점이 만들어내는 불확실한 상황을 헤쳐 나가는 데 반드시 필요하다.

우리가 이 장에서 배운 것들

변곡점의 출현을 아는 것만으로는 아무 대응도 할 수 없다. 변곡점에 효과적으로 대응하기 위해서는 조직원 모두가 관점을 공유하고 같은 방향으로 나아가야 한다.

아무리 올바른 판단을 내리더라도 내부의 경쟁과 갈등으로 역량을 소모하는 상황이라면 성공할 수 없다. 내부 정치를 효과적으로 관리하는 것은 변화를 추구하는 리더의 중요한 역할이다.

큰 변화의 징후들도 처음에는 작게 나타나는 경우가 많다. 그리고 큰 변화가 변곡점으로 이어지면 기존 성공 모델은 의미를 잃는다.

바람직한 변화를 가로막는 가장 큰 장애 요인은 성공한 기업이 갖고 있는 기존 성공방식인 경우가 있다.

변곡점을 파악하고 대응할 때 고정형 사고방식이 아니라 성장형 사고방식을 가져야 한다.

실무급 직원들에게 재량권의 폭을 넓혀주면, 변곡점의 징후들을 빠르게 파악할 가능성이 그만큼 커진다.

직원들의 도전의식을 높이고자 한다면, 실패 가능성이 큰 실험도 회사가 지원하리란 점을 분명히 해야 한다.

조직원이 다르게 행동하길 바란다면, 그에 상응하는 선행지표들을 평가 및 보상체계에 포함시켜야 한다.

Part 03

불확실성을 뛰어넘는
조직은 무엇이 다른가

SEEING
AROUND
CORNERS

07

혁신에도
학습과 노력이
필요하다

"혁신가 정신은 천부적인 것이 아니다. 창의성과 다르다.
혁신가 정신은 노력의 결과다. …… 혁신가 정신과 혁신은 어떤 기업이든
성취할 수 있다. …… 혁신가 정신은 학습할 수 있다. 다만 노력해야 한다.
혁신적인 기업들은 혁신가 정신을 필수적인 것으로 인식한다.
뭘 하더라도 혁신을 생각한다. …… 그들은 혁신을 생각하고 ……
혁신을 실행한다."[1]

_피터 드러커

기스베르트 뤼흘Gisbert Rühl 회장은 겉모습만 보면 혁신가와는 거리가 있어 보인다. 전형적인 엔지니어나 회계사 같은 인상을 갖췄으며, 실제로 회계 분야 출신이다. 그러나 그는 좀처럼 새로운 요소가 들어갈 수 없을 것처럼 보이던 철강거래에 혁신을 불러일으켰다.

먼저 철강제품이 거래되는 일반적인 방식을 살펴보자. 사실 나는 2014년에 메탈서비스센터 인스티튜트Metals Service Center Institute 행사에서 기조연설을 맡기 전까지 철강거래에 관해 아무것도 모르는 사람이었다. 연설을 계기로 메탈서비스센터를 접하고, 그것이 대형 철강제조사들과 소규모 구매사들 사이에서 중요한 역할을 한다는 사실을 알았다. 대형 철강제조사들은 대량판매를 추구하지만, 소규모 구매사들은 대량으로 구매할 수 없다. 수요 자체가 적고, 재고를 쌓아둘 공간도 없기 때

문이다.

바로 이런 상황에서 메탈서비스센터가 나선다. 이들은 대형 철강제조사에게서 제품을 대량으로 구매한 다음 소규모 구매사들의 요구에 맞춰 재작업해놓고, 주문이 들어오면 납품한다. 이들은 재고를 대량으로 유지해 소규모 구매사들의 주문에 즉각적으로 대응할 수 있다. 이번 장에서 비중 있게 다루려는 독일의 클뢰크너Klöckner가 바로 메탈서비스센터 기업이다.

글로벌 경기침체가 기회가 되다
▶ ▶ ▶

기스베르트 뤼흘이 클뢰크너 CEO가 된 것은 2009년이다. 전 세계 철강기업들에게 매우 힘든 때였다. 수요가 크게 줄어들면서 공급가가 폭락하고 있었기 때문이다. 특히 중국 철강기업들은 공급가가 폭락하는 중에도 계속해서 공급을 늘려 철강제품의 과잉생산 문제를 심화시켰다. OECD에서 별도 보고서까지 작성해 철강산업에 대한 우려를 표명했을 정도다.[2]

CEO가 된 뤼흘에게 맡겨진 첫 번째 임무는 구조조정이었다. 클뢰크너는 계속되는 적자로 2009년 이전부터 판매관리비를 줄이고, 부동산을 매각하고, 근로자 2,000여 명을 내보내는 등 비용을 절감하려 꾸준히 노력해왔다. 하지만 여전히 적자 상태였고, 급기야 주주배당금 지급도 중단했다. 뤼흘은 이런 상황이 단기간에 반전될 가능성은 낮다는 점을 잘 알았다. 2013년에 그는 이런 말을 했다. "실적을 보면 결코 좋은 상황이 아니지만, 그래도 꾸준히 진행해온 구조조정 덕분에 계속해서 나아지고 있습니다. 부정적인 시장 흐름의 압박이 지속되는 와중에 나름대로 잘 헤쳐 나가고 있다고 생각합니다."[3]

하지만.

뤼흘은 시장이 크게 위축되고 경쟁이 심화되는 상황에서 혁신 이외의 대안은 없겠다고 판단했다.

2013년, 뤼흘은 중국 다롄에서 열린 세계경제포럼의 한 세션에 참석했다. 세션 주제는 '혁신 기반의 기업가 정신 고취 : 세계적인 흐름'이었다.[4]

이 세션에서 뤼흘은 오늘날의 혁신은 서로 다른 영역의 아이디어를 융합해 가치를 창출하는 유형으로 진행된다는 이야기를 들었다. 전통산업 기업들도 자신들의 비즈니스 모델을 다시 생각하고, 자신들의 영역 밖에서 새로운 아이디어를 찾고 있다는 것이었다. 2013년이라면 철강산업 밖에서는 디지털플랫폼이 주된 흐름으로 자리 잡은 상태였다.[5]

전 세계 수많은 사람들이 에어비앤비(2008년 창업)로 빈집이나 침실을 다른 사람들에게 빌려주고 있었다. 유튜브(2005년 창업)는 방송중계나 콘텐츠 제작과 관련해 기존 네트워크가 없는 사람도 자신이 직접 제작한 영상물을 기반으로해서 전 세계 사람들과 소통할 수 있음을 쉽게 보여주고 있었다.

페이스북(2004년 창업)은 이용자의 PC나 스마트폰으로 전 세계 친구들과 메시지나 콘텐츠를 주고받을 수 있도록 하고 있었고, 아마존웹서비스(2006년 론칭)는 누구라도 컴퓨터 하드웨어와 관련된 대규모 투자 없이 자신의 아이디어를 구현할 수 있도록 도와주고 있었다.

이런 디지털플랫폼들은 수요와 공급을 매우 효율적으로 연결시켜, 이용자가 자산이나 역량 활용도를 크게 높일 수 있게 해줌으로써 성공할 수 있었다. 3~4장에서 논의한 개념을 통해 이야기하자면, 디지털플랫폼들은 완전히 새로운 아레나맵을 창출해냈다.

이들은 전에 없던 새로운 비즈니스 모델을 만들어냈고, 기존의 다른 시스템들보다 더 효율적이고 더 편리하게 고객의 문제를 해결해주는 방식을 통해 고객들을 끌어모았다. 그리고 폭발적으로 성장했다.

뤼흘은 아레나맵으로 자신들의 사업을 분석했다. 그리고 클뢰크너의 가치사슬 전반에 걸쳐 고객들이 원하는 것을 얻는 과정에 상당한 불편과 비효율이 있다는 판단을 내렸다. 그는 2015년 프레젠테이션에서 이렇게 의견을 피력했다.

철강산업의 가치사슬에서 우리 클뢰크너와 같은 기업들의 핵심 사업은 재고관리입니다. 유럽과 북미의 대형 철강제조사들에게서 철강을 구입해 보유하고, 다양한 산업(건설, 중공업, 기계, 자동차 등)의 고객들에게 제품을 판매합니다.

우리가 재고를 대량으로 유지하는 이유는 어떤 고객이 언제 어떤 주문을 할지 모르기 때문입니다. 특히 건설업 고객의 경우, 요구하는 납기가 매우 짧습니다. 오늘 주문하면 내일 제품을 받을 수 있기를 바라죠. 우리는 재고를 대량으로 유지하는 식으로 이런 요구에 대응해왔는데, 이는 필연적으로 엄청난 비효율을 수반합니다. 메탈서비스센터뿐 아니라 철강제조사 역시 재고를 대량으로 유지해야 하기 때문입니다. 언제 어떤 주문이 들어올지 우리도 모르고, 따라서 철강제조사 역시 메탈서비스센터가 언제 어떤 주문을 할지 모르니까요.

철강제품의 공급사슬은 너무 복잡하고, 매우 비효율적입니다. 게다가 우리 고객들은 대부분 전화나 팩스로 주문합니다. 지난 10~20년 동안 우리 분야에서 이루어진 거의 유일한 혁신은 이메일 주문이 증가하고 있다는 것 정도입니다.

2년 전부터 저는 우리의 가치사슬에 대해 고민하고, 세상의 변화에 맞춰 우리 업계에 어떤 일이 일어날지 생각해보기 시작했습니다. 우리가 사는 세상이 디지털화된 뒤에도 여전히 우리 클뢰크너 같은 기업들이 필요할까, 우리 역할이 남아 있을까, 5년 뒤에는 철강산업의 가치사슬이 어떻게 변해 있을까 생각해봤습니다. 바로 여기가 우리의 출발점입니다.[6]

철강산업이 디지털화를 받아들이지 않는다면 새로운 사업자가 철강산업에 진입해 클뢰크너 같은 기업들을 밀어내리란 것이 뤼흘의 생각이었다. 에어비앤비나 유튜브 같은 플랫폼 사업자들이 기존 서비스 제공자들을 밀어냈듯이, 클뢰크너 같은 기업들 역시 같은 상황을 맞을 수 있다는 것이었다.[7]

이런 인식은 철강거래 플랫폼 구축에 대한 논의로 이어졌다. 복잡하고 비효율적인 철강제품 공급사슬에 디지털플랫폼을 개입시키되, (비록 클뢰크너가 주도적으로 개발한다 하더라도) 클뢰크너만의 배타적인 플랫폼이 돼서는 안 된다는 인식도 포함됐다. 메탈서비스센터뿐 아니라 제조사, 고객, 서드파티 모두 참여하고 상호 거래를 할 수 있는 중립적인 디지털 공간을 만들자는 것이었다. 그때그때 즉흥적으로 행해지고 많은 비효율을 수반하던 기존 거래방식에서 벗어나, 신뢰할 수 있는 철강거래의 통합 생태계를 만드는 것이 클뢰크너가 제시한 비전이었다.

우리가 안 하면 다른 누군가가 할 것이다

▶▶▶

매우 복잡하고 비효율적인 철강 공급사슬에 대한 클뢰크너 주도의 디지털화는 이렇게 시작됐다. 기존 방식이 만들어내던 부진한 실적을 계기로 추진하게 된 공급사슬의 디지털화에 대한 기대는 컸다. 하지만 대체 어디서부터 시작해야 할 것인가?

디지털플랫폼을 필요로 하는 판매자와 구매자

철강제품의 공급사슬은 단순히 복잡한 것을 넘어 매우 무질서했고, 역설적으로 바로 여기에 디지털플랫폼의 기회가 있었다. 그래도 제품생산 영역은 꽤 질서가 잡혔지만(철강생산에서 규모의 경제가 중요해지면서 업계 전체적으로 인수합병이 꾸준히 진행됐다), 유통 영역에는 질서나 시스템이라는 것이 전혀 없었다. 어떤 물건을 살 때 당연히 기대되는 것(가격 비교, 예상 납품일, 온라인 주문 등)이 없었다.

클뢰크너는 철강 공급사슬에서 규모가 꽤 큰 기업에 속한다. 메탈서비스센터 대부분이 규모가 작고, 취급하는 제품 종류도 제한적이다. 자체적으로 디지털플랫폼을 구축할 여력이 없는 소규모 메탈서비스센터들은 클뢰크너가 만들려는 디지털플랫폼에 가장 먼저 참여할 것으로 예상된다. 왜냐하면 별도 투자 없이 전보다 더 많은 기회를 누릴 수 있기 때문이다.

기존의 철강거래 방식은 제품을 구매하는 측이 별로 편리할 게 없다. 우선 보험 같은 서드파티들의 서비스를 일관되게 이용할 수도 없고, 공급자들의 가격이나 서비스를 비교하기도 매우 어렵다. 그리고 배송 같은 서비스의 진행방식에 대해 요구할 수 있는 부분이 제한적이다(대부분 판매자 측에서 진행한다). 철강제품을 주문하면서 함께 쓸 제품(예를 들면 플라스틱 파이프 같은)을 주문하고 싶어도 메탈서비스센터들이 이런 제품을 취급하지 않는다는 불편함도 있다.[8]

미래지향적인 출발점

클뢰크너는 철강제품 거래를 위한 디지털플랫폼을 개발하기 위해 우선 회사 내에 '혁신그룹'을 조직했다. 이 혁신그룹은 뒤스부르크의 본사 가까이에 사무실을 두고, 한 대학 교수가 조직을 이끌었다. 쉽게 짐작할 수 있듯이 혁신그룹에서 누가 새로운 아이디어를 낼 때마다 "철강업계에서 그런 방식은 불가능합니다"라는 전형적인 반대에 부딪혔고, 프로젝트는 좀처럼 나아가지 못했다. 그렇게 몇 달 동안 아무것도 되는 일이 없자, 최고경영진은 완전히 새로운 접근법이 필요하다는 결론에 이르렀다.[9]

뤼흘은 디지털플랫폼 개발 팀을 본사와 완전히 분리된 별개 조직으로 만들기로 했다. 그리고 그 조직은 뒤스부르크에서 근면하게 일하는 철강회사 직원들과 배경이나 사고방식이 완전히 다른, 말 그대로 혁신적인 스타트업에 어울리는 사람들로 채워야 한다고 판단했다. 뤼흘은 디지털플랫폼 개발 팀의 최우선 목표를 "최단 기간에 최소 요건 제품을 만들어내는 것"으로 정했다(여기서 최소 요건 제품은 에릭 리스^{Eric Ries}가 정립한 개념이다).[10] 고객들이 원하는 서비스가 디지털플랫폼으로 구현될지 확인하기 위해서였다.

뤼흘은 독일에서 스타트업 창업이 가장 활발한 베를린에 사무실을 열고, 직원을 채용하도록 했다. 베를린에 만들어진 새로운 혁신그룹의 이름은 '클뢰크너닷아이Klöckner.i'로 지었다. 앞으로 클뢰크너닷아이는 클뢰크너에서 완전히 독립된 별개 조직으로 움직일 것이었다.

새로운 사람들을 모으다

어떤 기업이 새로운 디지털 혁신을 추구할 때는 기존의 핵심 비즈니스에서 일하던 사람들과 완전히 유형이 다른 사람들이 필요하다. 디지털플랫폼 개발을 위한 혁신그룹을 베를린으로 옮긴 클뢰크너는 이를 알고 있었다. 그는 철강업계에서 IT를 담당하던 사람들이 아니라, 아마존과 이베이와 다른 디지털 스타트업에서 경력을 쌓은 사람들 위주로 조직을 구성했다.

플랫폼을 모회사와 분리시키다

IT업계의 오랜 농담이 있다. "하느님은 7일 만에 세상을 만들었지만, 그건 레거시 시스템legacy system이 없었기 때문이다."

레거시 시스템이란 기업이 오래전부터 구축해온 낡은 IT 시스템을 의미한다. 일반적으로 대기업 IT 부서는 새로 생긴 혁신 조직이 기존 방식을 따르고, 자신들의 통제를 받아야 한다고 생각한다. 그런데 완전히 새로운 어떤 것을 만들려고 하면서 기존 업무방식을 따르고 기존의 낡은 시스템을 이용한다면, 기대하는 결과가 나오기 어렵다. 클뢰크너는 클뢰크너닷아이가 모회사와 완전히 다른 그들만의 테크놀로지 플랫폼을 만들도록 했다. 바로 플랫폼 자체를 모회사의 것과 분리시킨 것이다.

클뢰크너는 디지털화의 첫 단계로, 기존 시스템이 해결하지 못하던 고객 고통 포인트들을 해결할 수 있는 독립적인 플랫폼을 만든다는 계획을 세웠다. 2번째 단계에서는 구축한 플랫폼을 고객들에게 노출시키고, 플랫폼 시스템에 대한 고객 의견을 수집하려고 했다. 마지막 3번째 단계에서는 자사의 디지털플랫폼에 경쟁사들까지 참여시켜, 고객들이 최대한의 서비스를 누릴 수 있도록 한다는 계획을 세웠다.

혁신과 모회사의 역량을 연결하다

수익이 나는 플랫폼을 구축하려는 회사들을 가장 괴롭히는 한 가지 문제에 대해 클뢰크너는 이미 해답을 갖고 있었다. 메탈서비스센터로서 철강제품의 판매자와 구매자에 대한 정보가 풍부하기 때문에 양측을 효과적으로 연결시킬 수 있다는 점 말이다. 이 문제는 자칫 닭이 먼저냐 달걀이 먼저냐 유형의 논쟁으로 이어질 수도 있지만, 어쨌든 플랫폼이 실패하는 가장 주된 요인은 판매자들과 구매자들을 플랫폼으로 유인하지 못하기 때문이다.

GE도 중공업 사업 쪽 거래를 위해 디지털플랫폼을 구축했는데, 외부 거래선보다는 GE 측의 편익에 중심을 둔 모델을 구축하는 바람에 많은 참여자들을 이끌지 못했다.[11] 뤼흘은 철강거래 가치사슬에서 클뢰크너의 위치를 활용해 많은 판매자와 구매자를 플랫폼으로 이끌어야 한다고 판단했다.

전통적인 비즈니스 모델을 가진 기업이 디지털플랫폼을 활용하려할 때 스타트업 조직을 만들고 플랫폼을 구축하는 것 자체는 상당히 쉽다. 진짜로 어려운 부분은 새로 만든 플랫폼과 모회사의 역량을 연결하는 일이다. 디지털플랫폼으로 기대하는 효과를 얻기 위해서는 이런 연결이 중요하다.

뤼흘은 이 부분을 잘 이해하고 있었다. 그는 2015년에 진행한 한 프레젠테이션에서 이렇게 말했다. "우리 영업 인력들이 이 플랫폼이 우리의 미래란 점을 인식해야 합니다." 그러나 이 과정은 결코 쉽지 않다. 새로 만들어진 시스템이나 도구 때문에 자신의 직업 인생 내내 당연하게 인식하고 행해오던 방식을 버려야 할 수도 있기 때문이다. 모회사 직원들이 디지털플랫폼 기반의 새로운 거래방식을 잘 받아들일 수 있도록 클뢰크너는 다양한 프로그램을 운용했다. 이 중에는 모회사 직원이 3~4개월 정도 클뢰크너닷아이에서 파견 근무를 하는 프로그램도 있었다.

뤼흘은 모회사 직원들이 겪을 수 있는 문제들을 잘 알았고, 이에 대해 포용적인 태도로 세심하게 접근하려 했다. 2018년 11월에 뤼흘과 이야기를 나눈 적이 있는데, 그는 디지털화의 초기 단계 때는 항상 타이까지 갖춘 정장을 입고 출근했다고 말했다. 그리 큰일은 아니지만, 그런 방식으로라도 디지털화가 기존의 사업을 버리는 일이 아니란 점을 직원들에게 알리고 싶었다는 것이다. 실제로 그는 이 일이 성공하기 위해서는 모회사의 기존 비즈니스와 디지털플랫폼이 연결돼야 한다고 굳게 믿었다.

클뢰크너는 기업형 SNS인 야머Yammer를 이용한 직원 간 커뮤니케이션도 도입했는데, 뤼홀은 이를 "수평적 커뮤니케이션"이라고 부른다.[12] 야머 도입 이후 클뢰크너에서는 직원들 사이에 다양한 토론이나 의견 교환이 이루어지고, 최고경영자인 뤼홀 본인도 야머로 일선 현장 직원들과 소통하고 있다. 클뢰크너 같은 전통적인 기업에서 이는 정말로 큰 변화다.

혁신을 추진한 이후, 클뢰크너는 '펵업 나이트fuck-up night'라는 행사를 부정기적으로 열고 있다.[13] 스타트업 창업에 실패한 적이 있는 사람들을 초청해 그 이야기를 듣는 행사인데, 나중에는 클뢰크너 직원들의 혁신 실패 경험에 관한 이야기를 나누는 행사로 발전했다. 클뢰크너는 이런 행사를 통해 직원들이 도전과 실패에 관한 두려움을 줄일 수 있기를 기대하고 있다. 도전과 실패에 관한 두려움은 혁신의 가장 큰 장벽이기 때문이다.

클뢰크너는 기존 직원들의 디지털 교육 훈련에도 많은 투자를 하고 있다. 디지털 교육 과정에 참여하기를 희망하는 직원들은 업무시간에 관련 교육을 받을 수 있다.

클뢰크너의 디지털화 혁신은 기존 조직에도 상당한 변화를 불러일으켰고, 실질적인 성과로도 이어지고 있다. 뤼홀은 2017년에 이런 말을 했다.

많은 직원과의 깊이 있는 소통을 통해 조직을 디지털시대로 이끌 수 있었습니다. 직원들은 회사의 디지털 전략을 이해하고, 그 변화에 어떻게 참여해야 하는지 알게 됐습니다. 클뢰크너의 기존 직원들도 이제는 스타트업들의 전형적인 업무방식인 애자일 방식을 활용하고 있고, 점점 더 능숙

해지고 있습니다. 우리는 철강회사이지만, 더 빠르고 더 애자일한 철강회사가 됐습니다.[14]

디지털화를 추진한 지 4년이 지난 2017년, 클뢰크너는 매출의 17퍼센트가 디지털플랫폼에서 발생했다고 발표하면서, 매출이 전반적으로 크게 증가하고 실적은 흑자로 전환됐다고 덧붙였다.[15] 현재 클뢰크너는 2022년까지 디지털플랫폼을 통한 매출 비중을 60퍼센트까지 높이는 것을 목표로 하고 있다.

변곡점, 기존 성공방식이 무의미해지는 순간
▶▶▶

지금까지 여러 차례 언급했지만, 변곡점이 발생하면 해당 산업에서 성공하게 해준 경영방식이 무의미해질 수 있다. 그때까지 기업들이 당연하게 여겨온 전제들과 가정들이 근본적으로 달라지기 때문이다. 다시 말해 기업들의 아레나맵이 완전히 달라질 수 있다. 3장에서 변곡점이 발생해 달라질 수 있는 것들을 아레나맵의 관점에서 다음 8가지로 분류한 바 있다.

1. 기업들이 차지하기 위해 다투는 자원의 구성이 변할 수 있다.
2. 자원을 차지하고자 하는 경쟁자들이 변할 수 있다.
3. 자원을 차지하기 위한 경쟁이 일어나는 장소가 변할 수 있다.
4. 관여자들의 사고방식이 변하거나 자원이 줄어들면서 경쟁 양상이 격

화될 수 있다.

5. 소비경험이 변할 수 있다.

6. 제품이나 서비스 요소들의 중요도가 변할 수 있다.

7. 가치사슬을 구성하는 역량의 유형이 변할 수 있다.

8. 기업, 제품, 서비스 등 모든 요소가 변할 수 있다.

기업 환경이 조성되고 오랜 시간이 지나면, 기업들은 아레나맵의 구성 요소들을 기준으로 높은 수준의 경쟁력을 지니기 위한 최적화된 방식을 정립하게 된다. 성과평가제도, 조직구조, 보상체계, 커뮤니케이션 방식, 정보 네트워크, 브랜드 등 모든 것들이 시행착오를 거치며 최적의 방식으로 정립되고, 시장에서 활동하는 사람들은 그런 방식을 당연하게 인식하고 따른다.

그리고 이런 과정을 거치며 한 기업의 일하는 방식이 정해진다. 임직원들이 '옳다'고 믿는 것이 뭔지, 어떻게 해야 보상을 받을 수 있는지, 함께 일하는 사람들 간의 관계는 어떻게 규정돼야 하는지, 누가 승진하게 되는지 등이 정해지는 것이다. 정해진 방식에 이견을 나타내는 것은 거의 종교적 이단행위로 간주된다.

변곡점이 발생하고 산업의 전제들이 무너지면 일하는 방식 역시 달라져야 한다. 그런데 기업 외부, 즉 시장에서 발생하는 변곡점에 상응하는 적절한 내부 변화를 추진하기란 무척 힘들다. 나는 이 과정을 거대한 배를 움직이는 일에 비유하곤 한다.

변곡점에 대응하기 위해서는 기존의 핵심 사업을 더 이상 핵심적인 것으로 간주하지 말아야 할 수도 있다(넷플릭스는 스트리밍시장에 대응하기 위해 창업주인 최고경영자가 핵심 사업인 DVD 대여 사업에서 손을 떼기까지 했다).

그리고 많은 경우, 핵심 사업에 투입되던 자원을 변곡점 이후 시대의 새로운 핵심 사업에 투입하는 조정이 요구된다(애플은 기존 핵심 사업이던 데스크톱에 투입되던 자원을 태블릿과 모바일기기 쪽으로 돌렸다). 혹은 변곡점에 대응하기 위해 완전히 새로운 성장 동력을 찾아야 할 수도 있다(넷플릭스는 스트리밍 서비스 부문에서 오리지널 콘텐츠 제작이라는 새로운 성장 동력을 찾아냈다). 스콧 앤서니, 클라크 길버트Clark Gilbert, 마크 존슨Mark Johnson은 《이원적 변화Dual Transformation》에서 미래를 위한 사업을 준비하면서 기존 핵심 사업에 대한 변화를 이원적으로 추진하는 방법을 설명했다.[16]

기업 전체가 변화에 거부감을 느낀다 해도 실패가 임박했음이 명백하게 보이거나, 기업의 존립 자체를 걱정해야 할 정도의 실패를 겪고 있다면 살아남기 위해 변화를 추진하게 된다.

월마트는 e커머스 시대에 제대로 적응하지 못하고 있다는 평가를 받아왔다. 자신들의 비즈니스 모델에 e커머스를 도입하기 위해 수억 달러를 투자했고, 경영진이 나서서 디지털화를 추진해보기도 했지만, 조직 전반에 e커머스로 뭔가를 판다는 개념에 대한 거부감이 팽배했다. 그러다 새로운 CEO가 된 더그 맥밀런Doug McMillon이 더 이상 e커머스 진출이 늦었다가는 월마트의 존립 자체가 위태로울 수 있다고 판단, 절박함 속에 과감한 방식을 도입했다.

더그 맥밀런이 제안한 접근법은 처음에는 많은 논란을 낳았다. 첫째, 2016년에 33억 달러를 투자해 제트닷컴Jet.com을 인수했다. 당시 제트닷컴은 신생 스타트업이었고 그들의 비즈니스 모델 역시 검증되지 않은 상태였으나, 월마트는 과감하게 거액을 투자했다. 둘째, 마크 로어^{Marc Lore} 제트닷컴 CEO에게 월마트의 e커머스 사업 전체에 대한 책임을 맡겼다. 셋째, 고객층을 확장하기 위해 월마트 매장에 절대로 발을 들여놓을 것 같지 않은 고객들이 주로 이용하는 다양한 기업들을 인수해 e커머스 사업에 편입시켰다. 남성복 브랜드 보노보스^{Bonobos} 인수가 그 한 예다. 지금 월마트의 e커머스 사업은 한창 주목을 받고 있으며, 주식시장에서 월마트 주식은 기존 대기업이 아니라 성장기업 같은 대우를 받는다.

조직의 혁신역량은 경험이나 학습으로 강화될 수 있다. 혁신역량을 강화하지 못하고 변곡점 앞에서 변화하지 못하면 강력한 비즈니스 모델을 가지고 있던 기업도 금세 몰락할 수 있다.

혁신역량을 강화하려면
▶ ▶ ▶

클뢰크너도 혁신을 추진할 때 조직적인 저항을 경험했고, 그 밖의 수많은 기업들 역시 그렇다. 나는 다국적기업 경영진들을 대상으로 한 세미나에서 혁신을 방해하는 요소들을 꼽아보라고 주문한 적이 있다. 그들은 이렇게 대답했다.

- 인센티브 부재
- 너무나도 강력한 기존 사업

- 단기실적에만 관심을 갖는 경영진
- 너무 많은 혁신 조직
- 고객 중심 사고의 부재
- 실패에 대한 두려움
- 혁신 책임자의 부재
- 기존 조직 규모에 비해 너무나도 작은 혁신 조직
- 조직원들의 관심 부족
- 너무나 많은 업무량 – 분기 실적에 집중해야 하기 때문
- 혁신 사업이 기존 사업을 잠식할까 우려되기 때문
- 불확실한 혁신 사업을 포용하지 못하는 조직문화
- 혁신 조직에서 일해야 하는 별다른 유인을 제공하지 못하기 때문

나는 다시 물었다. "이런 혁신 방해 요소의 공통점이 뭘까요?" 아무도 대답하지 못하고 꽤 어색한 침묵이 흘렀다. 이런 혁신 방해 요소의 공통점은 바로 '내부 요인'이라는 것이다. 기존 사업과 방식을 지키려는 방어의식, 다시 말해 혁신이 유발할 수 있는 기득권 파괴에 대한 우려가 이런 방해 요소를 만들어내는 것이다. 혁신 방해 요소가 조직 내부에서 유발되는 것이라면, 그 해법 역시 조직 내부에서 찾을 수 있다. 물론 이런 해법은 최고경영자가 저 높은 곳에서 "혁신아, 생겨라!"라고 선언한다고 쉽게 만들어지는 것은 아니다.

클뢰크너의 사례에서도 나타났듯이, 기존 핵심 사업에 관여하는 사람들은 변화를 별로 좋아하지 않는다. 기존 비즈니스 모델을 고수하면 빠르게 경쟁력을 잃어갈 뿐이라는 점이 명백해지더라도 이런 경향은 달

라지지 않는다. 혁신이 긍정적 미래로 가는 유일한 길이란 점이 확인되더라도, 시장이 변곡점을 지나고 있다는 신호가 분명히 감지되더라도, 변화에 반대하는 사람들은 여전히 많게 마련이다. 그래서 혁신에 대한 시도는 대부분 실패로 끝난다.

조직의 기존 리더들이 혁신을 주도하는 경우에는 더욱 그렇다. 변화를 거부하는 것이 당연한 사람들이 이끄는 혁신의 결말이 어떨지는 조금만 생각해보더라도 알 수 있다. 그래서 혁신의 성공 가능성을 높이고자 한다면 혁신에 적합한 사고방식과 역량을 가진 사람들을 새로 채용해 혁신을 맡기고, 혁신 조직의 위치도 본사에서 멀리 떨어뜨려야 한다.

나와 몇몇 동료 교수들이 함께 개발한 '혁신숙련도 등급innovation proficiency scale'이라는 개념이 있다. 클뢰크너의 혁신 과정은 혁신숙련도 등급을 꾸준히 높여간 전형적인 사례다.

혁신숙련도 등급은 말 그대로 한 조직의 혁신역량 수준을 나타낸다. 조직의 혁신역량은 다가오는 변곡점에 대응하기 위한 변화를 추진할 때 중요하다. 지금까지 여러 차례 강조했지만, 변곡점 발생을 알아보는 것 그 자체로는 아무 일도 일어나지 않는다. 적절하면서도 효과적으로 변곡점에 대응해 조직을 변화시킬 수 있어야 한다. 시장이나 업계가 변곡점을 지나면 이제까지 당연하게 받아들여지던 기존 전제들과 성공방식이 의미를 잃고, 그로 인해 기업 실적은 추락한다. 따라서 시장이나 업계가 변곡점을 지나고 있다면 그에 따라 조직의 평가방식이나 운영방식도 달라져야 하고, 이 일련의 변화는 일반적으로 혁신 프로세스라는 이름으로 진행된다.

나는 혁신숙련도 등급을 8가지로 나눴다. 혁신숙련도가 낮을수록 혁신가나 최고경영자 한두 명에게 의존해 혁신이 진행되다 중단되는 경향을 나타내고, 혁신숙련도가 높을수록 특정 인물에 의존하지 않고 혁신이 중단 없이 진행되는 경향을 나타낸다.

8가지 혁신숙련도 등급

▶ ▶ ▶

레벨1 : 기존 상태를 유지하려는 강한 성향

혁신숙련도 레벨1의 조직들은 현상 유지를 옳은 것으로(심지어 유일한 가치로) 인식한다. 이들은 기존의 경쟁우위를 지키면서, 여기서 성과를 최대한 끌어내는 일에 집중한다. 매우 안정적인 시장에서 장기간 성공해온 역사가 있는 많은 기업이 여기에 해당한다. 경쟁주기가 긴 대규모 장치산업에도 이 같은 기업이 많은데, 이들은 혁신의 리스크를 매우 크게 인식하고 혁신을 기피한다. 규제산업 기업, 공공부문 기업, 비정부기구, 정부조직 등에서도 이 같은 모습이 많이 나타난다. 하지만 이런 모습을 계속해 유지할 수는 없다.

레벨2 : 혁신극장

보수적인 조직이 맨 처음에 혁신 사고를 도입할 때의 단계다. 경영진에게 개선과 혁신에 대한 욕구는 있다. 하지만 혁신 시도는 분리된 소규모 조직에서 진행될 뿐, 전사적 차원의 참여나 지원은 없다. 이 단계에서는 혁신을 위한 워크숍, 교육 캠프, 실리콘밸리 방문 등의 이벤트가 이루어진다. 그러나 혁신에 대한 체계적인 접근법은 아직 없다. 혁신숙련도 레벨2에서는 혁신에 대한 말이 많이 나오고, 혁신의 이름으로 여러 행사가 진행되지만, 행사가 끝나면 임직원들은 다시 예전 방식으로 돌아간다.

레벨3 : 지엽적 혁신

이 단계에 이르면 혁신 활동의 빈도와 지속 기간이 늘어난다. 다만 아직은 혁신의 필요성을 조직 전체가 받아들이지 못했다. 기업 내 한두 그룹에서 극소수의 핵심 인물들에 의존해 지엽적인 수준의 혁신을 추진한다. 하지만 이런 혁신은 단발성에 취약하다. 핵심 경영자가 바뀌거나, 기업 실적이 나빠지거나, 기존 핵심 사업이 도전에 직면할 경우 혁신그룹은 금세 해체된다.

레벨4 : 우발적 혁신

레벨3에서 진행된 어떤 혁신이 실제 성과로 이어지면, 최고경영진에서 혁신역량을 갖추는 일이 중요하다고 판단할 수 있다. 아직은 혁신이 경영 의제의 중심으로 자리 잡지 못하고, 성장 수단 가운데 하나로 인식되고 활용된다. 이 단계에서 혁신이 계속 성과로 이어지는 경우, 경영진은 혁신에 더욱 관심을 가지고 더 많은 자원을 투입하고, 사업부 간 협업도 이루어진다. 그러나 여전히 조직의 대다수는 기존의 일상 업무를 우선시한다.

레벨5 : 혁신숙련도 형성

혁신이 주요 의제로 자리 잡고, 정식으로 조직의 시간과 자금이 투입된다. 혁신 관련 항목들이 성과평가에 포함되기 시작한다(아직은 상시 평가 항목으로 올라가지 않을 수도 있다). 혁신 조직은 기존 사업 조직과 분리돼 운영되며, 별도의 조직구조를 가진다.

레벨6 : 혁신숙련도 성숙

이 단계부터 혁신이 본격적으로 추진된다고 할 수 있다. 기업 내 각 팀은 혁신을 위한 베스트 프랙티스를 정립하고, 혁신에 대한 평가가 이루어지고, 이 평가를 토대로 보상과 승진이 이루어진다. 최고경영진은 혁신에 관한 주요 지표를 상시적으로 파악한다. 혁신을 위해 점점 더 많은 도구가 활용되고, 팀 간 협업이 빈번해지고, 혁신을 위한 새로운 아이디어를 적극적으로 발굴하려 한다.

레벨7 : 기업 전략으로서의 혁신

CEO를 비롯한 최고경영진이 혁신을 기업의 핵심 미션으로 선언한다. 제품 개발의 모든 단계가 혁신을 중심으로 이루어지고, 성과평가와 자금 활용에 있어서도 혁신이 고려되고, 조직문화와 조직구조 역시 혁신에 적합하도록 바뀐다. 대다수 직원이 혁신을 자신의 업무로 인식하고 적극적으로 참여한다.

레벨8 : 혁신 마스터

기업은 혁신을 중심으로 움직이고, 혁신을 능숙하게 진행하고, 혁신의 결과로 계속해서 성과를 낸다. 이 단계의 기업은 업계에서 '혁신 모범 사례'로 통하며, 다른 기업들이 혁신에 관해 배우려고 한다. 상장기업의 경우에는 연이어 나타나는 혁신의 성과로 증시에서 성장기업으로 인식된다.

혁신숙련도 등급 올리는 법

▶▶▶

혁신에 접근하는 법은 기업마다 다르지만, 숙련도 등급이 올랐다고 평가하기 위해 도달해야 하는 수준은 분명히 있다. 다른 역량과 마찬가지로, 혁신숙련도 역시 단번에 몇 등급을 올릴 수는 없다. 상당한 시간에 걸쳐 역량이 축적된 뒤에야 한 등급이 올라가는 것이 일반적이다. 위기의식이 강할수록, 자원을 더 많이 투입할수록 혁신숙련도가 올라가는 속도가 빨라진다.

이번 섹션에서 소개하는 각 혁신 등급의 목표는 해당 등급의 대표적인 특성이라 여겨지는 것일 뿐, 해당 등급에서만 배타적으로 나타나는 특성은 아니라는 점을 미리 언급해두고자 한다.

혁신을 추진하고자 하는 기업은 직원들을 대상으로 혁신을 추진하는 방법론에 관한 교육 훈련을 진행하는 것도 바람직하다. 직원들이 혁신에 익숙해지도록 만들 수 있기 때문이다. 혁신에 관한 방법론이나 개념을 다룬 책들을 중심으로 북클럽을 운영하는 것도 좋다. 스티브 블랭크, 밥 도프Bob Dorf[17], 알렉산더 오스터왈더Alexander Osterwalder, 예스 피그누어Yves Pigneur[18], 이언 맥밀런, 제나스 블록Zenas Block[19], 클레이튼 크리스텐슨[20], 신디 앨버레즈Cindy Alvarez[21], 커티스 칼슨Curtis Carlson[22], 그리고 나 같은 사람들이[23] 쓴 책들을 추천한다. 북클럽은 혁신 커뮤니티 같은 네트워크로 발전할 수도 있다. 기업 내 다양한 직급의 사람들이 참여하고, 나아가 다른 기업이나 다른 조직 사람들까지 참여하는 폭넓은 혁신 네트워크로 발전할 수도 있다.

레벨1 목표 : 혁신에 대한 관심 끌어내기

사실 레벨1 기업들은 자신들이 속한 업계나 시장의 성공방식을 완전히 바꿀 수 있는 변곡점의 발생을 인지하지 못했거나 부정하며, 따라서 혁신의 필요성을 전혀(혹은 거의) 느끼지 못할 것이다. 레벨1 기업에서 혁신숙련도를 높이고자 하는 리더는 우선적으로 이 일의 중요성이나 가치에 대한 인식을 조직 내에 확산시켜야 한다.

이 단계에서 중요한 것은 의사결정권이 있는 절대 다수가 "이대로는 안 된다"는 결론에 도달하는 일이며, 그렇기 때문에 분석적으로 접근할 필요가 있다. 현재 방식으로는 회사 목표에 도달할 수 없다는 인식은 변화를 이끌어내는 강력한 유인이 된다. 투자자가 우리 회사 주식을 어떻게 평가하는지를 생각해보는 방법도 있다. 이매지네이션 프리미엄Imagination Premium을 계산해보면, 투자자가 회사 경영진의 미래 대응을 어떻게 판단하는지 파악할 수 있다.

이매지네이션 프리미엄은 주가가 영업활동에 의한 현금 흐름과 미래 성장에 대한 기대치 가운데 어느 쪽에 더 큰 영향을 받고 있는지를 보여주는 지표다. 이매지네이션 프리미엄을 계산하려면 먼저 주가변동성을 나타내는 베타를 구한다. 회사의 주가변동성이 크면 베타가 크게 나온다. 베타가 큰 주식일수록 리스크가 크고, 그만큼 자본비용도 크다. 베타를 구한 다음에는 자본비용을 구하고, 이를 통해 영업활동에 의한 현금 흐름 기반의 주가를 구한다.

만약 현재 회사 주가가 이 현금 흐름 기반의 주가보다 높으면, 그 차액만큼을 성장 가치로 볼 수 있다. 여기서 성장 가치를 현금 흐름 기반의 주가로 나누면 이매지네이션 프리미엄이 나온다. 이매지네이션 프리미엄이 작으면 투자자들이 회사 경영진의 미래 대응을 부정적으로 본다는 신호다.

한때 빠른 성장세를 구가하던 음식 프랜차이즈 버펄로 와일드 윙스Buffalo Wild Wings는 2017년에 큰 주가 하락을 기록했다. 당시 이매지네이션 프리미엄은 -0.66이었는데, 이는 투자자들이 버펄로 와일드 윙스의 미래를 매우 부정적으로 봤다는 의미다. 바로 이런 상황에서 한 투자자가 적극적으로 나섰다. 그는 자신을 이사로 임명해줄 것을 요구했고, 이사가 된 다음에는 기존 CEO를 밀어낸 다음 버펄로 와일드 윙스를 다른 대형 음식 프랜차이즈로 편입시켰다. 매우 낮은 이매지네이션 프리미엄이 회사 전반에 강한 위기의식을 불러일으켰고, 강한 위기의식이 파격적인 변화로 이어진 것이다.[24]

현재 이루어지는 다양한 투자에 수반되는 불확실성을 인식하는 것도 혁신 필요성에 대한 인식으로 이어질 수 있다.[25] 기존 핵심 사업 외에 여러 신사업들을 진행해야 하는데, 이 신사업들이 기존 핵심 사업에 비해 확실성이 크게 떨어진다면 혁신은 필수적인 것이 된다. 6장에서 다룬 마이크로소프트의 변화가 그 전형적인 사례다.

시장 상황에 대한 분석도 있다. 클뢰크너의 경우, 기존 비즈니스 모델을 통해 고객들에게 충분히 만족스러운 서비스를 제공하고 있는지를 분석했다. 이때 고객들에게 충분히 만족스러운 서비스를 제공하지 못하고 있고 새로운 사업자가 나타나 시장을 잠식할 위험이 있다고 판단된다면, 그것은 조직에 대한 경고신호가 될 수 있다. "우리가 기존 틀을 깨지 않는다면 남들이 우리를 깨뜨릴 것이다." 이런 위기의식이 형성될 수 있는 것이다.

이런 분석적 접근법은 혁신숙련도의 어떤 레벨이든 유용하지만, 그때까지 혁신의 필요성을 인식하지 못한 레벨1에서 조직 전반에 위기의식을 끌어내는 데 특히 더 유용하다.

레벨2의 목표 : 혁신의 시작 및 기초 만들기

혁신숙련도 레벨1에서 레벨2로의 이동은 실제로 위기를 겪거나, 위기가 발생하리란 것을 인식하면서 이루어지는 경우가 많다.

클뢰크너의 경우, 몇 년에 걸쳐 계속해서 실적부진을 겪고, 다른 산업 분야에서 기존 사업자들이 누리던 확고한 기반을 새로운 디지털플랫폼이 금세 무너뜨리는 상황을 연달아 목격하면서 위기의식을 느꼈다.

이 위기의식이 혁신 동력이 됐다. 생활가전으로 유명한 월풀은 2000년에 데이비드 위트웜David Whitwam CEO가 이대로는 안 되겠다는 위기의식을 절감했고, 이후 꾸준히 혁신을 추진해오고 있다. 그는 백색가전 경쟁이 갈수록 치열해지는 상황에서 월풀 제품들이 타사와 특별히 구분되지 않는 정형화된 것뿐이라서 이대로 가다가는 소비자들에게 아무 매력을 주지 못하고 경쟁에서 밀려날 것이라고 판단했다.[26]

혁신숙련도 레벨2를 지나는 기업들은 '혁신극장'이라는 현상을 보이는 일이 많다. 그런데 혁신으로 사람들을 끌어모으기 위해서는 혁신 극장을 이용하는 것도 나쁘지 않다. 직원들에게 실리콘밸리를 탐방시키고, 혁신 워크숍을 열고, 혁신 아이디어 데이 같은 행사를 열어서 사람들 사이에 혁신에 대한 관심을 불러일으키고, 사람들을 혁신 의제로 끌어들일 수 있다면 바람직한 일이다.

클뢰크너도 처음 혁신을 추진한 때는 기대하는 성과를 이끌어내지 못했다. 하지만 이런 처음의 실패는 완전히 새로운 접근법에 대한 시도로 이어졌다. 독일에서 스타트업 창업이 가장 활발한 베를린에 혁신 프로젝트를 위한 사무실을 열었고, 혁신 팀에서 일할 직원들도 베를린에서 새로 채용했다.

1장에서 소개한 어도비의 킥박스 프로그램도 혁신극장 같은 것으로, 매우 낮은 비용과 단순한 절차를 통해 많은 직원을 혁신 프로세스에 관여시키는 효과를 만들어냈다.

레벨3의 목표 : 가능성 제시

레벨3부터는 조금 혼란스러운 상황을 맞을 수도 있다. 이 단계에서 사람들은 혁신이 중요하다는 것을 알고, 혁신에 대한 회사의 입장도 인지한다. 혁신에 대한 원대한 목표를 지향하고자 하는 욕구도 갖는다. 그러나 혁신숙련도가 낮은 조직이 원대한 목표를 추구할 경우, 참담한 실패로 이어지기 쉽다. 레브론의 바이탈 레이디언스Vital Radiance 화장품 시리즈, 오픈소스 제조 플랫폼을 지향했던 쿼키Quirky, 구글의 라디오 분야 진입 같은 혁신 시도들은 준비가 제대로 안 된 상태에서 이루어졌고, 전부 실패로 끝났다.

조직원 대부분이 아직 제대로 확인되지 않은 가정들을 사실로 인식하고, 리더들은 프로젝트 성공을 지나치게 확신하고, 소규모 시장 실험도 없이 과감하게 투자하고, 이런 분위기에서 "어뢰 따위 무시하고 전속전진!" 같은 방식으로 접근한다면 결과는 뻔하다. 혁신을 추진할 때 지나친 확신은 금물이다. 본격적인 혁신 시도에 앞서 제한적인 자원과 인력으로 혁신의 가능성을 확인하는 것이 순서다.

레벨3의 조직에서는 '스컹크 웍스Skunk Works'가 자주 목격된다. 개별 경영자 수준에서 관심 있는 신사업에 대한 소규모 실험이 조용히 진행되는 것이다. 스컹크 웍스란 명칭은 제2차 세계대전 당시 록히드마틴에서 진행한 전투기 개발 프로젝트에서 유래했다고 한다. 당시 록히드마틴의 전투기 개발 팀이 있던 곳 근처 플라스틱 공장에서 너무나도 지독한 악취가 뿜어져 나왔다. 그래서 개발 팀 사람들은 인기 만화〈릴 애브너Li'l Abner〉에 나오는 '스콩크 웍스Skonk Works'라는 냄새나는 작업장의 이름을 따서 자신들의 프로젝트를 '스콩크 웍스'라고 불렀고, 이윽고 '스컹크 웍스'로 바뀌었다.[27]

가끔 스컹크 웍스는 놀라운 결과물을 만들어낸다. 1981년에 출간된 트레이시 키더Tracy Kidder의《신기계의 혼The Soul of a New Machine》에는 소규모 컴퓨터 개발 팀의 놀라운 이야기가 나오기도 한다.[28] 그러나 개별 경영자 수준에서 진행되는 스컹크 웍스는 그 한계가 분명하다. 조직 내 정치 싸움에 엮이거나 충분한 자원이 공급되지 않으면서 그대로 사장되는 경우가 대부분이다.

스티브 블랭크는 스컹크 웍스의 존재 자체가 기업의 혁신숙련도가 낮다는 방증이고, 이런 기업에서는 혁신이 지속적으로 진행되지 못한다

고 지적한 바 있다.[29]

레벨4의 목표 : 혁신 제품의 비연속적 론칭

혁신숙련도 레벨4는 혁신 아이디어를 제품화하고 정식으로 론칭까지 할 수 있는 역량이 있다는 의미다. 혁신적인 아이디어를 맨 처음 내놓는 것도 중요하지만, 사실 맨 처음 버전은 그대로 제품화하기 어려운 경우가 대부분이다. 그래서 아이디어를 기반으로 시제품을 만들고, 시험하고, 고객들의 의견을 받고, 다시 시험하고, 검증하는 과정이 필요하다. 일반적으로 이런 과정을 '인큐베이션'이라고 부르고, 스티브 블랭크는 '고객 발견 프로세스'라고 불렀다.[30]

인큐베이션 다음에 이루어지는 제품 론칭을 나는 '가속화'라고 부른다. 자동차들이 제한속도로 쌩쌩 달리는 8차선 고속도로를 생각해보라. 신제품 론칭은 8차선 고속도로에 진입하는 것과 같다. 달리는 자동차들이 신제품이 들어오기 쉽도록 일부러 속도를 늦춰주는 일은 없다. 신제품이 시장에 무사히 들어가기 위해서는 처음부터 다른 자동차들과 같은 속도로 진입해야 하며, 이는 신제품을 개발하는 혁신 팀에게 너무나도 힘든 일이다.

처음 혁신 아이디어를 내놓고 이를 구체화하는 과정까지만 하더라도 '적당히 괜찮은' 기술이면 충분했다. 그러나 제품을 정식으로 출시하기 위해서는 모든 기술적 요건이 산업계의 요구에 부합해야 한다. 조직 내부적으로도 여러 가지 문제가 발생할 수 있다.

처음 사내 벤처를 만들고 제품을 개발하는 과정까지만 하더라도 회사에서 많은 것들을 용인해준다. 그러나 제품 출시를 위한 정식 조직이 되면 그때부터는 법무, 인사, 준법, 재무 등 후선조직들로부터 다양한 규제를 받고, 팀원들의 인사고과나 경력에도 신경을 써야 한다. 또한 예산을 수립하고, 관리를 받고, 실적을 내야 하는 의무도 생긴다.

혁신숙련도 레벨4 기업들은 아직 이런 상황들까지 능숙하게 다루는 수준은 아니며, 제품 가속화 프로세스의 설계는 기존 조직에서 분리된 상태로 진행된다.

레벨5(숙련도 형성)와 레벨6(숙련도 성숙)의 목표
: 시스템, 조직구조, 업무 프로세스 등의 정립

혁신숙련도 레벨5인 조직부터는 혁신과 관련된 활동에 상시적으로 예산이 배정된다. 사업 주기나 최고경영자의 선호도에 따라 혁신의 진행 여부가 결정되는 것이 아니라, 혁신이 일상적인 업무로 인식되는 것이 레벨5부터의 가장 두드러진 특징이다.

레벨5와 레벨6의 조직에서는 혁신이 일상적인 업무로 진행되기 때문에 혁신 시스템이 구체적으로 정립돼 있고, 조직원들은 이에 대해 의견을 제시할 수 있다. 경영진은 혁신 프로젝트들에 대한 지원, 방향전환, 중단 등의 결정을 내리고, 특히 투입 자원을 배분할 때도 혁신 프로젝트가 기존 핵심 사업들과 동등한 위치에서 판단한다. 그리고 혁신 프로젝트를 참여한 사람들에 대한 평가 시스템도 활용된다.

레벨5와 레벨6의 조직에서는 직원 대다수가 혁신 훈련 과정을 거치고, 누구라도 혁신 아이디어를 제안할 수 있는 장치가 마련돼 있다. 그리고 제안된 아이디어가 프로젝트 주제로 선정되는 과정이 투명하게 진행된다. 조직 내에서 진행되는 프로젝트들 간에는 필요한 경우 유기적인 협력이 이루어지고, 혁신 프로젝트에 대한 평가도 합리적으로 이루어지기 때문에 결과가 불확실하다는 이유로 혁신 프로젝트가 기피되는 상황도 최대한 억제된다.

혁신숙련도가 레벨5를 넘어가면 조직구조가 매우 유연해진다. 어떤 혁신 프로젝트가 기획되면 해당 프로젝트에 관한 최적의 인적 구성으로 팀을 꾸리고, 해당 프로젝트를 가장 잘 지원할 수 있는 방식으로 조직이 새롭게 구성된다. 그리고 경영진은 혁신 팀에 다양한 경력과 배경과 능력을 가진 사람들이 들어가도록 관심을 갖는다. 그래야 팀의 사고 폭이 넓고 유연해질 수 있기 때문이다.

레벨7의 목표 : 혁신의 제도화

혁신숙련도 레벨7에 이르면 기업의 브랜드와 혁신은 밀접하게 연결되고, 혁신 추구는 경영진의 주요 의제가 된다. 혁신의 성과는 경영진에 대한 보상 규모를 결정하는 핵심 요소가 된다. 새로운 혁신 아이디어를 제안하는 직원은 회사의 지원을 받으며 소규모 실험을 할 수 있고, 실험 결과에 따라 리더가 돼 혁신을 본격적으로 추진할 수 있다. 조직원 간 커뮤니케이션과 의사결정에 SNS가 적극적으로 활용되는 것도 레벨7 조직의 전형적인 모습이다.

레벨7이 되면 기업의 혁신 스토리가 만들어진다. 그리고 혁신을 위한 자체적인 테크놀로지 플랫폼이(혁신 운영 시스템 같은) 생긴다. 레벨7의 기업들은 성과를 내는 중에도 계속해서 핵심 사업에 대한 변화를 추구한다.

다양하게 진행되는 혁신 프로젝트들, 혁신에 적합한 조직구조와 펀딩 프로세스, 직원들을 대상으로 하는 효과적인 혁신 교육 과정, 혁신의 결과물인 새로운 제품과 서비스를 좋아해주는 고객들, 이런 것들이 혁신 숙련도 레벨7 기업들의 특징이다.

레벨8의 목표 : 지속적인 조직 혁신

혁신숙련도 마스터 단계에 이르렀다고 해서 그 상태가 저절로 유지되는 것은 아니다. 이 단계에 이르면 혁신에 있어 효과적인 방식은 유지하고, 조직의 혁신역량을 떨어뜨리는 요소는 지속적으로 덜어내야 한다. 그런데 어떤 기업들을 보면, 최고경영자가 바뀔 때 효과적인 혁신 시스템을 버리는 경우가 있다. 그런 일이 일어나면 반드시 몇 년 뒤에 "X 기업에 도대체 무슨 일이?" 같은 제목으로 해당 기업의 몰락에 관한 기사가 난다.

최고경영자 입장에서는 효과적인 혁신 시스템이라 하더라도 자신이 직접 관여하지 않았다면 평가절하를 하려는 경향을 갖기 쉽다. 전임 CEO가 만들었다는 혁신 시스템보다는 단기실적을 높이는 일에 집중하는 것이다. 게다가 주식시장은 당장에 실적을 내는 경영자들에게 큰 보상을 해준다.

나는 주식시장 제도 가운데 자사주 매입을 상당히 부정적으로 본다. 자사주 매입이 기업의 혁신역량을 갉아먹기 때문이다. 자사주 매입을 하면 주가가 오르고, 주주가 이익을 얻고, 경영진 보너스 지급이 주가와 연동된 경우에는 경영진도 이익을 얻는다. 그러나 자사주 매입에 투입된 자금은 미래를 위한 투자에 쓰이는 것이 아니다.[31] 혁신숙련도 레벨8 기업이 혁신숙련도를 계속 유지하기 위해서는 장기적인 관점에서 기업의 미래 성장을 중시하는 사람이 리더가 될 필요가 있다.

성장의 길
▶ ▶ ▶

클뢰크너도 처음에는 그랬지만, 혁신을 추진하려는 기업들은 단번에 높은 혁신역량을 갖게 되기를 바란다. 그러나 그런 일은 거의 없다. 학습과 경험을 거쳐야 혁신역량을 얻을 수 있다. 클뢰크너만 하더라도 혁신역량을 갖기 위한 최초의 시도는 실패로 끝났고, 베를린에서 작은 사무실을 여는 것부터 단계적으로 역량을 높여나갔다.

기스베르트 뤼홀이 클뢰크너 CEO가 되던 2009년만 하더라도 철강기업들은 거의 다 혁신숙련도 레벨1이었을 것이다. 느리고, 보수적이고, 전통적인 것이 철강산업의 특징이었다. 그러나 2008년 금융위기 이후 극심한 경기침체와 중국 철강기업들의 적극적인 해외시장 진출로, 뤼홀을 비롯한 클뢰크너 경영진은 기존 비즈니스 모델로는 클뢰크너의 미래가 불투명하다는 결론에 이르렀다. 잘 보이지 않는 먼 곳을 내다봐야 할 때가 온 것이다.

클뢰크너가 혁신숙련도 레벨1에서 레벨2로 올라선 것은 디지털플랫폼에 대한 최고경영자 뤼홀의 관심 덕분이었다. 클뢰크너는 처음에는 기존 조직의 시스템 안에서 혁신을 추진하려 했으나 실패했고, 기존 철강조직과는 완전히 다른 식으로 움직이는 혁신 팀을 본사와 먼 베를린에 만들고 나서야 목표에 다가설 수 있었다. 클뢰크너는 혁신숙련도를 계속 높여나갔고, 혁신숙련도 레벨3~4를 거치면서는 베를린 혁신 팀의 방식을 본사로 이식하는 작업에 들어갔다. 클뢰크너는 조직의 혁신숙련도를 높여나가기 위해 수평적인 커뮤니케이션을 권장했고, 혁신을 위한 교육 훈련을 상시적으로 시행했고, 혁신에 참여한 직원들은 중추적인 역할을 수행하지 않았다 하더라도 상당한 이익을 취할 수 있도록 했다.

지금처럼 디지털화 기반의 혁신을 계속 이끌어간다면 클뢰크너는 앞으로도 꾸준히 혁신숙련도를 높여가게 될 것이다. 그리고 철강산업의 변곡점을 지나면서 더 큰 성장의 과실을 누리게 될 것이다.

우리가 이 장에서 배운 것들

변곡점을 헤쳐 나간다는 것은 매우 까다로운 2가지 과제를 동시에 수행해야 함을 의미할 때가 많다. 기존 핵심 사업의 경쟁력을 제고하면서 동시에 미래의 시장 상황에 맞는 새로운 역량을 창출해야 하는 것이다.

디지털혁명은 서로 다른 업종 간 협업으로 이어지는 경우가 많다. 이제는 업종 간 경계를 다시 생각해야 하며, 기존의 진입장벽에 기대는 식의 전략은 더 이상 유효하지 않다.

기존 솔루션이 고객 요구를 충분히 해결해주지 못하는 상황이 이어진다면 새로운 진입자가 나타나 시장을 잠식할 수 있다.

혁신이 성공하기 위해서는 혁신조직에서 일하는 사람들에게 적합한 평가 및 인센티브 제도를 개발하고 운용할 필요가 있다.

업무용 SNS, 다양한 차원의 교육 훈련, 역량 계발 기회 같은 수단들이 조직의 수직구조를 허무는 데 도움이 될 수 있다.

혁신숙련도를 높이기 위해 기존 업무방식을 전부 새롭게 바꿔야 할 수도 있다. 하지만 오랫동안 유지돼온 기존 전제들, 보상제도, 조직구조 등에 대한 변화는 강력한 내부 반발이 뒤따르며, 최고경영진 차원의 적극적인 조정이 개입돼야 한다.

08

변곡점 앞에 선
리더가 해야 할 일

나는 여대는 절대 가지 않으려 했다. 하지만 결국 여대로 유명한 세븐 시스터스Seven Sisters 가운데 하나인 바너드칼리지에 입학했다. 바너드칼리지에 입학하면 뉴욕 생활을 즐길 수 있다, 자매학교인 컬럼비아대학에서 수업을 듣거나 동아리 활동을 할 수 있다, 바너드칼리지는 교육 과정이 매우 충실하다는 부모님의 이야기에 설득된 것이다. 그렇게 나는 여고생 입장에서 4년 동안의 수녀원 생활처럼 여겨지던 여대 생활을 받아들이기로 한 것이다.

물론 고등학생 시절의 내 생각은 완전히 잘못된 것이었다. 바너드는 내 인생을 바꿨다. 내 딸이 대학을 선택할 때가 되자 나 역시 바너드를 추천했고, 딸도 결국 바너드 학생이 됐다. 너무나도 자랑스러웠다. 여대 생활, 여대 교육과정, 여성교육 등에 관해 긴 이야기를 풀어놓고 싶지만, 이번 장의 주제와 별로 관련이 없으니 참도록 하겠다.

이번 장에서는 변곡점을 앞둔 조직에서의 리더십을 논하려 한다. 바너드칼리지의 자매학교인 컬럼비아대학의 경영대학원, 즉 컬럼비아 비즈니스 스쿨에서 있었던 일이 이야기의 출발점이다.

위민 인 리더십 프로그램이 탄생하기까지

▶▶▶

2016년, 컬럼비아 비즈니스 스쿨의 수업 프로그램 개발 팀 사람들이 나를 찾아왔다. 바너드칼리지의 어시너센터Athena Center 사람들과 새로운 프로그램에 관해 계속 이야기를 나누고 있었다고 했다.

어시너센터는 데버라 스파Debora Spar 바너드칼리지 총장 주도로 설립된 리더십센터다. 스파 총장은 원래 하버드 비즈니스 스쿨에 있다가 바너드칼리지로 자리를 옮겼는데, 바너드칼리지가 자랑하는 교양학문 커리큘럼에 더해 리더십 과정을 만들고 싶어 했다. 어시너센터는 조직 내에서 여성들의 직업적 성장을 도와줄 프로그램들을 개발해 운용하고 있다. 바너드칼리지와 좋은 관계를 맺고 있는 기업, 여성 문제에 특별한 관심을 갖고 있는 기업이 어시너센터와 협업하고 있다.

컬럼비아 비즈니스 스쿨의 수업 프로그램 개발 팀 사람들은 여성 리더십 프로그램을 만들어 자유등록제로(사회인들이 쉽게 등록할 수 있도록) 운용하고 싶어 했다. 이 여성 리더십 프로그램의 관리와 홍보를 내가 맡고 있는 컬럼비아 비즈니스 스쿨의 이그제큐티브 에듀케이션 그룹Executive Education Group에서 맡아주기를 바랐다. 이 자유등록제의 여성

266

리더십 프로그램에는 바너드 교수진이 참여하고, 바너드의 이름이 쓰이고, 바너드의 시설도 활용된다고 했다. 바너드의 캠퍼스는 꽤 멋있고, 거기 걸린 그림들도 마음에 들 거라고 생각한다!

프로그램 개발 팀은 새로운 프로그램을 위한 준비를 상당히 진행했지만, 프로그램 책임자를 아직 구하지 못하고 있었다. 프로그램의 얼굴이 되고, 교직원을 최종적으로 선발하고, 전체적인 커리큘럼을 설계하고, 프로그램 참가자들이 존경할 수 있는 누군가가 필요했던 것이다. 자신의 전공 분야에서 이름을 알린 명사라면 더 좋을 것이다. 사실 우리 교수진 중에는 젠더문제와 여성문제에 관해 활발하게 활동하는 유명한 분들이 여럿 있었지만, 그들은 새로운 프로그램의 책임자가 될 생각이 없다고 했다. 프로그램 개발 팀은 계속해서 책임자를 물색했다.

그러다가 프로그램 개발 팀의 누군가가 내 약력을 읽고, 마침 내가 꽤 열심히 활동하는 동문이라는 사실을 발견했다. 처음 개발 팀에서 찾아왔을 때 나는 여성의 사회적 지위라든가 젠더문제에 관해서는 별로 아는 것이 없다고 말했다. 게다가 2016년에 도대체 왜 여성 전용 리더십 프로그램이 필요하냐고 되묻기까지 했다.

프로그램 개발 팀은 온갖 자료를 가져다줬다. 유능한 여성이 조직에서 승진하지 못하고 밀려나는(유능한 여성이 이끄는 조직이 경쟁에서 밀려나는) 수많은 실제 사례들에 관한 자료였다. 나는 여성 전용 리더십 프로그램이 필요하다는 결론에 이르렀다. 솔직히 말해 여성들이 조직에서 겪는 상황에 조금 화가 나기까지 했다.

"좋습니다. 한번 해봅시다." 나는 대답했다. 그렇게 해서 만들어진 프로그램이 '위민 인 리더십Women in Leadership'이다.

위민 인 리더십 과정의 론칭 행사에는 낸시 매킨스트리^{Nancy McKinstry} 볼터스 클루베^{Wolters Kluwer} CEO, 샤론 프라이스 존^{Sharon Price John} 빌드 어 베어 워크숍^{BuildA-Bear Workshop} CEO, 글렌 허버드^{Glenn Hubbard} 컬럼비아 비즈니스 스쿨 학장, 데버라 스파 바너드칼리지 총장을 비롯해 많은 명사가 참석했다. 그리고 얼마 뒤 미투운동이 터졌다. 2016년에 왜 여성 전용 리더십 프로그램이 필요하냐고 물었던 내 생각은 완전히 잘못된 것이었다.

새로운 리더십이 필요하다

▶ ▶ ▶

나는 위민 인 리더십 프로그램의 책임자로 일하면서 많은 것들을 새롭게 알게 됐다. 한번은 샐리 헬게슨^{Sally Helgesen} 리더십 코치에게 특강을 부탁한 적이 있다. 샐리 헬게슨은 마찬가지로 리더십 코치인 마셜 골드스미스^{Marshall Goldsmith}와 함께 베스트셀러 《내_일을 쓰는 여자^{How Women Rise}》를 쓰기도 했다. 그녀의 강의는 매우 인상적이었다. 그녀는 수십 년 전부터 여성 리더들에 관한 책을 쓰면서 많은 여성 리더를 가까이에서 관찰했다고 했다.[2]

강의에서 헬게슨은 이렇게 말했다. "1990년대 이후로 우리가 관찰해온 바에 의하면, 여성 특유의 리더십은 빠른 변화와 불확실성이 특징인 오늘날의 기업 환경에서 요구되는 리더십과 정확히 일치합니다." 정말 그런가? 여성 리더들은 기존의 낡은 모델과 잘 맞지 않았고, 그래서 새로운 리더십 모델을 스스로 만들어낼 수밖에 없기라도 했단 말인가?

헬게슨의 연구에 따르면, 여성 리더들은 한 가지 목표만 끝까지 추진하기보다는 다양한 프로젝트들에 관여하는 경향을 보였다. 수직구조를 만들기보다는 다양한 네트워크를 만들고 그 일원이 되는 것을 선호했다.[3] 여성 리더가 이끄는 조직에서는 정보가 개방적으로 유통되고, 리더는 지시를 내리는 사람이 아니라 소통하고 이끄는 사람으로 받아들여졌다. 여성 리더가 이끄는 조직에서도 최종 판단과 결정은 리더가 하지만, 업무를 가장 잘 아는 실무자들에게 상당한 권한을 이양해주는 것도 특징으로 나타났다.

매우 익숙한 서술이었다.

이는 뛰어난 성과를 이끌어내는 오늘날의 리더들에게서 나타나는 특징이다. 남자든 여자든 말이다. 보잉과 포드의 체질을 완전히 바꿨다고 평가받는 앨런 멀러리Alan Mulally 회장은 경영진에서의 자기 역할을 "촉진자"라고 말한 바 있다. 알 카에다와의 전쟁을 승리로 이끈 스탠리 맥크리스털Stanley McChrystal 장군은 구성원 간 "의식의 공유"와 신뢰가 중요하다면서, 문제 상황에 가장 가까이 있는 사람이 결정을 내릴 수 있어야 한다는 점을 강조했다. 계급에 상관없이 말이다. 마크 베르톨리니Mark Bertolini 애트나 회장은 경제적으로 어려운 직원이 많다는 사실을 알자, 이사회의 반대에도 불구하고 직원 최저임금을 인상하고 의료혜택을 늘렸다. 이는 여성형 리더십이 아니라 새로운 리더십이며, 새로운 리더십 모델에 대한 요구는 점점 더 현실이 되고 있다.

리더십과 변곡점의 관계

▶▶▶

다가오는 변곡점을 파악하고 이에 대응하는 일련의 과정은 최고경영자 한 사람의 능력으로 어떻게 해볼 수 있는 것이 아니다. 지금까지 계속 이를 강조해왔다.

제프 베조스도 지적했듯 변곡점의 출현을 알아보는 것 그 자체는 그렇게 중요하지 않다. 중요한 것은 변곡점이 만들어낼 변화를 파악하고, 대응전략을 마련하고, 계획을 추진하고, 변곡점을 지난 이후에 더욱 강력한 기업으로 거듭나는 일련의 과정이다. 이를 위해서는 장기적으로 기업의 미래를 바라보고, 단기성과의 부진을 감내하는 전략적 사고도 필요하다.

리더로서 여러분은 변곡점이 만들어낼 수 있는 변화를 다양한 관점에서 바라볼 필요가 있다. 그런 다음 대응전략을 종합적으로 판단해야 하는데, 이때 변곡점 발생을 인지했다고 해서 확실한 판단을 내릴 수 있는 것은 아니다. 그러고 나서 전략을 토대로 조직의 변화를 이끌어내야 하는데, 이 역시 쉽지 않다. 조직원들에게 익숙하고 당연한 기존 방식이라는 것이 있기 때문이다.

게다가 조직원들은 변곡점을 실제로 경험하고 있는 것도 아니고, 기존 방식을 고수할 때 더 큰 보상을 받기 때문에 변화에 동참할 유인이 없다. 그들에게 기존 방식이나 모델을 버리고 새로운 변화에 동참해달라고 하는 것은 너무나 무리한 요구다.

눈이 가장자리에서 가장 먼저 녹는 것처럼, 가장자리에서 나오는 메시지를 파악할 줄 알아야 한다. 변곡점을 의미하는 최초의 신호들은 매우 미약하기 때문에 이를 파악하기 위해서는 많은 눈과 귀가 필요하다. 그런데 조직 내의 누군가가 변곡점에 관한 중요한 정보를 파악했다 하더라도 이를 최고경영진 쪽으로 올려 보낼 장치가 없다면 조직으로서는 큰 손해가 아닐 수 없다. 리더는 조직원들이 파악한 변곡점 관련 정보가 왜곡 없이 조직의 의사결정기구로 올라갈 수 있도록 다양한 장치를 마련할 필요가 있다.

기업이 수용하던 기존 전제, 상식으로 통하던 기존 방식이 더 이상 유효하지 않을 때, 조직원은 리더에게 이 상황을 두려움 없이 알릴 수 있어야 한다. 또 고객의 고통 포인트나 욕구를 정확하게 파악하기 위해서는 리더가 직접 고객과 만나고 공감할 수 있어야 한다.

불확실성이 높은 상황에서도 혁신에 도전하는 조직문화를, 그리고 혁신을 위한 장치를 만들기 위해서는 최고경영진의 적극적인 개입이 필요하다.

조직의 변화를 효과적으로 이끌어내기 위해서는 구성원 모두가 공통의 목표를 인지하고 같은 방향으로 나아가야 하며, 여기에서도 최고경영진의 역할이 중요하다. 마이크로소프트의 변화를 이끌어낸 사티아 나델라를 생각해보라. 그리고 혁신을 추진할 때 조직 내 갈등을 최소화하기 위해서는 기존 사업들과 그 사업에 속한 사람들을 존중할 필요가 있다. 7장에서 논한 클뢰크너의 사례를 생각해보라.

지금까지 이야기한 요소들을 갖춘 조직, 즉 가장자리에서 나타나는 변곡점의 징후를 빠르게 파악하고, 이에 효과적으로 대응할 수 있는 조직을 만들기 위해서는 어떻게 해야 할까?

이어지는 부분에서는 게일 굿먼Gail Goodman 콘스턴트 콘택트Constant

Contact CEO의 이야기를 소개하려 한다. 그녀는 한 작은 스타트업을 성장시켜 증시에 상장시키고 그 후에도 계속해서 기업을 발전시켜온, 우리가 본받을 만한 리더다.

창업 초기의 힘든 시기를 극복하는 법

▶▶▶

이메일마케팅 회사 콘스턴트 콘택트는 변곡점에 효과적으로 대응한 덕분에 스타트업에서 상장기업으로, 그리고 업계 최고 기업으로 끊임없이 발전해오고 있다. 콘스턴트 콘택트는 혁신역량의 지속적인 제고가 어떤 결과로 이어질 수 있는지를 잘 보여주는 사례다.

게일 굿먼이 메사추세츠 브루클린에 있는 로빙 소프트웨어Roving Software라는 임직원 7명이 전부인 스타트업에 합류한 것은 1999년의 일이다. 그녀는 곧바로 그 작은 스타트업의 CEO가 됐다. 로빙 소프트웨어는 기업 마케팅용 소프트웨어를 개발하고 있었는데, 아직 정식으로 제품을 출시하지는 못하고 있었다. 굿먼은 2013년의 한 언론 인터뷰에서 이렇게 말했다. "제가 그 회사에 합류한 것은 제품 출시 전, 매출 발생 전, 펀딩 전이었습니다."[4]

드디어 이메일마케팅 소프트웨어 제품을 출시한 로빙 소프트웨어는 아직 고객기반이 없었기에 접근이 용이한 소기업들을 대상으로 했고, 이용료도 월 30달러 정도로 매우 낮게 제시했다. 절대로 이익을 낼 수 없는 가격이었지만, 고객기반을 늘리기 위해 우선은 어쩔 수 없었다. 나중에 굿먼은 이렇게 말했다. "투자자들은 난리가 났습니다. 하지만 이런 사업을 처음 시작할 때는 수학이라는 게 작동하지 않죠."

1999년은 소프트웨어 사용의 대가로 월 이용료를 받는 비즈니스 모델, 이른바 SAAS^Software As A Service 모델이 생소할 때였다.

굿먼은 이렇게 말했다. "이익을 낼 수 있을 정도로 고객기반을 늘리기까지 아주 오랜 시간이 걸릴 것이다. 그와 같은 비즈니스 모델은 느린 죽음으로 이어질 뿐이다. 이것이 우리 투자자들의 시각이었습니다."

2000년 10월, 로빙 소프트웨어는 클라우드 기반 소프트웨어를 출시했다. 하지만 고객기반 증대 속도는 여전히 느렸다. 그래도 어떤 계기에 의해 변곡점이 만들어지면 고객기반은 폭발적으로 늘어날 수 있다는 것이 로빙 소프트웨어 사람들의 생각이었다.

그러나 그런 기대는 이루어지지 않았다. 굿먼은 하키스틱 그래프와 같이 단번에 위로 상승하는 그래프를 기대했지만, 그냥 똑같은 상황만 몇 년 동안 반복되고 있었다고 말했다.

아레나의 재정립

로빙 소프트웨어는 2004년에 콘스턴트 콘택트로 사명을 바꿨다. 그리고 아레나맵 재정립을 통해 폭발적인 고객기반 증대를 이뤄냈다. 당시의 일에 대해 게일 굿먼은 이렇게 말했다. "우리는 제품 개발 단계부터 고객들을 고려했습니다. 제품에 관해 많은 사람들과 대화를 나눴고, 생애 비즈니스 가치에 대해 생각했습니다."

폭발적인 고객기반 증대에 따라 매출 역시 폭발적으로 증가했고, 이를 토대로 콘스턴트 콘택트는 성장을 위해 과감하게 투자했다. 그리고 얼마 뒤에는 그토록 기대하던 변곡점을 맞이했고, 사업이 본격적인 성공가도에 올랐다. 굿먼은 2012년의 한 인터뷰에서 이렇게 말했다. "올해 우리 매출은 2억 5,000만 달러를 넘어설 것입니다. …… 월 이용료는 39달러를 받을 것입니다."

이런 성취는 우연히 일어나는 것이 아니다. 콘스턴트 콘택트가 스타트업 창업 이후 17년 만에 업계 최고 기업이 될 수 있었던 것은 게일 굿먼 CEO의 협력적 리더십이 있었기 때문이다.

협력적 리더십의 추구

게일 굿먼은 로빙 소프트웨어에 합류하기 전, 여러 기업에서 다양한 경험을 했다. 2018년 9월, 굿먼이 나와 대화를 나누다가 이런 말을 했다. "저는 로빙 소프트웨어에서 처음 CEO가 됐어요. 그때까지 일한 회사에서는 협력적 관계를 보여주는 경영진을 본 적이 없었죠. 모두가 같은 방향으로 함께 일하는 경영진 말이에요. 저는 로빙 소프트웨어에서 다르게 일하고 싶었습니다. 경영진 내부에서 갈등이 일어나면 그건 엄청난 자원 낭비로 이어집니다. 함께 협력적으로 일해야 자원을 훨씬 더 효과적으로 활용할 수 있죠."[5]

CEO의 핵심 역할 : 함께 협력적으로 일하는 경영진

결국 조직은 리더가 이끄는 방향으로 나아가게 마련이다. 게일 굿먼은 말했다. "리더로서 내릴 수 있는 가장 중요한 투자 결정 가운데 하나는 자신의 시간을 어디에 쓰는지 하는 것입니다."

우리가 일반적으로 생각할 수 있는 전통적인 톱다운 리더십과 달리, 굿먼은 다양한 직원들이 공통의 인식을 바탕으로 협력적으로 일할 수 있도록 조정하고 촉진하는 것이 CEO의 역할이라고 생각했다. 그녀는 오직 CEO만이 이런 역할을 할 수 있다고 여겼다. 이에 관해 그녀는 다음과 같이 말했다.

기업의 성공을 결정하는 중요한 '스윙보트swing vote' 같은 요소가 바로 경영진의 역량입니다. 여기서 중요한 것은 경영자 개개인의 역량이 아니라 경영진이라는 팀이 만들어내는 역량입니다. 콘스턴트 콘택트는 경영진 수준에서, 그다음 단계의 리더십 수준에서, 또 그다음 단계의 리더십 수준에서 훌륭한 팀을 만들어내기 위해 말도 안 되게 엄청난 시간을 투자해왔습니다. 왜 그랬을까요? 저는 콘스턴트 콘택트에 합류하기 전 여러 기업에서 일했습니다. 제가 본 경영진은 서로 협력하지 않고 다투기만 했습니다. 그런 상황이 만들어내는 부정적인 효과는 이루 말할 수가 없겠죠. 조직 내에 혼란이 생기고, 자원이 낭비되고, …… 다들 그게 낭비란 걸 알면서도 그런 상황을 막지 못하고, 그럼 결국 엄청난 낭비가 초래됩니다. …… 모든 팀원이 같은 방향을 바라보고, 조직의 우선순위를 인지해야 조직 내 혼란을 예방할 수 있습니다.[6]

콘스턴트 콘택트는 1년에 몇 차례 팀워크를 위한 워크숍을 진행한다. 이 워크숍을 하는 이유는 팀의 방향성을 만들어내기 위해서다. 워크숍의 최우선 목표는 전략 공유다. 굿먼은 전략을 이렇게 설명한다. "우리의 고객이 누구인지, 우리가 제공하는 솔루션이 뭔지, 우리만의 경쟁우위가 뭔지 등을 규정하는 것이 바로 전략입니다."

그녀는 임직원들이 회사의 전략을 명확하게 인식하지 못하면 여러

가지 문제가 생긴다고 말했다. 불필요한 작업들을 하게 되고, 많은 사람들이 자신이 왜 이 일을 하는지 모르게 된다는 것이다.

콘스턴트 콘택트에서 진행하는 워크숍의 2번째 목표는 조직문화 공유다. 임직원들이 회사의 미션, 비전, 가치관 등을 분명하게 인식하도록 하는 것이다. 굿먼 자신도 콘스턴트 콘택트의 미션과 비전과 가치관을 항상 기억하고 있으며, 다른 임직원들 모두 그렇게 할 수 있어야 한다는 것이 그녀의 생각이다.

콘스턴트 콘택트에서 진행하는 워크숍의 3번째 목표는 우선순위 정립이다. 회사 사업에서 더 중요한 것이 뭔지, 일의 우선순위가 뭔지 임직원 모두가 알고 있어야 한다는 것이다.

패트릭 렌치오니Patrick Lencioni는 《무엇이 조직을 움직이는가The Advantage》에서 이런 요소들이 기업의 힘을 만들어내는 "전투 함성" 같은 거라고 했다.[7]

게일 굿먼은 이렇게 말했다. "이런 워크숍을 통해 임직원들은 회사의 전략이 뭔지, 우선순위가 뭔지를 알게 됩니다. 8가지 일을 적당히 하는 것보다는, 두세 가지 일을 완전하게 옳은 방향으로 해내는 게 언제나 더 낫습니다." 경영진의 역할은 중요한 결정을 내리는 것인데, 그런 결정은 회사가 추구하는 비전이나 전략 같은 방향성을 갖는 것이어야 한다. 그리고 이런 역량은 우연히 저절로 갖춰지지 않는다.

피드백을 수용하는 리더십
굿먼은 다른 임직원을 통해 전해지는 피드백을 수용해 자신의 행동에 변화를 준다. 이 역시 전통적인 톱다운 리더십과 다른 굿먼의 리더십이다. 굿먼은 다른 사람들이 전해주는 피드백이 자신을 올바르게 인도한다고 믿으며, 피드백은 자신을 비춰주는 거울 같은 것이라고 말한 바 있다.

굿먼은 자신에 대한 다른 사람들의 피드백을 얻기 위해 스스로 많이 노력했다고 말했다. 하지만 피드백이 얼마나 도움이 되는지를 인식하는 사람이 별로 없어서 처음에는 많이 당황스러웠다고도 했다.

사람들은 자신의 단점이나 약점을 좀처럼 알아보지 못한다는 것이 굿먼의 생각이었다. 그러면서 자신의 단점 가운데 하나가 조급함이었는데, 그런 자신의 모습을 꽤 오랫동안 모르고 지냈다고 했다. "제 조급한 모습이 회사에 매우 부정적인 영향을 만들어내고 있었습니다. 누가 프레젠테이션을 하면 그걸 듣고 있다가 팔을 살짝 휘젓는 겁니다. 발표자에게 '알았어, 알았어, 빨리 해'라고 말하는 것과 마찬가지였죠. 사실 변명을 좀 하자면, 발표자에게 호응하는 모습을 보여주고 싶어서 그랬던 면도 있습니다.

하지만 발표자 입장에서는 그런 모습이 결코 유쾌하지 않죠. 첫째, 그건 발표를 가로막는 것과 같습니다. 둘째, 발표자를 존중하는 태도가 아닙니다. …… 하지만 정말로 나쁜 부분은 사람들이 제 앞에서 자기 의견을 발표하기를 꺼리게 됐다는 점이었습니다. 제 그 부정적인 태도 때문에 말입니다. 그 사람들은 회사의 미래이고, 저는 그들을 만나서 이야기를 들어야 하는데, 그렇게 할 수 없게 된 것입니다. 저는 달라져야 했습니다."

굿먼은 자신의 나쁜 습관을 고치기 위해 회사 바깥에서 피어멘토링 그룹의 일원이 돼 사람들과 대화하기 시작했다. 그 그룹 사람들은 정기적으로 만나 대화를 나누고 서로에게 피드백을 해줬다. 대화는 이런 식이었다. "지난 분기에는 어디에 가보셨습니까? 이번 분기에는 어디에 가보고 싶으세요?"

오늘날 콘스턴트 콘택트의 경영진 내에는 다른 사람들의 피드백을 수용하는 문화가 정착돼 있다. 그들은 개인의 성과, 조직의 성과, 서로에 대한 협력적 태도 등에 관한 피드백을 주고받는다.

굿먼은 이렇게 말했다. "CEO로서, 리더로서, 저는 제가 팀의 협력에 기여하고 있는지를 계속해서 살펴봐야 합니다. 팀이 제대로 돌아가지 않고 있다면, 그건 바로 CEO인 저 때문이죠. CEO로서 제가 팀의 갈등을 해결하지 못하거나, 팀원들의 이야기를 듣지 않고 있거나, 협력적이지 않은 태도를 보이는 팀원에게 제대로 지적하지 못하고 있기 때문에 팀이 제대로 돌아가지 않는 겁니다. CEO의 핵심적인 책임 가운데 하나는 팀을 팀처럼 움직이도록 만드는 것입니다. 이건 누가 가르쳐주는 게 아닙니다. 그리고 팀을 팀처럼 움직이도록 만드는 작업은 상당한 시간이 걸립니다."

굿먼은 회사 전략이 제대로 추진되기 위해서는 임직원 간 커뮤니케이션이 중요하다고도 말했다. 회사의 미션, 비전, 가치관, 우선순위, 핵심 안건 등에 관한 끊임없는 커뮤니케이션이 중요하다는 것이다. 리더의 일방적인 지시는 커뮤니케이션이 아니다. 커뮤니케이션의 핵심은 상호존중이고, 직원들이 커뮤니케이션 내용을 자신의 것으로 받아들이기 위해서는 자발적인 커뮤니케이션 참여가 필요하다. 굿먼은 이렇게 말했다. "직원들이 지시를 받는다고 해서 회사 전략을 자신의 것으로 받아들이는 것은 아닙니다."

굿먼에 따르면 피드백은 선물인데, 리더가 되면 그 선물을 받기보다는 주는 편을 선호한다고 한다. 조직에서 더 높은 직급으로 올라갈수록 솔직한 피드백은 더 멀어진다. 하지만 리더들이 나서서 이런 상황을 막아야 한다는 것이 그녀의 생각이다.

선행지표들에 집중하다

뛰어난 성과를 창출해낸 여느 리더들과 마찬가지로 굿먼 역시 선행지표들을 중시했다. 콘스턴트 콘택트의 전략은 중소기업들을 중심으로 고객기반을 확대하고, 이를 통해 고객 수를 늘리는 것이다. 따라서 고객기반이 중요한 선행지표가 된다.

게일 굿먼은 이렇게 말했다. "우리 회사의 모든 임직원이 고객기반 관리의 중요성을 알고 있습니다." 사티아 나델라 마이크로소프트 CEO도 선행지표를 중시하는데, 그가 중시하는 선행지표는 '고객 사랑'이다. 고객 사랑이 결국에는 높은 매출과 이익으로 이어진다는 것이다.

누가 콘스턴트 콘택트의 성공 비결을 물으면, 굿먼은 고객들에 대한 자사 임직원들의 열정을 꼽는다. "우리가 제공하는 가치를 고객들이 인정해주기 때문입니다. 우리는 중소기업들을 돕는 일에 사명의식을 갖고 있습니다. 우리 서비스로 인해 고객들의 매출이 증가하는 모습에서 큰 보람을 느낍니다. 우리는 매주 고객들의 성공 스토리를 공유합니다. 바로 거기에서 우리의 가치를 찾을 수 있기 때문입니다."

앞서서 변화하라

게일 굿먼은 변화하는 환경에서의 리더십과 변화하지 않는 환경에서의 리더십은 달라야 한다고 말한다. 2018년, 나와의 대화에서 그는 이 렇게 말했다. "사업 환경이 변하지 않는다면, 기업도 굳이 변화를 추구 할 필요가 없죠. 그런 때의 리더십은 관리 중심으로 움직이면 됩니다. 하 지만 사업 환경이 변하고 있다면, 변화에 앞서 선제적으로 움직이거나 변화에 대응해야 하죠. 이런 식의 움직임을 CEO 혼자서 끌어낼 수는 없 습니다. 조직의 리더들이 함께 움직여야 하고, 그렇다면 리더들은 왜 변 해야 하는지를 이해하고 있어야 합니다. 우리는 지금 뭘 해야 하는가? 이때의 목표는 뭔가가 잘못됐음을 검증하는 것이어서는 안 됩니다. 처 음부터 올바른 방식을 찾아야 합니다."[8]

계속해서 변하는 리더십이란?

▶ ▶ ▶

제이 부르주아Jay Bourgeois와 데이비드 브로드윈David Brodwin은 1984년부 터 다양한 유형의 리더십을 연구해오다가(1984년은 리더십 코치로 유명한 셜리 헬게슨이 리더십 연구를 시작하기도 전이다), 전통적인 유형의 리더십 과는 상당히 다른 리더십을 발견했다.[9] 이들은 그 생경한 리더십에 '계 속해서 변하는 리더십crescive leadership'이라는 이름을 붙였다.

부르주아와 브로드윈은 계속해서 변하는 리더십을 이렇게 설명했 다. "계속해서 변하는 리더십에서 CEO의 역할은 계획 입안에서 목표 설 정과 선택으로 이동한다. 여기서 CEO가 조직 목표의 범위를 어떻게 정 하느냐, 그리고 다양한 프로젝트와 전략적 대안 가운데 뭘 선택하느냐 에 따라 전략적 문제의 양상이 달라진다."

부르주아와 브로드윈은 계속해서 변하는 리더십의 가장 큰 특징으로 전략적 통제권 이양을 꼽았다. "계속해서 변하는 리더십의 CEO는 본사에 머무는 자신의 위치에서 제대로 알 수 없는 새로운 사업 기회를 붙잡기 위해서라면 전략 수준 판단에 대한 통제권을 기꺼이 이양하려고 한다."

로봇&펜슬 Robots&Pencils

캐나다 출신 사업가 마이클 시코르스키Michael Sikorsky를 두고 CNN 머니는 "주목해야 하는 CEO"로 꼽았고, 〈프로핏 매거진Profit Magazine〉은 "캐나다의 인터넷 혁명가"로 꼽았고, 앨버타벤처Alberta Venture는 "앨버타의 가장 영향력 있는 50인"으로 꼽았고, EY라는 사이트는 "2013년 테크놀로지와 커뮤니케이션 분야 올해의 혁신가"로 꼽았다. 마이클 시코르스키 로봇&펜슬 CEO는 계속해서 변하는 리더십의 전형적인 사례를 보여준다. 미리 말해두자면, 나는 어드바이저로 로봇&펜슬 창업에 관여했으며, 그래서 로봇&펜슬과 마이클 시코르스키를 꽤 잘 안다고 생각한다.

로봇&펜슬은 자신들의 전략을 '팔로 더 탤런트follow the talent'라고 부른다. 고객사가 차세대 신기술을 남들보다 먼저 적용할 수 있도록 돕는 것이 로봇&펜슬의 우선순위 목표다. 다시 말해 고객사가 다가오는 변곡점에 더 빠르고 효과적으로 대응할 수 있도록 돕는 일을 업으로 삼은 것이다. 로봇&펜슬 웹사이트에는 다음과 같은 기업 소개가 나온다.

"로봇&펜슬은 최고의 능력을 가진 인재들이 모여서 일하는 곳입니다. 우리는 고객들의 비즈니스를 완전히 바꿔줄 혁신적인 솔루션을 개발하고, 그때까지 불가능하다고 여겨지던 제품들을 현실로 만듭니다."[10]

펀랩스 FunLabs

로봇&펜슬은 펀랩스라는 프로그램을 운용하는데, 펀랩스는 계속해서 변하는 리더십을 토대로 작동한다. 로봇&펜슬은 펀랩스를 "새로운 첨단 테크놀로지에 주안점을 두고 스스로 수립한 가설들을 검증하는 내부 조직"이라고 설명한다.[11] 로봇&펜슬 직원들은 펀랩스로 고객이 맞이할 수 있는 기술의 변곡점을 예상하고, 이를 통해 고객이 남보다 앞서 변곡점에 대응할 수 있도록 돕는다.

펀랩스 작업은 컨시더레이션 리포트considerations report 작성으로 시작한다. 여기에는 "미래의 시장 상황을 완전히 바꿀 수 있는 첨단기술이나 시장트렌드 가운데 로봇&펜슬에서 대응할 수 있고, 대응 결과가 고객에게 도움이 될 수 있는 것들"에 관한 내용을 적는다.[12] 컨시더레이션 리포트가 작성되면, 해당 리포트를 중심으로 펀랩스 위원회가 구성된다. 위원회는 리포트를 기반으로 앞으로 예상되는 의미 있는 첨단기술이나 시장트렌드를 3가지 예상해내는 것을 목적으로 한다. 이 3가지 미래 첨단기술이나 시장트렌드를 '아웃컴 메뉴outcomes menu'라고 부른다.

여기까지 진행된 다음에 로봇&펜슬의 모든 직원은 4주 시한으로 아웃컴 메뉴의 가능성을 검증할 실험설계에 관한 구체적인 아이디어를 구상한다.

직원들이 구상하고 제안한 실험 아이디어 가운데 최적의 3가지가 선정되고, 해당 아이디어 제안자는 아이디어를 소개하는 정식 프레젠테이션 자료를 만들어 발표한다. 로봇&펜슬의 모든 직원이 셋 중 가장 가능성 있는 아이디어를 선정하는 투표에 참여한다.

이때 인기 투표식으로 진행되는 것을 막고, 투표 결과의 신뢰성을 높이기 위해 로봇&펜슬 재직 기간에 따라 투표 가중치가 부여된다. 최종 선정된 아이디어가 프로젝트로 진행되면, 해당 아이디어에 투표한 직원들은 현재 업무를 떠나 새로운 프로젝트 팀에 편입될 수 있다. 그렇기 때문에 직원들은 신중하게 투표하게 된다.

최종적으로 실험 프로젝트가 선정되면, 3명으로 담당 팀이 만들어진다. 이 팀이 16주 시한으로 해당 실험 프로젝트를 진행하면서, 실험 과정과 결과를 담은 러닝 리포트learnings report를 작성한다. 러닝 리포트는 블로그를 통해서도 공유된다.

펀랩스 프로그램은 톱다운 방식으로 진행되지 않는다. 회사는 펀랩스 프로그램으로 직원들의 참신한 아이디어와 높은 관여도를 끌어낸다. 물론 전체적인 그림을 그리는 것은 최고경영진이지만, 실제로 진행되는 프로젝트를 구상하고 선정하는 것은 직원들이다.

펀랩스를 통해 출시된 제품으로 미션Missions이라는 앱이 있다. 미션은 업무용 협업 툴인 슬랙에서 활용 가능한 앱이다. 수평적 커뮤니케이션 기반의 협업 툴인 슬랙을 개발한 슬랙 테크놀로지는 그 가능성을 높게 평가해 로봇&펜슬로부터 미션을 인수했고, 이를 개발한 팀원들까지 함께 영입했다.

로봇&펜슬의 혁신적인 경영방식은 여기서도 나타났다. 로봇&펜슬을 떠나 슬랙 테크놀로지로 영입된 미션 개발자들은 본인이 원하면 언제든지 로봇&펜슬로 돌아올 수 있다. 별도의 재취업 절차나 면접을 거칠 필요도 없다. 로봇&펜슬은 사내 벤처가 회사를 떠나는 것을 전체 업무 프로세스의 일환으로 인식한다.

로봇&펜슬의 마이클 시코르스키는 계속해서 변하는 리더십을 펼치는 리더들이 다가오는 중요한 변곡점 앞에서 자신의 조직을 어떤 식으로 이끌 수 있는지를 보여주는 좋은 사례다.

사업 환경에서 나타나는 새로운 흐름

사업 환경의 급격한 변화를 고려했을 때 전사적 규모의 전략을 수립하기란 어느 정도까지는 무용하다고 말하는 사람들이 있다. 그러나 내가 지금까지 행해온 연구들을 토대로 결론을 내려보면, 사업 환경이 급하게 변할수록 전사적 규모의 전략이 갖는 의미는 더욱 중요해진다. 사업 환경이 빠르게 변화하며 혼란스러운 상황에서 업무 목표와 우선순위를 담은 전략이 제시되지 않는다면, 조직에서 행해지는 업무는 더 큰 혼란으로 이어진다.

최근 세계 각국에서 진행되는 큰 변화의 흐름 한 가지를 생각해보자. 6조 3,000억 달러가 넘는 자산을 운용하는 자산운용사 블랙록Black Rock의 래리 핑크Larry Fink 회장은 2018년 1월 자신들이 투자하는 주요 기업 CEO들에게 서한을 보냈다. 거기에는 "이제 기업들은 사회에 대해 긍정적인 방향에서 전과는 다른 태도를 지녀야 한다"는 내용이 들어 있었다. 이에 대해 앤드류 로스 소킨Andrew Ross Sorkin 칼럼니스트는 〈뉴욕타임스〉에 이렇게 논평했다. "글로벌 자본주의의 입장에 대한 오랜 논쟁에 변곡점이 발생했다."[13]

이 서한에서 핑크 회장은 블랙록은 앞으로 투자 결정을 내릴 때 장기적 관점에서 기업들이 사회에 미치는 영향을 고려하겠다고 선언했다. 그는 단기적인 이익 추구를 지나치게 중시하는 상장기업들의 행태를 비난하는 사람 가운데 하나다. 기업은 오직 투자자에게 재무적 이익을 창출해주는 일에만 관심을 가져야 하고, 또 그렇게 운영돼야 한다는 개념은 자본주의의 발전을 위해서도 좋지 않다는 의견이 여기저기서 제기되는 상황이다.

나도 7장에서 주가부양을 위한 자사주 매입이 기업의 혁신역량을 갉아먹는다고 이야기한 바 있다. "기업들이 중요하게 생각해야 하는 유일한 의제는 투자자의 이익"이라는 개념은 기업의 혁신을 가로막고, 인간에 대한 투자와 공동체 형성을 가로막는다는 지적도 있다.[14] 마틴 울프Martin Wolf 〈파이낸셜 타임스Financial Times〉 경제전문가도 자본주의가 지금 같은 식으로 진행되면 우리는 "현대 정치 질서의 종말"을 맞을 거라고 했다.[15] 주가부양을 위한 자사주 재매입, 경영자들에 대한 과도한 주가 연동 보너스, 기존 자산에서 최대한의 수익성을 뽑아내는 행태, 이런 것들은 주가를 왜곡하고, 다른 이해관계자들의 희생, 예를 들면 회사에 발생하는 일에 의해 인생이 결정될 수 있는 직원들의 희생을 발판삼아 주주와 경영자의 이익을 극대화하는 방식이라며 많은 비난을 받고 있다.[16]

핑크의 서한에 블랙록의 구체적인 투자 방침이 들어 있었던 것은 아니지만, 그의 서한을 받은 주요 기업 CEO들은 기업의 사회적 책임에 대해 관심을 가질 수밖에 없었을 것이다. 블랙록은 핑크 회장의 새로운 투자 방침을 자사 웹사이트에 공개했다.[17]

블랙록이 자신들이 투자하는 기업들에게 어떻게 하라고 구체적으로 주문한 것은 아니다. 하지만 기업의 사회적 책임이라는 주제를 주요 기업 경영진의 의제로 만든 것, 그 자체로 상당히 의미 있는 일이라 하겠다. 이제 블랙록의 투자를 바라는 경영자들은 인적자본 같은 주제에 관심을 가질 필요가 있다.

블랙록은 기업의 사회적 책임이 중요하다고 했지만, 개별 기업의 구체적인 접근 방법에 대해서는 별도로 언급하지 않았다. 기업의 사회적 책임 이행에 관한 구체적인 방법은 각 기업 CEO가 판단할 문제라는 것이다.

앞에서 여성 리더십과 경영 의제의 다양성에 대해 이야기했는데, 블랙록은 자신들이 투자하는 기업들이 전보다 폭넓은 시각으로 다양한 의제들을 다루길 기대하고 있다.

새로운 정보에 대한 개방적 태도

앤드루 그로브는 거대한 변곡점의 출현을 인지했다면, 새로운 정보에 대해 개방적인 태도를 가져야 한다고 말했다.[18] 그러면서 큰 흐름의 양상이 명확해지기 전까지는 어느 정도의 혼란을 용인하고, 조직에 많은 의견과 정보를 유입시키고, 많은 논쟁을 허용해야 한다고 했다. 변곡점에 대한 구체적인 대응은 충분한 정보를 입수한 다음에, 즉 변곡점에 관한 신호가 충분히 강해진 이후에 해야 한다는 것이다.

변곡점에 관한 정보를 대할 때는 절대적으로 솔직해야 한다. 불편한 정보와도 정면으로 마주해야 한다. 자신들의 희망을 시장정보로 인식하는 것은 완전한 실패로 가는 확실한 길이다. 내 동료 한 명은 자신들의 희망을 시장정보로 인식하는 것을 두고 "사업전략으로서의 순진한

동경"이라고 평가한 바 있다. 이와 관련해 앨런 멀러리 포드 전 CEO는 "알 수 없는 것을 이용해 경영할 수는 없다"고 말하기도 했다.

램 차란^{Ram Charan}, 돈 설^{Don Sull}, 나심 니콜라스 탈레브 같은 전문가들 역시 중요한 변화에 대응하기 위해서는 사실을 직시해야 한다고 강조한다.[19] 램 차란과 돈 설은 리더들이 자신들의 예상에서 벗어나는 상황 발생을 탐색해야 한다고 하면서, 상황을 읽기 위해서는 많은 정보를 입수하는 것이 중요하다고 했다. 탈레브는 양질의 정보를 얻기 위해서는 "어떤 상황이 잘못됐을 때 직접적으로 손실을 입는 사람의 조언이 아니라면 받아들이지 말라"고 했다.[20]

뛰어난 성과를 내는 CEO들은 불편한 정보를 회피하지 않고, 있는 그대로의 사실을 받아들인다. 새로운 정보가 자신의 오랜 믿음이나 행동양식에 배치된다 하더라도 거부하거나 회피하지 않는다. 아니, 오히려 자신의 오랜 믿음이나 행동양식이 틀렸음을 의미하는 정보에 더욱 집중한다. 인텔의 앤드루 그로브, IBM의 루이스 거스너, 포드의 앨런 멀러리 같은 사람들이 공통적으로 강조한 것이 바로 이것이다.

불편한 사실을 지적하는 사람들은 조직에서 배척당하는 일이 많지만, 계속해서 변하는 리더십을 펼치는 리더들은 이 사람들의 이야기를 듣는다. 불편한 사실이나 나쁜 소식을 전해주는 사람은 우리가 고려해야 하는 가능성의 범위를 넓혀주고, 조직 내 대다수가 인식하지 못하는 부분을 알려준다. 페이스북에 의한 이용자정보 판매가 가져올 수 있는 문제점에 관해서는 페이스북 초창기부터 여러 사람들이 지적해왔고, 다나 보이드가 그 문제점을 지적한 것이 2006년부터라는 점을 생각해보라!

변화의 현장에서 가장 가까운 곳에서 판단하라

알 카에다와의 전쟁을 승리로 이끈 스탠리 맥크리스털 미 육군 장군은 《팀 오브 팀스Team of Teams》에서 역사적으로 군대에서 당연시해온 본부 지휘에 관한 인식이 변해야 한다고 역설한 바 있다. "문제 상황에서 가장 가까이에 있는 사람들이 가장 현명한 결정을 내릴 수 있다. 계급과 상관없이 말이다."[21]

그러면서 그는 부대 구성원 간 정보와 인식 공유를 통해 지휘관들의 불안감을 줄일 수 있다고 했다. 부대원 모두가 동일한 목표와 정보를 공유함으로써 부대원 누구라도 가장 올바른 판단을 내릴 수 있다고 서로가 서로를 믿는 팀을 만들어야 한다는 것이다.[22]

조직원 사이의 인식 공유가 조직을 얼마나 강하고 빠르게 만들 수 있는지는 콘스턴트 콘택트의 사례를 통해서도 이미 확인한 바 있다.

변곡점이 만들어내는 변화에 적응하라

브라이언 머리Brian Murray 하퍼콜린스HarperCollins CEO는 2002년 프랑크푸르트 도서전에 참가했다가 디지털화의 흐름으로 출판 비즈니스 양상이 완전히 변할 거라 확신했다. 한참 후인 2017년에 그는 이렇게 말했다.

업계 양상이 완전히 달라질 거란 생각이 들었습니다. 변화가 어떤 과정을 거치면서 진행될지까지는 알 수 없었지만, 변화가 발생할 거라는 점 자체는 분명해 보였습니다. …… 사람들은 여전히 디지털화가 뭔지 정확하게 이해하고 있지 않습니다. 우리의 경제, 국가, 기업이 디지털 경제의 영향을 정확하게 이해한 것처럼 보이지 않습니다. 디지털화로 변동비의 크기가 제로에 수렴하면 모든 것이 달라집니다. 모든 미디어와 책은 디지털 파일로 변환돼 전송이 매우 간편해지고, 사실 아주 오래전부터 이런 상황이었지만, 이로 인해 출판업의 양상이 근본적으로 달라질 것입니다. …… 출판업에 새로운 생태계가 형성되면, 그런 생태계에서 우리는 어떻게 생존하고 성장할 수 있을까요? 이런 문제에 대해 회사의 모든 임직원이 모여 의견을 나눈 적은 없지만, 디지털화가 만들어내는 알 수 없는 미래 앞에서 우리의 핵심 사업을 어떻게 지켜내고, 우리 회사 입장을 어떻게 정리해야 하는지에 관한 고민은 계속 이어지고 있습니다.[23]

이 발언의 마지막 부분에서 보듯 하퍼콜린스는 최고경영자가 변곡점의 출현을 분명하게 인식했고, 그로 인한 새로운 생태계에 대해 점진적으로 변화를 추구하며 적응해나가는 중이다.

인식의 공유와 상호 신뢰가 강한 조직을 만든다

앨런 멀러리 전 포드 CEO의 경영 시스템에 관해서는 많은 책이 출간돼 있다.[24] 나는 앨런 멀러리 경영 시스템의 핵심은 주간 리뷰 미팅이라고 생각한다. 주간 리뷰 미팅 참석자들은 자신이 일하면서 겪을 수 있는 문제들을 다른 팀원들과 공유하고 함께 해법을 찾았다. 멀러리는 주간 리뷰 미팅이 포드의 조직문화를 바꾸는 데 크게 기여했다고 평가했다.

저명한 리더십 코치 마셜 골드스미스와 함께한 2015년의 한 콘퍼런스에서 멀러리는 포드의 성공 비결을 "워킹투게더working together"로 꼽으면서, 워킹투게더의 원칙을 소개했다.

- 사람이 먼저다
- 모두가 함께한다
- 확고한 비전, 모두가 이해할 수 있는 전략, 과감한 이행
- 분명한 성과 목표
- 하나의 계획
- 팩트와 데이터
- 계획의 추진 상태와 특별한 관심이 필요한 부분에 대한 인식 공유
- 적극적인 제안, 적극적인 태도
- 서로를 존중하고, 듣고, 도와주고, 감사한다
- 프로세스에 대한 신뢰 - 긍정적인 감정
- 즐기기 - 서로와 함께하는 시간을 즐기고, 일의 과정을 즐긴다

여기에 나열된 원칙들은 이 책 전반에 걸쳐 소개한 내용과 통한다. 콘스턴트 콘택트의 게일 굿먼은 인식 공유와 조직의 방향성을 강조했고, 마이크로소프트의 사티아 나델라는 내부 경쟁이 아닌 조직원 간 공감을 강조했다.

원칙은 간결하게 제시하라
앞에서 잠깐 언급한 샤론 프라이스 존이 빌드 어 베어 워크숍의 CEO가 된 것은 회사에서 방향전환을 추진하던 때였다. 빌드 어 베어 워크숍은 맥신 클라크^{Maxine Clark}가 1997년에 창업한 기업으로, 테디베어

290

인형을 비롯한 다양한 캐릭터 제품을 제조 판매한다.

빌드 어 베어 워크숍은 체험형 쇼핑의 개념을 최초로 도입한 기업 가운데 하나로 알려져 있다. 원래 맥신 클라크는 페이리스 슈소스Payless ShoeSource라는 신발 유통체인에서 사장 자리에까지 올랐고, 지금 하는 일에서는 더 이상 "열의Spark"를 가질 수 없겠다는 판단이 들어 자리를 떠났다.

페이리스 슈소스를 떠난 그녀는 새로운 아이디어들을 찾기 시작했고, 친구의 자녀들과 함께 쇼핑하던 중 추구해볼 가치가 있는 아이디어를 떠올렸다. 그녀는 2012년의 한 인터뷰에서 다음과 같이 밝혔다.

제 친구의 아이들인 케이티와 잭을 데리고 쇼핑할 때의 일입니다. 그 아이들은 타이 비니 베이비Ty Beanie Babies 인형을 모으고 있었습니다. 그런데 우리가 들어간 가게에서 더 이상 새로운 비니 베이비를 찾지 못하자, 케이티가 새로운 비니 베이비를 만들어야 한다고 말했습니다. 집으로 돌아가서 우리가 직접 비니 베이비를 만들자는 이야기였습니다. 그 말을 듣는 순간, 저는 소비자들이 직접 제조에 참여하는 인형 제조업 창업을 떠올렸습니다. 저는 곧바로 시장조사에 들어갔고, 구체적인 계획을 수립하기 시작했습니다.[25]

월마트, 타깃, 토이저러스 같은 대형 유통점을 제외한 많은 장난감 판매점들이 폐업하던 시기에도(KB 토이스, FAO 슈워츠, 차일드 월드, 제이니 브레이니 등이 문을 닫았다) 빌드 어 베어 워크숍은 매우 빠르게 성장해 나갔다. 그렇지만 2008년 이후 경기침체기를 거치며 심각한 타격을 입었고, 맥신 클라크는 이대로는 안 되겠다는 판단을 내렸다. 2013년에 그녀는 CEO에서 물러났고, 샤론 프라이스 존이 회사의 새로운 CEO가 됐다. 하지만 맥신 클라크가 회사를 완전히 떠난 것은 아니었다. 이사회에 남아 회사 안정화를 돕기로 했다.

프라이스 존은 지난 2016년에 위민 인 리더십 프로그램에서 특강을 한 적이 있는데, 강의에서 그녀는 회사의 실적 개선을 이끌어낸 경영원칙을 다음과 같이 소개했다.

- S : See it. 새로운 가능성을 찾는다.
- P : Plan it. 계획을 세운다.
- A : Action it. 행동한다.
- R : Repeat it. 반복한다.
- K : Keep the faith. 결과를 믿는다.

잘 보이지 않는 먼 곳을 내다보는 것, 그게 이 책의 주제다. 프라이스 존은 회사의 실적 개선을 이끌어내기 위한 첫 번째 원칙으로 "새로운 가능성을 찾는다"를 제시했다. 그녀는 위민 인 리더십 특강에서 이렇게 말했다. "우리의 비즈니스에 대한 스토리를 만들고, 왜 우리가 존재해야 하는지를 말할 수 있어야 합니다." 빌드 어 베어 워크숍은 아이들에게 추억이 될 수 있는 테디베어 제품을 판매하는 기업이었지만, 프라이스 존은 여기서 더 나아갈 수 있다고 생각했다. 그래서 그녀는 주요 관광지들에 새롭게 매장을 열었고, 〈겨울왕국Frozen〉 같은 인기 영화들과 협업했고, 브랜드 확장을 추진했고, 남자들이(남자 어른들이) 좋아할 만한 제품도 개발하기 시작했다.

"계획을 세운다"와 관련해 그녀는 창업 20주년이 되는 2017년을 새로운 방향전환의 기회로 삼기로 했다. "우리는 우리가 아이들의 삶을 바꿔주고 있다고 믿습니다. 창업 20주년을 맞아, 새로운 20년을 준비하기로 했습니다. 새로운 20년은 전보다 훨씬 더 나은 20년이 될 것입니다. 그 구체적인 양상이 어떻게 될지는 저도 아직 모릅니다. 하지만 새로운 변화가 일어나리란 점만은 분명합니다."[26]

변곡점 대응과 관련해 "행동한다"는 원칙 이행이 가장 까다로울 수 있다. 문제 상황을 발견하는 것, 혹은 변곡점의 출현을 인지하는 것, 그 것만으로는 아무 일도 일어나지 않는다. 새로 전개되는 상황을 이용하기 위해서는 조직 전체가 변화를 위한 행동에 나서야 한다. 하지만 조직원 대부분은 기존 방식 유지를 선호한다. 프라이스 존은 조직원들에게 변화를 주문하면서 "바보 같은 일은 중단하라"는, 어찌 보면 매우 단순한 지시를 내렸다. 가치를 창출하지 못하는 일은 멈추고, 거기에 투입하는 시간을 좀 더 중요한 활동에 쓰라는 의미다.

프라이스 존은 빌드 어 베어 워크숍의 CEO가 되자마자 조직의 방향성을 만들어내기 위해 목표 하나를 제시했다. 빌드 어 베어 워크숍은 바로 전년도에 무려 3억 8,000만 달러의 손실을 낸 상황이었다. 이와 관련해 그녀는 2016년 특강에서 이렇게 말했다. "올해부터는 이익을 낼 거라고 말했습니다. 그 효과는 마법과도 같았죠. 모두가 불필요한 비용 지출을 줄여야겠다고 생각했고, 정말로 그렇게 했습니다. 우리는 그 전과 달라졌고, 다시 흑자를 낼 수 있었고, 직원들의 노력에 대해 보너스를 지급할 수 있게 됐습니다."

최초의 성공을 거두면 성공에 대한 의지를 잃기 쉽다. 게다가 그다음 단계 성공은 더 어려운 것이 된다. 프라이스 존은 빌드 어 베어 워크숍이 더 유연하고, 새로운 상황에 더 잘 적응하고, 새로운 가능성을 여는 조직이 돼야 한다고 강조했다. 이 같은 발표를 하는 임직원 회의에서 재무책임자가 인기캐릭터 검비^{Gumby}로 분장하고 등장해 분위기를 일신하기도 했다.

이런 새로운 방식은 "반복"을 통해 조직 문화로 정착돼야 한다. 아주 오랫동안 당연한 것으로 인식돼온 기존 방식을 새로운 방식으로 바꾸는 작업은 결코 쉽지 않으며, 이 과정에서 사람들이 저항하는 것도 당연하다는 것이 프라이스 존의 인식이다.

마지막 원칙인 "결과를 믿는다"와 관련해 그녀는 자신이 구상하는 변화는 추진할 만한 가치가 있고, 기대하는 결과로 나타날 거라고 항상 믿고 있다.

전시 리더 vs. 평시 리더
▶ ▶ ▶

나는 전략과 혁신 분야를 주로 연구한다. 리더십 전문가는 아니지만, 리더십에 관한 책들을 읽어보면 다양한 유형의 리더십을 배울 수 있다. 모든 상황, 모든 조직에서 유효한 최고의 리더십이란 없다.

리더라는 말을 들으면 우리 뇌리에는 영웅 이미지가 떠오른다. 뭘 해야 하는지 정답을 제시하는 지도자 같은 이미지 말이다. 하지만 잘못된 판단으로 잘못된 선택을 했음에도 성공하는 리더들이 있고, 가장 합

리적인 선택을 했음에도 실패하는 리더들이 있다.[27]

카를로스 곤 전 르노-닛산 CEO는 여러 가지 부정을 저질렀음에도 오랫동안 조직의 절대적인 리더로 군림했고, 세상으로부터 성공한 리더라는 평가를 받았다. 2018년에 그가 심각한 부정을 저질렀다는 의혹이 제기되면서 몰락했지만 말이다.

벤 호로위츠의《하드씽The Hard Thing About Hard Things》을 보면 전시 리더와 평시 리더 이야기가 나온다.[28] 전시 리더와 평시 리더는 주어진 시간과 공간이 서로 완전히 다르다는 것이다. "전시상황의 기업은 당장에 닥친 생존의 위협부터 해결해야 한다. 생존을 위협하는 요인들은 여러 가지로, 강력한 경쟁자 출현, 거시경제의 급변, 시장 변화, 공급체인 변화 등을 들 수 있다. 전시 리더의 대표적인 예로 인텔의 앤드루 그로브를 들 수 있는데, 그의 책《승자의 법칙Only the Paranoid Survive》에 기업 상황을 평시에서 전시로 몰아가는 요인들이 잘 설명돼 있다."

조직이 위기에 처해 있다는 인식을 가지면 수직구조 기반의 통제형 리더십으로 돌아가기 쉽다. 그러나 기존 연구들을 보면, 이런 리더십은 위기 상황에 처한 조직을 더 큰 위험으로 몰아간다.

전시에 더 효과적인 리더십이 뭔지 알고 싶다면, 실제로 전시상황에서 조직을 이끌어본 사람에게 배우라. 내 동료이자 친구인 퇴역 준장 토머스 콜디츠는 웨스트포인트에서 리더십 커리큘럼을 만들기도 한 리더십 전문가다.

특히 그가 쓴《익스트림 리더십In Extremis Leadership》에는 기존 리더십 책들과 다른 관점의 리더십이 나온다.[29] "리더십 전문가들은 거의 다 평시의 리더들만 연구한다. 평시의 리더들은 위기 상황에 들어가는 것을 절대 원하지 않고, 어쩔 수 없이 위기 상황에 처하면 그제야 문제를 해결하려고 한다. 그러니까 리더십 전문가들은 위기에 있어서는 아마추어인 사람들을 대상으로 리더십을 연구한다. 나는 위기에 있어 프로인 리더들을 연구하고 싶었다. 언제나 위험한 상황에서 일하는 리더들은 어떤 역량을 갖고 있고 어떤 식으로 일하는지, 그들이 어떻게 다른지 연구하고 싶었다."[30]

콜디츠는 위기 상황에 프로인 리더들의 특징을 몇 가지로 정리했다. 첫째, 불확실한 상황에서도 조직원들이 안심하고 일할 수 있도록 만들어준다. 그들은 아직 분명한 정보가 없는 상태에서도 조직에 비전을 확산시킬 수 있는 사람들을 중용한다.

그리고 조직 내에 신뢰와 목적의식을 만들어낸다. 여기서 신뢰는 단기간에 생기지 않는다. 조직원들이 오래 협력하며 일했을 때에야 생긴다. 전시 리더는 "실패 가능성을 부인해야 한다"는 것이 콜디츠의 지적이다.[31] 흔히 위기 상황을 맞은 조직의 리더들은 조직에 긴장감을 불러일으키려고 하는데, 오히려 그럴수록 조직원들의 긴장을 풀어주려 해야 한다는 것이다.

둘째, 중요한 임무에 집중하고, 외부 환경에 집중한다. 전시 리더는 조직 장악을 우선순위에 두지 않는다. 그들은 주로 이런 식으로 말한다. "X를 생각하세요. 우선은 X라는 일에 집중합시다. 그 외의 일들은 지금 문제를 해결한 뒤에 생각해봅시다."

셋째, 실패에 대해 공동 책임의식을 갖는다. 전시 리더는 조직원들의 실패를 자신과 분리시키지 않고, 그 실패에 깊이 관여한다.

마이크로소프트에서 론칭한 인공지능 챗봇 테이가 실패로 끝났을 때 사티아 나델라는 개발 팀을 일방적으로 비난하지 않았다. 대신 개발 팀 사람들에게 이렇게 말했다. "저는 여러분을 믿습니다. 그리고 여러분과 함께할 겁니다."[32] 실패를 무작정 용인하는 것이 아니다. 자신감을 갖고 다시 도전해달라는 것이다.

조직원들과 생활방식을 공유하는 것도 좋은 리더가 되는 방법이다. 사람들은 인간적으로 친숙함을 느끼는 리더, 가령 비슷한 경험을 했고, 특권이나 차별점을 강조하지 않고, 공통 화제에 대해 대화를 나눌 수 있는 리더에게 더 우호적으로 대한다.

그리고 업무 역량을 빼놓을 수 없다. 리더의 뛰어난 업무 역량은 조직원들에게 신뢰를 주고, 함께 위기를 헤쳐 나갈 수 있겠다는 자신감을 준다.

콜디츠가 내게 리더십에 관한 이메일을 보내온 적이 있다. "문제가 닥쳤을 때 어느 날 갑자기 유능한 전시 리더가 될 수 있는 것은 아닙니다. 그건 불가능합니다. 미리미리 준비해야 합니다. 그러니까 언제나 전시 리더처럼 조직을 이끌면서 전시 리더로서의 역량과 신뢰를 쌓아야 합니다. 조직에서 전시 리더 그 자체가 돼야 하는 겁니다."

그러면서 간단한 방법 한 가지를 소개해줬다. "나는 내가 이끄는 팀의 팀원이 출산하면 그다음 날 팀원이 입원한 병원을 찾습니다. 병원에서 치료를 잘해주고 있는지 물어봅니다. 아주 간단한 일이지만, 팀원들은 내게 신뢰를 갖고, 조직에 위기가 닥쳤을 때 나를 신뢰할 수 있을 것 같다고 말합니다. 이런 식으로 평상시에 미리미리 준비해두는 겁니다. 실제로 위기가 닥치기 전에 신뢰를 쌓아두는 겁니다." 콜디츠는 평시에는 일을 잘해내다가 전시로 전환되면 갑자기 무능해지는 사람들이 있는

데, 전시로 전환될 때는 이런 사람들을 팀에서 빼야 한다고 강조하기도 했다. "위기 수칙 1번. 전시 요구에 부응하지 못하는 사람들은 내보내야 합니다."[33]

최고의 리더들은 언제나 전시 상황을 상정하고 일한다. 평시에 신뢰를 쌓지 못하고 실패에 깊이 관여하지 않는다면 위기를 맞았을 때 조직을 제대로 이끌 수 없고, 그 조직은 위기 앞에서 허둥거리게 된다. 거대한 변화를 수반하는 변곡점이 빠르게 다가오는데도 평시 방식으로 조직을 이끄는 것은 매우 위험하다.

우리가 이 장에서 배운 것들

다가오는 변곡점에 효과적으로 대응하는 이는 조직에 명확한 방향을 제시하고, 조직 내에서의 자원 활용, 관계 형성, 역량 계발 등을 원활하게 이끄는 촉진자로서의 리더다.

변곡점의 출현을 인식하는 것만으로는 아무 일도 일어나지 않는다. 리더는 방향을 제시하고, 올바른 변화로 조직을 이끌어야 한다.

회사 임원들 모두가 같은 방향을 바라보고, 조직의 우선순위를 인지하고 있어야 조직 내 혼란을 예방할 수 있다. 중요한 것은 임원 개개인의 역량이 아니라 경영진이라는 팀이 만들어내는 역량이다.

리더는 조직에 명확한 전략을 제시해야 한다. 그래야 조직원들이 왜 지금 맡은 임무를 수행해야 하는지, 일의 우선순위는 뭔지 알 수 있다.

조직이 제대로 돌아가기 위해서는 조직원 사이에 솔직한 피드백이 필요하다. 불편한 진실이라 하더라도 회피할 여유는 없다.

리더의 역할은 계획을 수립하고 지시를 내리는 것에서 목표를 설정하고 판단하는 것으로 이동하고 있다.

문제 상황에 가장 가까이에 있는 사람들이 가장 현명한 결정을 내릴 수 있다.

업무 원칙은 모두가 쉽게 기억할 수 있도록 간결하게 제시한다.

변곡점 앞에서 유능한 리더가 되기 위해서는 평시에도 전시를 상정해 일할 필요가 있다.

09

인생에서
변곡점을 만났을 때

지금까지 변곡점의 출현에 효과적으로 대응하는 방법을 논의했고, 그 논의는 거의 다 기업 조직을 중심으로 진행됐다. 그런데 이 책에서 다룬 방법론과 원리 가운데 많은 것들은 개인의 삶에도 그대로 적용할 수 있다.

개인의 삶에서도 변곡점에 대한 대응을 크게 3가지로 구분해 생각해볼 수 있다. 첫째, 변곡점의 출현을 인지하고 그것이 자신에게 어떤 의미인지 파악한다. 둘째, 변곡점을 어떻게 맞을 것인지 판단하고 대비한다. 셋째, 변곡점을 지나 어디로 나아가고 싶은지 지향점을 결정한다.

변곡점이 만들어내는 초기의 약한 신호를 충분히 일찍 파악한다면 남들보다 먼저 출발할 수 있고, 이는 상당한 이점을 만들어준다. 이어지는 부분에서는 변곡점에 대한 효과적인 대응이라는 주제를 개인의 삶에 적용해 생각해보도록 하겠다.

가장 먼저 눈이 녹는 장소

▶ ▶ ▶

앤드루 그로브는 눈은 맨 가장자리에서부터 녹는다고 했는데, 이는 기업 조직뿐 아니라 개인 삶에도 그대로 적용할 수 있는 원리다. 우리 인생을 크게 변화시키는 경험이나 통찰은 전혀 예상하지 못했던 곳에서 이루어지는 경우가 종종 있다. 따라서 변곡점의 출현을 빠르게 인지하고자 한다면, 활동 영역의 가장자리를 살펴볼 필요가 있다.

어디를 살펴봐야 하는가

기업 조직은 변화의 발생을 파악하기 위해 아레나맵 같은 도구를 활용할 수 있다. 아레나맵을 통해 자원 구성이나 경쟁 구도의 변화를 정리할 수 있다. 그리고 여기에서 나타나는 변화를 토대로 변곡점의 출현을 예상할 수 있다.

앞에서 변곡점의 출현으로 달라질 수 있는 것들을 아레나맵의 관점에서 8가지로 분류한 바 있다.

1. 기업들이 차지하기 위해 다투는 자원의 구성이 변할 수 있다.
2. 자원을 차지하고자 하는 경쟁자들이 변할 수 있다.
3. 자원을 차지하기 위한 경쟁이 일어나는 장소가 변할 수 있다.
4. 관여자들의 사고방식이 변하거나 자원이 줄어들면서 경쟁 양상이 격화될 수 있다.
5. 소비경험이 변할 수 있다.
6. 제품이나 서비스 요소들의 중요도가 변할 수 있다.

7. 가치사슬을 구성하는 역량의 유형이 변할 수 있다.

8. 기업, 제품, 서비스 등 모든 요소가 변할 수 있다.

이런 변화들은 개인에게도 그대로 나타날 수 있다. 직업적 환경변화로 업무나 역량의 가치가 달라지는 식으로 말이다. 이 변화는 여러분의 삶에 어떤 의미를 가질까? 자신을 둘러싼 거시적인 환경변화가 자신의 삶에 미칠 수 있는 일련의 영향을 파악하지 못한다면 매우 힘든 상황을 맞을 수도 있다.

여러분이 일하는 회사나 조직에 일어날 수 있는 변화와 영향은 개인 수준의 직업에서도 그대로 일어날 수 있다. 따라서 변곡점을 파악하기 위한 회사 수준의 대응을 그대로 개인 수준에서 활용할 수 있다. 이때 새로이 입수되는 정보에 개방적인 태도를 지니고, 익숙하고 편안한 방식에 매몰되는 상황을 경계하는 것이 핵심이다.

교류의 범위를 확장하라

임직원들이 가진 다양한 시각은 기업의 중요한 의사결정에 도움이 된다. 이는 개인도 마찬가지다. 개인도 교류의 범위를 넓힐 필요가 있다. 자신과 배경과 경험이 비슷한 사람들만 만나면, 시야도 딱 그 정도로 제한된다. 그리고 자신과 배경과 경험이 다른 사람들이 쉽게 알아보는 변화를 좀처럼 알아보지 못하게 된다.

5장에서 소개한 냇 터너와 자크 와인버그는 폭넓고 다양한 인적 네트워크를 통해 꾸준히 새로운 기회를 찾았고, 자신들의 생각을 검증받았다. 5장에서는 연속적으로 다수의 성공을 이뤄낸 사람들 이야기를 했는데, 그 대표적인 예로 페흘 뢰브그렌Pähr Lövgren을 빼놓을 수 없다. 나는 와튼스쿨에서 뢰브그렌과 함께 연구했기 때문에 그를 잘 안다. 그는 자신의 인적 네트워크를 통해 새로운 기회를 발굴하는 데 탁월하며, 여러 기업들을 창업하고 성공적으로 매각해왔다. 그가 창업한 회사 가운데 메가론Megaron 같은 경우는 CAD/CAM 기술에 특화돼 있는데, 특정 기술을 가진 조직을 필요로 하는 대기업들이 그가 창업한 기업들을 인수한다. 특히 그는 시장에서 발생하는 변곡점을 남들보다 먼저 파악할 줄 안다.

뢰브그렌은 첨단기술 관련 기업들과 함께 작업하거나 컨설팅해주는 사람들과 (최고의 장소에서) 자주 저녁식사를 한다. 그 기업들은 그가 창업하는 기업들의 잠재적 인수자가 된다. 자신의 인적 네트워크에 있는 사람들과 저녁식사를 하면서 그는 여러 기업들이 겪는 문제들에 대한 정보를 입수하고, 그렇게 입수한 정보는 사업계획의 토대가 된다.

한번은 뢰브그렌이 북유럽 쪽 주조공장들이 일할 사람들을 구하지 못해 곤란에 처했다는 이야기를 들었다. 이런 이야기를 해준 사람은 북유럽 주조기업들을 고객으로 둔 컨설턴트였다. 그 컨설턴트는 주조공장을 위한 작업로봇을 만들 수 있다면 수요가 꽤 있을 것이라고 했다. 뢰브그렌은 함께 연구와 프로젝트를 수행하며 알게 된 공학교수들에게(이는 뢰브그렌의 또 다른 네트워크다) 주조공장에서 사용할 작업로봇을 만들 수 있느냐고 물어봤다.

그는 가능하다는 대답과 함께 5만 달러 정도를 들이면 프로토타입 로봇을 만들 수 있다는 이야기까지 들었다. 뢰브그렌은 자신이 창업한 기업을 몇 개나 매각해 부자일 테니 5만 달러 정도는 그냥 가볍게 지불할 거라고 생각할 수도 있으나, 그는 그런 식으로 접근하지 않는다. 그는 또 다른 네트워크를 찾아가, 북유럽 주조공장들이 겪는 문제를 다른 나라들도 겪느냐고 물어봤다. 그러자 한 전문가가 자료까지 보여주며 그런 문제를 겪는 나라가 많다고 답해줬다. 여기까지 정보를 얻은 뢰브그렌은 한 주조기업에 접촉해, 5만 달러를 투자하면 주조공장에서 쓸 수 있는 작업로봇의 프로토타입을 만들어 보여주겠다고 제안했다. 이 이야기를 듣고 나는 물어봤다. "프로토타입 제작에 돈을 대겠다는 기업이 나타나지 않으면 어떻게 되는 건가요?" 그가 대답했다. "그렇다면 그건 주물기업들에게 그리 큰 문제가 아니라는 의미겠죠. 그런 경우, 그 사업 기회는 그냥 접어야 합니다." 결국은 프로토타입 로봇 제작에 돈을 대겠다는 주물기업이 나타났고, 주물공장 및 그와 환경이 비슷한 공장에서 작업할 수 있는 로봇을 제작하는 프로젝트가 시작됐다.

《리틀 벳》의 저자 피터 심스는 팔러먼트Parliament라는 네트워크 기구를 만들었다. 다양한 분야의 사람들이 모여 미래에 대한 관점을 공유하자는 취지로 만든 기구다. 팔러먼트 웹사이트를 보면 이런 소개 글이 있다. "팔러먼트는 다양한 집단의 사람들이 수평적 관계의 힘에 접근하고 이를 이용하는 데 활용할 수 있는 최초의 플랫폼입니다. 소프트웨어의 오픈소스 운동을 참고해 만들어진 팔러먼트는 최고의 인간 교류 생태계에 접속해 학습, 혁신, 협력, 동업 등을 빠르게 진행할 수 있도록 도와줄 것입니다."[2] 저술가, 시나리오작가, 과학자, 경영자 등 팔러먼트 이벤트에 참석하는 사람들의 직업은 매우 다양하다. 이들은 정기적으로 모임 이벤트를 갖고, 지식과 관점을 공유하고, 이를 통해 미래에 대한 시각을 열고, 나아가 미래의 모습을 만드는 것을 추구한다. 나도 팔러먼트 이벤트에 초청을 받아 몇 번 참석했는데, 놀라울 만큼 가치 있는 시간이었다.

부정적인 평가, 예상하지 못했던 대답은 축복이 될 수 있다

게일 굿먼 콘스턴트 콘택트 CEO는 피드백의 가치를 크게 평가하면서 피드백이 우리의 시야를 넓혀준다고 생각했다. 불편한 진실이나 그때까지 알지 못했던 것을 알려줄 때 피드백의 가치는 더욱 커진다고 생각했다. 하지만 피드백을 끌어내기 위해 구조적인 프로세스를 사용하는 경우는 별로 없는 것이 현실이다. 습관, 일하는 방식, 행동양식, 사고방식 등에 있어 자신은 모르는 것을 남들은 아는 경우가 많으며, 그렇기 때문에 피드백을 끌어내기 위해 구조적으로 접근할 필요가 있다.

리더십 코치인 마셜 골드스미스는 주로 경영자를 대상으로 코칭을 한다. 그가 사용하는 코칭 기법은 '이해관계자 중심 코칭'이라고 불린다.[3] 이 기법은 여러분의 발전을 바라는 주위 사람들에게 유용한 피드백을 받는 식으로 진행되며, 코치는 피드백을 받아 여러분에게 전달하는 역할을 한다. 사실 이런 역할은 별도의 훈련을 받은 전문적인 코치가 아니라도 할 수 있다.

'이해관계자 중심 코칭'은 여러분 주위에 있는 직접적인 이해관계자 12명 정도를 선별하고 리스트를 작성하는 것으로 시작된다. 여러분 자신의 성과와 성공에 있어 가장 중요한 사람들로 선별한다. 이 선별 리스트에는 일과 관련된 이해관계자들이 들어갈 수도 있고, 개인적인 삶과 관련된 이해관계자들이 들어갈 수도 있다. 선별 리스트가 작성되면, 코치는 여러분의 성과를 낮추고 성공을 가로막는 요인들에 관한 이해관계자들의 솔직한 생각을 듣는다. 게일 굿먼 콘스턴트 콘택트 CEO는 직원들이 발표할 때 드러내던 부정적인 태도 때문에 조직 내 정보의 흐름을 저해하고, 직원들에게 가치 있는 정보를 직접 들을 기회를 스스로 차단하고 있었지만, 이를 인식하지 못해 부정적인 태도를 한동안 고치지 못했다.

이해관계자들로부터 솔직한 피드백을 받은 코치는 정보를 정리해 여러분에게 전해준다. 그리고 코치와 여러분은 피드백을 통해 드러난 문제들을 고치기 위한 구체적인 방법들을 정한다. 자신의 핵심 이해관계자들이 전해주는 솔직한 피드백은 상당히 불편할 수도 있지만, 이는 성공을 저해하는 요인들을 없애거나 억제하는 효과적인 방법이다.

골드스미스에게 '이해관계자 중심 코칭'을 받은 경영자 중에는 보잉과 포드의 CEO를 역임한 앨런 멀러리도 있다. 멀러리가 골드스미스에게 코칭을 받은 것은 보잉 임원으로 있을 때였는데, 한 이해관계자가 그의 성공을 가로막는 요인으로 회사 전체적인 일에 별로 관여하지 않는 모습을 지적했다. 자신이 책임진 분야의 일에만 관심을 가질 뿐, 회사의 전체적인 큰 그림을 보지 않는다는 것이었다. 이런 문제를 고치기 위해 멀러리는 보잉의 다른 부문 임원들과 자주 커뮤니케이션을 하면서 회사 상황을 전체적으로 보려 했다. 그로부터 몇 개월 뒤, 골드스미스는 멀러리의 이런 문제점을 지적했던 이해관계자와 대화를 나눴고, 그 이해관계자는 멀러리의 문제점이 사라졌다고 말했다.

그런가 하면 골드스미스는 자신에게 코칭을 의뢰했던 고객들이 서로 교류하고, 그를 통해 서로의 경험과 지식을 나눌 수 있도록 하고 있다. 경영자들의 네트워크를 만들어주는 셈이다.

코칭을 하면서 골드스미스가 강조하는 것은 불편한 내용이라도 자신에 대한 피드백에 귀를 닫지 말 것, 변명이나 논쟁으로 피드백의 메시지를 훼손하지 말 것, 이렇게 2가지다. 골드스미스는 코칭을 할 때 이 금지 사항을 제시하고, 어길 경우 벌금을 물리기도 한다(벌금은 자선단체에 기부한다). '이해관계자 중심 코칭'에 참여하는 이해관계자는 코칭을 받는 사람이 직접 선별한다는 점을 기억할 필요가 있다. 자신에게 가치 있는 피드백을 해주리라 기대되는 사람들을 선별하는 것이다! 그리고 골드스미스에게 코칭을 받을 때는 20달러짜리 지폐를 지참해야 한다.

자신의 문제점을 고치고 미래를 더 잘 준비하기 위해 많은 사람들이 다양한 유형의 평가 방식을 활용한다. 대표적으로 360도 다면평가를 들 수 있는데, 자신이 일하는 조직의 상사, 동료, 부하 등 자신을 둘러싼 모두로부터 평가를 받는 방식이다(그래서 360도라는 이름이 붙었다). 위원회, 참모진, 개인 이사회 등 어떤 형태든 자신에게 조언해주거나 평가해주는 사람들의 존재는 중요하다.

답은 건물 밖에 있다

"답은 회사 건물 안에 있지 않습니다." 커스터머 디스커버리 프로세스 고안자로 알려진 스티브 블랭크 교수가 한 말이다. 자신이 항상 일하는 곳에서 항상 일하는 방식으로는 미래의 변곡점에 관한 새로운 통찰을 얻기 어렵다. 기스베르트 뤼흘 클뢰크너 CEO만 하더라도 철강사업의 디지털화를 추진할 때 새로운 도시에서 새로운 사람들을 채용하고 나서야 목표를 이룰 수 있었다. 미래의 모습은 전 세계 모든 곳에서 동시에 나타나는 것이 아니다. 미래의 모습이 먼저 나타나는 곳들이 있다. 남들보다 앞서 미래 상황을 준비하고자 한다면, 미래의 모습이 먼저 나타나는 곳을 찾아야 한다.

미래 상황을 미리 보는 방법은 많다. 우선 다양한 산업 콘퍼런스를 방문하라. 디지털 이벤트에 관심을 가지라. 프랭크 로즈 컬럼비아대학 교수가 주도하는 디지털 더즌 같은 디지털 영상 경연 같은 것들 말이다 (디지털 더즌에 대해서는 1장에서 소개했다). 인근 대학에서 주최하는 특강이나 세미나도 있고, 다양한 사람들이 모여 관점과 통찰을 공유하는 모임도 있다. 그리고 관심 있는 분야의 책을 읽거나 온라인교육 과정을 듣는 것도 좋은 방법이다.

시나리오와 선행지표

2장에서 타임제로 상황과 시나리오 플래닝에 대해 논했는데, 이 기법은 개인도 유용하게 활용할 수 있다. 다가오는 변곡점 앞에서 방향전환을 추진할 때 여러분에게 부정적인 영향을 끼칠 수 있는 미래 시나리오가 뭔지 미리 생각해보는 것은 할 만한 가치가 있는 작업이다. 자신의 삶을 불안정하게 만들 수 있는 주요한 요인이 뭔지 시나리오를 작성하며 생각해보라. 시나리오 작성으로 문제점만 찾아낼 수 있는 것은 아니다. 큰 기회를 만들어줄 수 있는 미래 변화를 미리 생각해볼 수도 있다.

일류 로펌에서 성공한 변호사로 일하다 새로운 도전에 나서 액센추어Accenture의 CEO가 된 줄리 스위트Julie Sweet는 개인 수준의 시나리오 작성을 통해 미래 변화에 대한 판단을 내렸다. 그녀는 원래 크라바스 스웨인&무어Cravath, Swaine&Moore에서 최고의 변호사로 인정받으며 성공 가도를 달리고 있었다. 하지만 그곳에서 계속 일하는 식으로는 자신의 가능성을 최대한 발휘할 수 없겠다고 판단하고, 회사를 떠났다. "미래를 볼 수 있다면, 그런 판단을 내리는 것이 그리 어려운 일은 아닙니다. 저희 집에는 남편이 벽에 걸어놓은 명판이 하나 있는데요. 거기에 이런 문구가 적혀 있습니다. '당신의 꿈이 당신을 두렵게 만들지 않는다면 그꿈은 충분히 큰 꿈이 아니다.'"[4] 액센추어의 CEO로 그녀가 인재를 채용할 때 가장 중요하게 보는 특성 가운데 하나는 '호기심'이다.

변화에 앞서 미리 준비하라
▶▶▶

변곡점의 출현을 파악하고 필요한 역량을 미리 갖춰놓는 식으로 대비하는 기업들이 최고의 성공을 이루어낸다. 이런 원리는 개인의 경우에도 마찬가지로 적용된다. 토머스 콜디츠가 강조한 것도 변곡점이 만들어내는 변화에 앞서 미리미리 준비하라는 것이었다.

새로운 시대의 경력 경로

경력 경로의 전통적인 진행은 조직구조상에서 한 단계씩 진급하는 것으로, 선형적이었다(더스틴 호프먼 주연 영화 〈졸업〉을 보면 청년 주인공이 밟아나가야 할 미래가 미리 정해져 있다는 식의 이야기가 나온다). 하지만 오늘날의 경력 경로는 항상 그런 식으로 진행되지는 않는다. 기업가이자 투자가이자 저술가인 리드 호프먼Reid Hoffman은 오늘날의 경력 경로는 조직이 아니라 일을 중심으로 진행되며, 비선형적인 모습으로 나타난다고 했다.[5]

310

은퇴할 때까지 평생 한 조직에서 일하며 승진해나가는 방식의 경력 경로만을 생각하는 시대는 지났다. 이제는 특정한 결과를 이뤄내는 데 필요한 기능과 역량을 갖춘 사람들로 팀을 이뤘다가 목표로 하는 결과를 얻으면 해산하고, 해당 팀에서 일하던 사람들은 새로운 팀을 찾는 방식의 경력 경로에 대해서도 생각해야 하는 시대다. 사실 영화 제작이나 컨설팅 분야에서는 이런 방식이 아주 오래전에 일반화됐다.

해야 하는 일에 변화를 줘야 하는 변곡점이 자주 발생하고 불확실성도 큰 이론 환경에서는 경력 경로에 대해 어떤 식으로 접근해야 할까? 네트워크 사이트인 링크드인의 데이터를 분석한 한 연구 결과에 따르면, 다양한 직무 기능을 갖고 있고 생소한 분야에 대해서도 빠르게 배울 줄 아는 사람들이 성공하는 것으로 나타났다.[6] 발명가이자 투자자이자 벤처캐피털리스트이며, 여러 글로벌 기업의 이사회에서 활동하는 마크 안드레센Marc Andreessen은 "CEO가 되는 비밀 제법"에 대해 이렇게 말했다. "최고의 제품개발자, 최고의 세일즈피플, 최고의 마케터, 최고의 재무전문가, 최고의 관리자, 이런 사람들이 가장 성공적인 기업 리더가 되는 경우는 거의 없다. 가장 성공적인 기업 리더는 이런 역량들을 상위 25퍼센트 수준에서 두루 가진 사람들이 된다. 이런 사람들이 어느 순간 갑자기 매우 중요한 뭔가를 이끄는 사람으로 부각되는 것이다."[7]

그런가 하면 45만 9,000명을 대상으로 이루어진 한 연구는 성공하는 기업 리더가 되는 방법에 관해 다음 3가지 핵심적인 결론을 제시했다. 첫째, 임원의 위치까지 오르는 사람들은 거의 다 복잡한 문제를 해결해야 하는, 즉 다양한 직무능력을 요하는 자리에서 직업생활을 시작했다. 어느 한 가지 직무능력만 있어도 업무를 충분히 수행할 수 있는 자리에서 직업생활을 시작한 사람들이 임원의 위치에 오르는 경우는 그리 많지 않았다. 둘째, 이들은 해당 분야에 관한 자신의 역량이 부족해 주위 사람들에게 도움을 받아야만 해결할 수 있는 직무라 하더라도 기꺼이 맡았다. 셋째, 전문가들이 '하이브리드 직무'라고 부르는 성격의 직무들이 늘어나고, 여기에서 많은 기회들이 생겨나고 있다. 기업들은 여러 성격의 직무들을 충분히 훌륭하게 해낼 수 있는 다양한 역량을 갖춘 직원들을 선호한다.

지금까지 특정 분야의 직무만 수행해온 사람이라면 다른 분야의 직무를 수행함으로써 새로운 것들을 많이 배우는 기회로 활용하는 방법을 생각해볼 만하다. 액센추어의 CEO가 된 줄리 스위트는 그때까지는 직업생활의 대부분을 변호사로 로펌 파트너로 활동했으나, 액센추어로 이직한 뒤에는 조직 관리자로 일하는 법을 새로 배워야만 했다. 그녀로서는 그때까지 한 번도 해본 적이 없는 직무였다.

브리콜라주

브리콜라주라는 예술의 한 방식이 있다. 간단히 말하면, 손에 닿는 것 무엇이라도 이용해 전에 없던 예술작품을 만들어내는 것이다. 그런데 직업 세계에서도 다양한 역량이나 경험을 융합해 전에 없던 새로운 역량을 발휘하고, 예상치 못했던 성과를 만들어내는 사람들이 생겨나고 있다.

5장에서 디지털혁명의 영향력에 관해 이야기하면서 라이언 맥매너스라는 이름을 언급했다. 그는 내 동료 교수로 나와 함께 몇 가지 연구를 진행했는데, 인생 경력이 다채롭다. 그는 고등학교를 졸업하고 아이오와대학에 입학했다. 그리고 많은 대학 신입생이 그렇듯이 자신이 하고 싶은 일이 뭔지 결정을 내릴 수 없었다.[8] 그러던 어느 날, 아이오와의 어느 길거리에 서 있다 문득 어떤 국제적인 경험을 쌓고, 국제적인 직업을 가져야겠다고 생각했다. 이 생각은 그 후의 선택들로 이어지는 주요한 동인이 됐다. 그는 얼마 뒤에 국제적으로 명성 있는 아이오와 라이터스 워크숍Iowa Writers' Workshop에서 공부했는데, 여기서 많은 것을 배우고 창작자로서의 미래까지 생각하게 됐다.

그는 국제 경험을 쌓기 위해 프랑스로 떠나기로 결심하고, 이를 위해 프랑스어를 공부했다(그때까지는 프랑스어를 거의 몰랐다). 프랑스에서는 소르본대학에서 1년을 공부했는데, 프랑스어가 그리 유창하지 않았기 때문에 수업을 따라가고 과제를 수행하기가 무척 힘들었다. 그래도 소르본에서 1년 동안 지내면서 프랑스어가 꽤 유창해졌다.

맥매너스는 대학 졸업식에서 졸업생 대표로 고별사를 읽었고, 한 글로벌 회계회사에 취업했다. 그 회사에서 그가 맡은 직무는 글로벌 마케팅이었는데, 프랑스에서의 경험과 유창한 프랑스어 능력 때문에 채용됐으리란 것이 그의 생각이다. 그는 회계회사에서 일하는 중에 인터넷의 출현과 디지털화의 유행을 맞이했다. 그는 웹사이트 구축 프로젝트에 투입됐고, 얼마 뒤에는 회사의 디지털 비즈니스 모델 개발 프로젝트에 투입됐다. 그러면서 디지털 역량까지 갖췄다(이제 기업들 사이에서 디지털화를 최우선 과제로 생각하는 분위기가 만들어졌다). 여러 디지털 프로젝트들에 관여하면서 맥매너스는 디지털혁명의 출현이 가까워졌음을 느꼈다. 대다수 사람들보다 먼저 변곡점의 출현을 인식한 것이다.

이쯤에서 그는 비즈니스 역량을 갖출 필요가 있겠다고 판단하고,

시카고대학에서 MBA 학위를 받았다. 그런 다음에는 액센추어에 들어가 일하면서 비즈니스 전략을 수립하는 역량까지 더했다. 그런 어느 날, 액센추어의 한 선배 컨설턴트와 대화하던 중 자기 삶의 변곡점을 만들어낼 혁신적인 아이디어를 얻었다. 선배 컨설턴트가 이런 말을 했다고 한다. "고객들과 비즈니스 전략에 대한 이야기를 나누다 보면, 기술에 관한 질문을 받는 경우가 많아. 그리고 고객들과 기술에 대한 이야기를 나누다 보면, 기술과 비즈니스 전략을 어떻게 연결할 수 있을지 질문을 받는 경우가 많고." 맥매너스는 "그렇다면 우리가 기술과 비즈니스 전략 사이에 어떤 연결점을 만들어야 하는 게 아닐까?"라고 생각했고, 액센추어에서 디지털전환 전략사업부를 만들었다.

디지털혁명의 흐름이 여러 단계를 거치며 점점 더 복잡한 양상으로 전개되자(처음에는 책의 디지털화 수준에서 나중에는 자동화 사업 모델의 출현에 이르기까지) 맥매너스는 디지털혁명이 세상을 완전히 바꿀 거란 판단을 내리고, 그러한 변화의 흐름에 직접 뛰어들기로 결정했다. 그는 액센추어를 떠나 50명 규모의 사물인터넷 관련 스타트업에 합류했다. 그는 스타트업에서의 경험을 이렇게 설명한다. "회사 내 누구와도, 어떤 팀과도 직접적으로 협력하면서 일하게 됩니다. 영역의 구분이 없어요." 지금 맥매너스는 여러 스타트업들에서 이사회 멤버 및 어드바이저로 활동한다. 매우 다양한 역량과 경험을 쌓았기에 가능한 일이다. 그는 지금도 새로운 것들을 배우고 싶다고 한다. "나는 다음 단계의 뭔가를 하는 데 필요한 것들을 배우겠다는 생각을 항상 가지고 있습니다. 그게 내 일이라고 생각해요." 그가 내게 한 말이다.

선택의 범위를 확장하라

사람들이 자신의 삶에서 더 이상 앞으로 나아가지 못하는 한 가지 이유는 다음 단계로 도전했을 때의 결과가 불확실하고, 그래서 너무 위험하다고 생각하기 때문이다. 틀린 생각은 아니다. 그런데 한 번의 실패가 모든 것을 잃는 결과로 이어지는 식의 무모한 도전만 있는 것은 아니다. 나는 기업들에게 단계적인, 혹은 부분적인 변화를 조언하곤 한다. 그리고 이는 개인에게도 유효한 조언이다. 미래를 위한 변화를 단계적으로, 부분적으로 시도하는 것이다.

미래를 위한 변화를 추진할 때 선택 범위를 넓힌다는 개념으로 접근하는 방법이 있다. 사실 개인의 삶에서 변화와 관련해 새로운 선택지를 찾고, 그에 관한 실험을 행하고, 실험 결과를 토대로 변화의 방향을 바꾸는 식으로 접근하는 경우는 별로 없다. 라이언 맥매너스는 인생의 경험을 하나씩 더해가는 식으로 선택 범위를 확장했고, 이는 그의 경력 경로를 발전시키는 데 매우 효과적인 방법이었음이 확인됐다. 여러분도 이 접근법을 활용할 수 있다. 한 가지씩 경험을 늘리고, 선택 범위를 확장하고, 넓어진 범위에서 기회를 찾아보는 식으로 말이다.

이런 식으로 접근할 때 디자인 씽킹의 원리를 이용할 수도 있다. 파울라 데이비스 라크Paula Davis Laack는 라이프 코치로, 주로 사람들이 번아웃 문제를 해결하도록 돕는다. 원래 변호사였으나, 자신의 직업에서 더 이상의 발전 가능성을 찾지 못하자 그만뒀다.[9] 그녀는 2번째 직업을 찾기 위해 디자인 씽킹의 원리를 이용했다고 한다.

디자인 씽킹의 첫 번째 단계는 자신이 어떤 상황에 놓여 있고, 해결하고자 하는 문제가 뭔지를 규명하는 것이다. 자신의 경력 경로와 관련해서는 이런 질문을 제기해볼 수 있다. "나는 계속해서 출근해야 하는 데, 지금 직장에서 내가 정말로 좋아할 수 있는 일은 무엇일까?" "새로운 시장 트렌드를 어떻게 이용할 방법이 없을까?"

일단은 문제를 규명하는 것이 순서다. 당장 해결책으로 뛰어들 필요는 없다. 지금 자신의 도전을 제약하는 것들이 뭔지 생각해보라. 경제 상황? 거주 지역? 가족? 이런 제약 요소는 도전을 가로막기도 하지만, 창의성의 원동력이 되기도 한다. 유능한 디자이너들은 제약 요소를 매우 가치 있는 것으로 인식한다. 제약 요소들이 디자인을 결정하고 해결책을 찾는 토대가 되기 때문이다.

디자인 씽킹의 2번째 단계는 고찰이다. 개인의 삶에 대해 고찰할 때는 자신의 가치관에 부합하고, 자신이 좋아하고, 즐거움을 찾을 수 있는 활동이 뭔지 생각해보는 것이 바람직하다.

디자인 씽킹의 3번째 단계는 새로운 선택을 추진하고 자신이 정립한 가정을 확인해보는 것이다. 사실 데이비스 라크는 자신의 2번째 직업으로 제과제빵사를 생각했고, 변호사를 그만두고 제과점에서 인턴으로 일했다. 하지만 제과제빵사로 일하는 매시간이 힘들어, 인턴을 그만두고 2번째 단계로 되돌아갔다. 그는 자신이 정말로 좋아하고 즐거워할 수 있는 일을 찾기 위해 자신의 성격적 특성을 분석해 항목별로 구분해봤다. 직업과 관련된 성격적 특성은 물론이고, 직업과 관련 없어 보이는 성격적 특성까지 전부 나열했다.

이 3번째 단계에서는 자신이 정립한 가정을 확인하기 위해 다수의 프로토타입을 만들게 된다. 물론 프로토타입을 단번에 만들어낼 수 있는 것은 아니다. 플랫아이언 헬스를 창업하기에 앞서 냇 터너와 자크 와인버그는 수많은 사람을 찾아다니며 질문과 대화를 하고, 정보와 조언을 구했다. 내 경우는 박사과정에 들어가기에 앞서 대학과 연구소에서 일하는 사람들을 많이 만나고 다니며 학자로서의 직업이 내게 맞는지 확인하려 했다. 이 과정에서 새로운 선택이 자신과 맞지 않는다는 판단을 내릴 수도 있다. 그리고 전에는 생각하지 못한 새로운 아이디어를 발견할 수도 있다.

개인의 삶에서는 이런 과정이 일종의 실험이 된다. 여러분이 새롭게 경험하고자 하는 분야에서 일하는 사람들이 어떤 환경에서 어떻게 일하는지 관찰해보라. 자신의 아이디어를 직접 시험해보고, 그중에서 무엇에서 가능성이 보이는지 찾아보라. 여러분 가까이에 있는 이해관계자들에게 피드백을 받는 것도 좋은 방법이다. 나는 기업경영자들을 대상으로 리더십 코칭을 할 때 역량이 서로 다른 두 사람을 지정하고, 일정 기간 서로를 관찰해볼 것을 주문한다. 사티아 나델라 마이크로소프트 CEO는 넷플릭스 인사이더 프로그램에 참여함으로써 넷플릭스가 매우 빠르게 의사결정과 방향전환을 한다는 사실을 알게 됐고, 거기서 배운 바를 마이크로소프트의 경영에 활용하면 좋겠다고 생각했다.[10]

이런 일련의 과정을 통해 충분히 확인했다면, 이제는 실행 단계에 들어갈 차례다. 주위의 제약 요소들을 파악하고, 가능한 선택들에 대해 평가하고, 선택한 변화를 추진하라. 한 번의 실패로 많은 것을 잃을 수 있는 위험한 방식의 도전만 있는 것이 아니다. 변화의 범위를 확장해나가는 식으로 실패로 인한 손실 위험을 낮추는 접근법도 있다.

자신의 진짜 목표가 무엇인가?

▶▶▶

자신의 미래를, 10년, 20년 뒤를 그려보는 것은 인생에서 맞는 변곡점에 효과적으로 대응하는 데 도움이 된다. 그리고 당연한 말이겠지만, 자기 인생의 미래를 분명하게 그릴수록, 변곡점에 효과적으로 대응할 수 있다.

수단과 목표를 혼동하지 말라

사람들이 목표를 추구하면서 많이 범하는 실수가 목표에 도달하기 위한 수단을 목표 그 자체로 인식하는 것이다. 나는 이런 일을 자주 목격한다.

조직 내 서열을 매우 중시하는 어느 기업이 대대적인 조직 변화을 추진하면서 컨설팅을 의뢰해온 적이 있다. 나는 그 기업의 리더들에게 어떤 변화를 언제 추진해야 하는지에 관해 조언했다. 나는 팀장급 한 명에게 이렇게 물었다. "이번 프로젝트가 성공적으로 끝나면 개인적으로 어떤 결과를 얻고 싶으세요?" "임원으로 승진하고 싶습니다." 나는 임원으로 승진하고 싶은 이유가 있느냐고 물었고, 그는 임원이 되는 것 자체가 조직 내에서의 목표라고 답했다. 그는 조직에서 임원으로 승진하는 것을 열반에 드는 일 정도로 생각하는 듯했다.

그런데 임원이 된다고 해서 열반에 들고 인생의 목표가 이루어지는 것은 아니다. 회사가 다른 기업에 인수돼 해고되거나, 자신이 관여하던 시장이 사라지거나, 회사에서 조직구조를 수평적으로 바꾸거나, 예상치 못한 변곡점이 발생해 자신의 사업부가 사라지는 경우를 생각해보라. 상상력이 부족하고 시야가 좁으면 목표로 가는 수단을 목표로 오인하기

318

쉽다. 자신이 추구하는 목표가 뭔지 제대로 보기 위해서는 좀 더 넓은 관점에서 자신의 미래상을 그려볼 필요가 있다.

자신의 목표는 조직에서 마케팅 담당 임원이 되는 것이라고 말한 여성 리더도 생각난다. 우리는 그런 목표가 뭘 의미하는지 넓은 관점에서 생각했다. 그녀가 임원이 되고 싶어 하는 이유는 임원이 되면 업무 재량권이 커지고, 협업할 수 있는 사람의 범위가 늘어나고, 회사의 의사결정권자들과 직접적으로 의견을 나눌 수 있기 때문이라는 답을 얻었다. 자신의 진짜 목표가 뭔지 알아내면, 진짜 목표를 이룰 수 있는 길이 훨씬 더 다양하게 존재한다는 것을 깨닫는다.

목표에 도달할 가능성이 더 큰 길 말이다. 그 여성 리더는 지금의 회사 조직에서 자신이 바라는 식으로 일할 수 있는 길을 임원이 되기도 전에 곧바로 찾을 수도 있다. 아니면 자신의 사업을 시작할 수도 있다. 마케팅 전문 기업의 컨설턴트로 이직할 수도 있고, 비영리단체에서 자신의 일을 찾을 수도 있다. 자신의 목표를 피상적인 지위나 직급이 아니라 자신이 그리는 미래상을 통해 바라본다면, 목표를 이룰 수 있는 새로운 길들이 보일 것이다. 이는 다가오는 변곡점에 대응할 때도 매우 유용한 접근법이다.

리더십 라이프라인

내가 재직 중인 컬럼비아 비즈니스 스쿨에서 학생들을 위해 만든 도구 가운데 '리더십 라이프라인Leadership Lifeline'이라는 프로세스가 있다. 학생들이 자신의 과거 인생행로와 직업행로를 구체적으로 적어보고, 그로부터 뭔가 배울 만한 점들을 찾아보고, 이를 토대로 미래를 준비할 수 있도록 하는 교육 도구다. 리더십 라이프라인의 첫 작업은 지금 자신의 모습을 형성한 주요한 인생 경험들을 시간 흐름에 따라 구체적으로 기술하는 것이다. 그 어떤 사람의 인생행로와 직업행로도 순조롭게 일직선으로 진행되는 경우는 없다. 그리고 이 작업을 통해 그동안 인생의 변곡점들을 이겨내고 발전의 기회를 만들어준 자기만의 원칙이 무엇이었는지를 구체적으로 알 수 있다.

변곡점을 이겨내면 그로부터 많은 것을 배운다. 그리고 변곡점을 이겨냈던 여러 경험들을 연결해 생각해보면, 앞으로의 변곡점에 대응하는 효과적인 방법을 찾을 수 있다. 과거의 인생행로와 직업행로를 구체적으로 기술해보는 이유가 바로 여기에 있다. 자신의 삶에서 드러나는 자기만의 성공원칙을 찾고, 이를 통해 미래의 변곡점에 대응하는 것이다. 이어지는 부분에서는 리더십 라이프라인을 진행하는 기본적인 방법을 소개하고자 한다. 여기서 소개하는 방법을 토대로 자신의 상황에 맞게 응용하거나 변형해볼 수 있다.

1단계 : 자신의 행로를 기술한다

자신의 인생행로와 직업행로를 기술할 때 커다란 플립차트를 이용하면 좋다. 출생부터 지금까지 겪은 주요한 일들을 시간 순서대로 기술하고, 거기에 관련 사진을 붙여두는 것도 좋은 방법이다. 지금까지 자신의 삶에서 일어난 중요한 사건들, 인간관계, 성공, 실패, 성과, 좌절 등을 전부 기술하라. 여러분의 현재 사고방식과 행동방식은 과거의 경험에 상당 부분 영향을 받아 형성됐으니, 이렇게 과거의 행로를 구체적으로 기술해보면 자신을 더 잘 이해할 수 있다.

각각의 주요한 사건이 여러분에게 어떤 영향을 끼쳤을지 생각해보라. 여러분의 현재 가치관이나 신념은 어떤 사건들에 의해 형성됐는가? 과거 사건들 가운데 지금도 여러분에게 영향을 끼치는 것들은 무엇인가? 여러분의 가치관이나 신념을 강화하는 식으로 연달아 일어난 사건들은 무엇인가?

2단계 : 자기만의 성공원칙을 찾는다

자신의 행로를 기술하면서 인생의 역경이나 변곡점을 성공적으로 헤쳐 나갈 수 있도록 한 원칙, 혹은 일하는 방식이 무엇이었는지를 찾아보라. 컬럼비아 비즈니스 스쿨에서 리더십 라이프라인을 기술하면서 자신의 성공원칙을 인내심으로 꼽은 학생이 있었다. 그는 역경이나 변곡점 앞에서 힘들어도 견뎌내며 열심히 일하는 식으로 원하는 상태에 도달할 수 있었다고 했다. 여러분의 핵심 가치관들이 어떤 경험에 의해 형성됐는지 생각해보라.

자기 자신에 대해 명확하게 파악하는 것은 중요하다. 웬만한 유혹에는 흔들리지 않는 여러분의 신념이나 행동방식은 무엇인가? 저명한 경영학자이자 내 친구이기도 한 클레이튼 크리스텐슨은 자신과 함께 대학을 졸업한 친구들 가운데 상당수가 본인이 원했을 거라고 여겨지지 않는 삶을 산다고 말했다. 이혼, 가족과의 관계 단절, 더 이상의 발전을 기대할 수 없는 직업, 교도소 수감 같은 삶 말이다. 크리스텐슨은 말했다. "나와 함께 공부한 친구들 가운데 많은 이가 자신의 계획과 완전히 다른 삶을 살고 있었다."[11] 그러면서 이렇게 말을 이었다. "우리는 우리가 어떤 사람이 되고 싶은지를 명확하게 해야 한다. 그리고 그런 모습을 가족 안에서부터 구현해야 한다. 그래야 인생을 살아가면서 자신이 원하는 사람이 되는 데 필요한 도움을 이끌어낼 수 있다."[12]

3단계 : 자기만의 스토리를 만들어낸다

자신의 과거 행로와 자기만의 성공원칙을 기술했다면, 이제는 이를 기반으로 자기만의 스토리를 만들어낼 차례. 제3자의 시각으로 자신을 바라보며 자신의 스토리를 만들어보라. 최대한 구체적으로 사실에 가까운 스토리를 구성할 필요가 있다. 그래야 스토리를 자기 것으로 받아들일 수 있다. 자기만의 스토리를 만드는 목적은 자신의 성공을 만들어준 방식을 항상 기억하고 이를 반복적으로 활용하기 위해서다.

4단계 : 미래의 자신을 기사 형식으로 작성해본다

이번 단계는 이언 맥밀런 교수와 내가 컬럼비아 AMP 과정의 일환으로 개발했다.

지금으로부터 15년 뒤를 상상해보라. 15년 뒤의 어느 시점에 여러분은 여러분 자신에 관한 기사를 작성할 것이고, 그 기사는 〈포천〉 같은 유명 잡지나 신문에 실릴 것이다. 기사에는 여러분이 기사 작성 시점 5년 전에 일련의 행동을 추진했고, 그 결과 크게 성공했으며, 전에는 상상하지도 못한 삶을 누리게 됐다는 내용이 담길 것이다. 만약 이런 일이 현실이 된다면 여러분이 추진할 일련의 행동이란 뭘지 생각해보라.

그리고 여러분 주위의 핵심 이해관계자들을 생각해보라. 여러분이 매일같이 교류하는 핵심 이해관계자들은 여러분이 이루어낸 변화를 어떻게 생각할까? 여러분의 성공으로 인해 그들의 삶에 어떤 변화가 일어날까?

여러분이 작성하는 기사에 이런 내용도 담아야 한다.

기사에는 여러분이 어떤 사람인지를 설명하는 내용도 들어간다. 중요하게 생각하는 의제들은 무엇인가? 의사결정은 어떤 식으로 하는가? 어떤 활동을 주로 하는가? 어떤 사람들과 교류하는가? 관계를 끊은 사람들은 어떤 사람들이고, 그 이유는 무엇인가?

기사에는 여러분의 성공으로 인해 달라진 가족들의 생활도 실린다. 가족들의 삶은 어떻게 달라졌는가?

5단계 : 기사의 피드백을 받아본다

이번 장의 앞부분에서 피드백이 우리의 시야를 넓혀준다고 했는데, 주위의 이해관계자들에게 앞서 작성한 기사의 피드백을 받아보라. 그들은 여러분이 기사에서 그려낸 자신의 모습을 현실로 만드는 데 도움을 줄 수 있다. 그리고 수정 보완된 기사는 인생의 변곡점을 맞고 중요한 판단을 내려야 할 때마다 꺼내서 읽어보라.

미래의 기사가 만들어내는 효과

올리비에 보트리Olivier Bottrie는 컬럼비아 AMP 과정에 참여하면서 작성한 '미래의 기사'가 실제로 자신의 꿈을 실현하는 촉매로 작용했다고 한다. 〈와튼 매거진Wharton Magazine〉에 소개된 그의 이야기 일부를 소개하겠다.

2009년 어느 날, 5주 과정으로 진행되는 컬럼비아 AMP에 참여하고 있던 올리비에 보트리는 한밤중에 잠에서 번쩍 깨어났다. …… 그날 그의 잠을 깨운 AMP 과제가 인생의 꿈을 이루는 밑받침이 됐다.

뉴욕에 본사를 둔 굴지의 화장품기업 에스티로더의 고위 임원인 올리비에 보트리가 잠에서 깬 시각은 새벽 1시였다. 잠이 든 지 30분 만이었다. 갑자기 AMP 과정의 마지막 과제가 생각났기 때문이다. 15년 후의 미래 시점을 상상해 자신에 대한 가상의 기사를 작성하는 것이 그 마지막 과제였고, 〈포천〉에 실리는 전형적인 기사들과 마찬가지로 자기 자신이 15년 후에 어떤 과정을 거쳐 어떤 목표를 이뤘는지를 상세하게 쓰도록 돼 있었다. 그는 아직 잠이 덜 깬 채로 가상의 기사를 작성하기 시작했다.

"처음에는 제 직업을 생각하면서 기사를 썼습니다. 뭘 하고, 회사에서 어떻게 되고, 앞으로 어떤 일을 하고, 이런 이야기를 2페이지 반을 썼습니다. 그러다가 다른 이야기를 적기 시작했습니다."

그는 가상의 기사를 작성하던 시점에서 2년 후인 2011년부터 시작되는 이야기를 새로 쓰기 시작했다. 2011년에 더 브레인 트레인The Brain Train이라는 재단을 설립하고, 빌 게이츠에게 재정 지원을 받아내고, 2013년에는 아이티에 재단의 첫 번째 학교를 설립하고(아이티는 그의 아내가 태어난 곳이다) 2025년까지 학생 15만 명을 배출한다는 내용이었다.

이 가상의 기사를 작성하고 6년이 지났을 때 보트리는 아이티에서 교육사업을 하는 자선사업가가 돼 있었다. 한밤중에 깨어나 작성한 기사 내용보다 더 발전한 형태였다. 2010년에 발생한 아이티 대지진을 계기로 그는 뜻이 맞는 여러 파트너와 함께 기금을 모아 아이티 생마르에 '리세 장 밥티스트 프웽 뒤 사블르Lycée Jean-Baptiste Point du Sable'라는 비영리학교를 열었다. 2011년 10월의 일이었다. 생마르는 고립되고, 빈곤율이 매우 높고, 교육의 기회가 거의 없는 지역이다. 그가 '아이들을 위해 뭔가 하고 싶다'는 막연한 생각을 구체적인 행동 계획으로 발전시킬 수 있었던 것은 자신의 상상을 구체적으로 기술할 기회를 만들어준 그 과제 덕분이었다고 말한다.[13]

여러분도 자신의 상상이 실현되는 상황을 구체적으로 기술해보라. 그 간단한 작업이 어떤 결과로 이어질지는 아무도 모른다. 누구나 자신의 삶에 닥친 불확실한 변곡점에 효과적으로 대응하기를 바란다. 이때 자신의 과거 인생행로와 직업행로를 돌아보는 것은 자신의 성공방식과 미래행로를 발견하는, 그리고 자신이 올바른 길을 걷고 있는지를 확인하는 매우 유용한 방식이다.

변곡점은 기회가 된다
▶ ▶ ▶

루이 파스퇴르Louis Pasteur가 말했다. "행운의 여신은 준비된 자를 좋아한다." 자주 인용되는 문구다. 지금까지 여러분이 일하는 시장이나 산업 분야에서 일어나는 중요한 변곡점을 인지하고 이에 대응하는 법에 관해 논의했다. 이 책이 여러분에게 새로운 시야를 열어주고, 새로운 길을 제시했기를 바란다.

변곡점의 출현을 인지하기 위해서는 우선 변화가 가장 먼저 일어나는 곳을 찾아야 한다. 변곡점은 어느 순간 명확한 모습을 갖추고 갑자기 세상에 나타나는 것이 아니라 서서히 조금씩 그 모습을 드러낸다. 눈은 가장자리에서 가장 먼저 녹는다고 하는데, 변곡점의 출현을 남들보다 먼저 인지하기 위해서는 호기심을 갖고 가장자리에 자주 나가봐야 한다. 변곡점의 출현이 분명해지고 어떤 대응을 취해야 하는지 모두가 알아냈을 때는 이미 너무 늦다. 변곡점의 약한 신호를 감지하고, 그 신호의 의미를 해석할 줄 알아야 한다. 그래야 언제 행동을 취해야 하는지를 판단할 수 있다. '우리 업계'라는 너무 광범위한 개념으로 접근하지 말고, 아레나맵을 통한 분석 같은 정밀한 접근법이 필요하다. 그래야 남들이 알아보지 못하는 것들을 볼 수 있다. 건물 바깥에서 시장과 고객이 어떻게 움직이고 있는지 직접 확인하라. 시장과 고객은 우리가 건물 안에서 예상하거나 기대하는 대로 움직이지 않는다.

변곡점이 출현하는 불확실한 상황에서 사업을 추진할 경우, 사업계획은 새로운 정보가 입수되고 상황이 바뀔 때마다 수정 보완돼야 한다. 나는 이런 접근법을 '상황에 따른 계획'이라고 부른다. 여러분은 상황에 따른 계획을 통해 리스크를 통제하고, 너무 이른 시점에 대대적인 투자 결정을 내리는 오판을 피할 수 있다. 도박은 작은 규모로 행하고, 실험은 빠르게 행하고, 자신이 가진 전제들에 의문을 제기하라. 여러분이 가진 잘못된 전제만큼 위험한 것도 없다.

조직의 리더로서 많은 사람을 변화에 동참시키는 일은 매우 어려운 도전이다. 이때 미래 성공의 선행지표들에 초점을 맞추도록 하는 접근법이 도움이 될 수 있다.

변곡점을 지난 이후에는 조직 역시 달라질 필요가 있다. 달라진 시장 환경에 적응하지 못하거나, 혁신역량이 더 큰 경쟁자들에게 시장을 크게 잃는 일을 막기 위해서는 조직의 혁신역량을 높여야 한다.

변화에 더 적합한 리더십이 있고, 안정적인 관리에 더 적합한 리더십이 있다. 변곡점에 대응할 때는 '전시 리더십'이 필요하다. 변곡점에 효과적으로 대응하고 필요한 변화를 이끌어내면 엄청난 성과로 이어지고, 여러분은 자신이 바라던 삶을 살 수 있다.

변곡점은 언제나 누군가에게는 큰 기회를 만들어준다. 그 누군가가 여러분 자신이 되지 말라는 법은 없다.

우리가 이 장에서 배운 것들

변곡점의 출현을 빠르게 인지하는 것은 매우 유리하며, 그만큼 긍정적인 결과로 연결된다.

지금 일어나는 변화들이 어떤 기회를 만들어줄지, 혹은 어떤 위기를 유발할지 판단하기 위해서는 아레나맵으로 여러분이나 여러분의 조직에 대해 분석할 필요가 있다.

항상 교류하던 사람들 이상으로 인적 네트워크의 범위를 넓히면 전에 보지 못하던 것들을 볼 수 있다.

주위 핵심 이해관계자들에게 받은 피드백은 자기 자신을 더 정확하게 파악하는 데 도움이 된다.

현실을 파악하고 좋은 아이디어를 찾기 위해서는 건물 밖으로 나가야 한다.

자기만의 시나리오를 작성하고, 자기만의 선행지표들을 개발해두는 식으로, 자신의 미래에 대해 판단을 내릴 때 오류를 최소화할 수 있다.

다양한 역량과 다양한 경험은 성공적인 경력 경로의 토대가 된다. 자칫하면 내실 없는 경력이 될 수도 있으나, 큰 성공으로 이어질 수도 있다.

어떤 사람이 갖춘 여러 역량은 어느 순간 융합돼 엄청난 가치를 창출할 수 있다.

미래를 위한 변화를 추진할 때 선택 범위를 넓힌다는 개념으로 접근하는 방법이 있다. 그리고 디자인 씽킹의 원리를 이용할 수도 있다.

자신의 과거 인생행로와 직업행로를 기술하고, 그로부터 자신의 성공원칙을 발견한다면 앞으로의 변곡점을 헤쳐 나가는 데 큰 도움이 된다.

감사의 글

드디어 원고를 마치고 여기까지 왔다. 이 책을 쓰는 데 도움을 주신 많은 분들, 그리고 내 삶의 일부분이 돼주는 사람들에게 감사를 표하고 싶다. 그리고 독자 여러분에게는 이 책을 쓰게 된 뒷이야기를 짧게나마 전해드리고 싶다.

책과 함께 사는 것은 참 어렵다. 좀 더 정확히 말하자면, 책을 쓰는 사람과 함께 사는 것은 어렵다. 내 남편은 내가 책을 쓰는 동안에 "고슴도치"처럼 날카로워진다고 한다. 마감일이 다가오거나 원고를 퇴짜 맞으면, 나는 원고에만 매달린다. 남편이 고슴도치 인형을 사다주기도 했다 (다행히 인형에 날카로운 가시는 없었다). 나는 원고를 쓰느라 경황이 없을 때는 내게 말을 걸지 말라는 의미로 고슴도치 인형을 책상에 올려둔다.

남편은 내가 책을 마감일 내에 잘 완성하기를 바란다. 그래서 내가 다른 프로젝트나 외부활동 등으로 원고에 신경을 쓰지 못하는 것 같으면 "지금 쓰는 책은 잘돼?"라고 묻거나 "원고도 써야지"라고 알려준다. 그리고 가족과 함께 향후 일정을 잡기 위해 논의할 때도 먼저 원고 마감일을 물어본다. 남편 같은 사람은 책을 쓰는 사람에게 정말로 필요한 존재다.

다른 가족들도 내가 편안하게 작업에 몰두할 수 있도록 배려해준다 (마감일을 앞두고 신경이 곤두서 있는 게 보일 때는 적절히 거리를 두면서 생활하는 식이다). 우리 아이들인 맷과 앤은 내가 이 책을 쓰는 데 직접적인 도움을 주었다. 앤은 현재 경영대학원에서 공부하는데, 조직 내에서의 판단과 개인의 동기가 어떤 식으로 상호관계를 맺는지 알려줬다. 맷은 몇몇 기업들의 실패 사례에 관한 자신의 생각을(실패 원인을 포함해) 알려줬다. 내 아이들과 대화해보면, 내가 자란 세상과 지금 아이들이 살아가는 세상이 서로 다름을 절감한다.

내 아버지는 코닥의 몰락과 제록스의 잘못된 선택을 눈앞에서 지켜보셨다. 아버지는 경영자들의 오판이 낳은 결과를 자주 말씀해주셨고, 그 이야기들은 내가 책을 쓸 때 큰 도움이 된다. 어머니는 이 책이 출간되기 얼마 전에 세상을 떠나셨다. 어머니는 이 책을 처음 쓰기 시작했을 때부터 응원해주셨다. 부모님은 내게 인생의 변곡점에서 적정한 수준의 리스크를 감수하고 도전할 필요가 있다는 것, 기존의 안정 영역을 벗어나 새로운 시도를 하면서도 마음의 안정을 유지할 수 있다는 것을 알려주셨다.

내가 이 책을 쓰는 동안, 나와 함께 일하는 연구 팀원들이 많은 수고를 해줬다. 매리언 레인슨은 자신의 뛰어난 마케팅 분야 지식을 활용해 중요한 프로젝트들을 계속해서 수행해줬다. 팸 라이언은 천재다. 우리 팀에서는 "실세 무대감독"이라는 별명으로 불리는데, 우리 팀의 모든 일은 그녀 덕분에 원활하게 돌아간다. 이 세상에 여행에 관한 노벨상이 있다면 그건 조셋 카리조가 받아야 한다. 터리사 브라운, 크리스틴 앤드류스, 미시 파이레라도 이 책이 세상에 나오는 데 큰 도움을 줬다.

우리 포지 패밀리가 아니었다면 나는 매우 무기력한 시간을 보냈을 것 같다. 포지는 잭 몰스코가 설립한 우리 지역의 부티크 스타일 체육관이며, 라이언 카시아와 레베카 스완이 파트너 코치로 있다. 내 좋은 친구인 아일린은 우리 부부가 포지에서 운동하는 것을 좋아하는 것 같다고 말하는데, 우리 부부는 정말로 포지에서의 운동을 좋아한다! 우리 부부는 한 주에 서너 번 포지에서 운동한다. 포지에서 함께 운동하는 친구들과 코치들은 내 책의 독자들이라고 말해준다. 대부분의 시간을 책상에 앉아 작업하는 내게 포지는 너무나 가치 있는 시간을 만들어준다.

콜럼비아 비즈니스 스쿨의 내 멋진 동료들은 계속해서 나를 격려하고, 응원하고, 지지해줬다. 이곳에서 오래도록 함께 일할 수 있어서 정말로 영광이다. 이그제큐티브 에듀케이션 과정에 참여해준 분들과의 대화와 토론 덕분에 이 책의 기업 사례들이 더욱 깊이 있어졌다. 트리시 고먼에게는 특별한 감사를 표한다. 고먼은 전략에 관한 많은 것들을 알려줬다. 특히 전략적 결정을 내리는 '최적 시간'의 중요성을 강조했다.

이 책의 뒷이야기

이 책은 내가 단독 저자로 쓴 첫 번째 책《경쟁우위의 종말》과 맥락을 같이한다. 경쟁우위는 오랜 기간 유지되기 어렵기 때문에 기업들은 끊임없이 새로운 경쟁우위를 만들어야 하고, 그 효과성을 상실한 기존 경쟁우위는 스스로 버려야 한다는 것이 그 책의 주제였다. 그 책 내용은 기존에 일반적으로 받아들여지던 전략이론에 반하는 부분이 있었지만, 많은 사람에게 실제 현장 상황에 더 적합한 내용이라는 평가를 받았다.

이번 책은 나의 5번째 책이다. 2016년 초, 멀린다 메리노 〈하버드 비즈니스 리뷰〉에디터가 전략과 혁신에 대한 새로운 사고방식에 관해 온갖 이야기들이 쏟아져 나오고 있지만, 정리가 안 되고 혼란스럽기만 하다고 내게 말했다. 그녀의 이 말이 이 책을 쓰는 계기가 됐다. "생태계니, 플랫폼이니, 디지털이니, 린 방식이니, 애자일 방식이니, 우리 모두 이런 말들을 하고 있지만, 정작 사람들은 뭘 해야 할지 모르고 있는 것 같아요. …… 사람들 사이에 환경이 완전히 바뀌었다는 인식은 어느 정도 있습니다. 하지만 그런 점을 분명히 해줄 방법이 현재로서는 없습니다." 그의 말이 내게는 《경쟁우위의 종말》의 후속작을 써보게는 게 어떠냐는 제안으로 들렸다.

그 이후 나는 많은 책을 읽었다. 이 책을 쓰기 위해 내가 읽은 책들은 본문에도 소개해놨다. 그렇지만 책을 쓰기 위한 아이디어라는 것이 내가 의지를 갖는다고 해서 금세 정립되는 것은 아니다. 이 책의 중심 아이디어라 할 수 있는 변곡점의 개념이 내 머리에 떠오른 것은 마틴 와일이 보낸 이메일 덕분이었다. 우리 가족의 파이낸셜 플래너이자 좋은 친구인 그는 "누군가가 세상을 완전히 바꿨는데, 아무도 그 사실을 몰라줄 때"라는 기사를 하나 첨부해줬다.[1] 그 기사에는 라이트형제의 첫 번째 비행이 〈뉴욕타임스〉에 보도된 것은 비행이 이루어지고 3년 뒤의 일이며, 그 인류 최초의 비행이 본격적으로 세상의 관심을 받은 것은 거의 5년 뒤의 일이라는 내용이 들어 있었다. 나는 이런 생각이 떠올랐다.

'앤드루 그로브는 변화가 가장 먼저 일어나는 곳이 있다고 말했는데, 마틴 와일이 보내준 기사 내용대로 그런 변화를 전 세계가 받아들이기까지 꽤 오랜 시간이 걸린다면, 그 두 시점 사이에 무슨 일이 일어날 수 있는지 생각해볼 필요가 있겠다. 헤밍웨이 소설 《태양은 다시 떠오른다》를 보면 마이크 캠벨이 자신이 파산한 것에 대해 "처음에는 천천히 다가오지. 그러다 갑자기 나타나는 거야"라고 말하는데, 변곡점도 우리 앞에 그런 식으로 다가오는 것 같다. 만약에 변곡점을 일찍 알아볼 수 있다면 그건 엄청난 기회로 연결될 것이다.'

나는 2016년의 나머지 시간 대부분을 자료를 취합하고 이를 기반으로 책을 구상하는 데 썼지만, 내용이 잘 정리되지 않았다. 책을 구상하는 중에도 저술가들과 강연자들의 모임인 '리딩 어서러티Leading Authorities'에 꾸준히 참여했다. 그곳에서 나와 팀을 이뤄 함께 일하는 마크 프렌치, 맷 존스, 레이니 포스터는 내 전작을 홍보할 때 매우 뛰어난 역량을 보여줬다. 그러던 어느 날, 맷 존스가 로스 윤이라는 출판에이전시를 소개해줬다. 나는 2017년 1월에 로스 윤과 접촉했다. 나를 맞은 사람은 로스 윤의 대표인 하워드 윤이었다. 우리는 내 책의 출간 작업을 함께하기로 합의를 봤다. 사실 그때까지만 해도 내가 가진 거라고는 정리되지 않은 자료들밖에 없었는데, 하워드 윤은 그 자료들을 그냥 자기에게 보내달라고 했다.

그는 정말로 놀라운 사람이었다. 똑똑하고, 성실하고, 솔직한 그는 내가 책의 대강을 정리할 수 있도록 결정적인 도움을 줬다(나도 그런 능력이 있다면 얼마나 좋을까 생각이 들 정도였다). 그는 내 구상을 파워포인트 자료로 정리해보라고 제안했고, 그것은 이번 집필 과정의 전환점이 됐다(그때까지 내가 작성해놓은 거라고는 단조로운 정보의 나열뿐이었는데, 그는 그것들을 다 읽어보고 그와 같은 제안을 했다). 그 방대한 자료를 짧은 프레젠테이션 자료로 정리해보는 일은 엄청난 효과를 만들어냈다. 그는 갈피를 잡지 못하던 내게 과제를 내줬고, 나는 그 과제를 완수하기 위해 최선을 다했다. 그렇게 해서 책을 쓰기로 마음을 먹은 지 1년이 조금 더 지나서 책을 쓸 수 있을 정도의 준비를 마쳤다.

그런 다음에는 호튼 미플린 하코트Houghton Mifflin Harcourt와 함께 작업을 시작했고, 여기부터는 내 에디터인 릭 울프도 참여했다. 그는 독자들을 위한 좋은 책을 만들 줄 아는 에디터다. 저자들의 글을 신랄하게 평가하는데, 그건 좋은 책이 나오는 데 있어 분명히 도움이 되는 개입이다. 이번 책을 쓰면서 특히 자신감을 갖지 못한 장이 있었는데, 그 덕분에 해당 장을 제대로 마칠 수 있었다. 뭐라고 감사를 표해야 할지 모르겠다.

호튼 미플린 하코트의 로리 글레이저와 마이클 트라이언트는 내가 생각하지도 못했던 아이디어를 제시해주는 식으로 이번 책에 큰 도움을 줬다(이번 책에서 여성문제를 조금 다뤘는데, 이들의 도움이 있었기에 가능했다). 마케팅을 담당했던 브룩 보언먼과 브라이아나 야마시타는 이 책의 제목을 뽑아주고, 마케팅에 쓸 자료들도 만들어줬다. 데비 인절은 이 책의 해외 출간을 맡아, 다른 나라들에서의 번역과 마케팅 문제들을 해결해줬다. 다른 나라들에서 내 책에 얼마나 관심을 가져줄지에 대해 우리는 많은 의견을 나눴다. 케이티 키머러는 책의 출간 과정 전반을 관리해줬다. 사실 저자들은 자신의 책이 나오기까지 얼마나 많은 과정을 거치는지 잘 모른다. 미카엘라 설리번은 표지디자인을 맡아, 정말로 훌륭한 작품을 만들어줬다. 그녀는 전부 시안을 3개 만들어줬고, 우리는 그 가운데 가장 마음에 드는 하나를 선택했다. 로즈메리 맥기니스는 편집 작업을 해줬다. 그녀의 꼼꼼한 작업이 있었기에 책의 완성도가 크게 높아졌다.

감사를 표하고 싶은 사람들

이 책은 내 주위 여러 사람들의 가르침과 그들이 들려준 이야기가 있었기에 나올 수 있었다. 내 동료 교수인 라이언 맥매너스는 전략, 혁신, 디지털화 등에 대해 많은 것들을 알려줬고, 그로부터 뭔가를 배우는 시간은 너무나도 유익했다. 우리는 지금 변곡점에 대한 대응을 중심으로 기업들의 경쟁우위를 만들어주는 방법을 함께 개발 중이다.

론 보이어는 유통분야 전문가인데, 거대 조직의 변화에 필요한 실질적인 활동들이 뭔지에 대해 값진 의견을 제시해줬다. 마이클 시코르스키와 트레이시 짐머맨을 비롯한 로봇&펜슬 임직원들은 전략과 혁신의 도구들을 설계하고 가동하는 일에 관해 많은 것들을 알려줬다. 그 밖에도 전략과 혁신에 관해 우리가 알지 못한 것들을 알려준 많은 전문가들과 협력자들이 있었다. 스트레터자이저의 앨리그잰더 오스터월더, 솔브넥스트의 마이크 번과 그레그 골, 인게이지/이노베이트의 크리스천 레인전, 아웃싱커의 케이핸 크리픈도프, 마크49의 린다 예이츠와 그녀의 팀원들, 이노사이트의 우리 팀원들, 모두에게 감사를 표하고자 한다.

나와 함께 토론하고 의견을 교환하며 새로운 통찰을 전해주는 내 동료들과 내가 활동하는 커뮤니티들에도 감사를 표하고자 한다. 실리콘길드의 일원으로 활동할 수 있어서 감사하다. 마셜 골드스미스와 그의 코치 그룹은 사람들의 자기계발과 성장에 많은 도움을 준다. 연례행사인 드러커포럼을 주관하는 리차드 스트로브는 경영학자들에게 활발한 토론의 장을 만들어주고 있다. 우리 부부는 비엔나에서 열리는 드러커 포럼에 매년 참석한다. 그리고 2년마다 한 번씩 열리는 싱커스50 행사에도 꼭 참석한다.

끝으로 잘 보이지 않는 먼 곳을 내다보고 변곡점의 출현을 일찍 파악해 새로운 경쟁우위를 만들어낼 수 있다는 개념을 정립할 수 있도록 직간접적으로 가르침과 도움을 준 다른 많은 분들께도 깊은 감사를 전하고자 한다.

주

한국의 독자들에게

1. https://www.cnbc.com/2019/12/04/coupang-harvard-dropout-bom-kim-built-koreas-most-valuable-start-up.html

들어가며

1. Andrew S. Grove, 《*Only the Paranoid Survive: How to Exploit the Crisis Points That Challenge Every Company and Career*》 (New York: Doubleday, 1996).

2. Rita Gunther McGrath and Ian C. MacMillan, 《*Discovery–Driven Growth: A Breakthrough Process to Reduce Risk and Seize Opportunity*》 (Boston: Harvard Business Review Press, 2009).

3. Joseph A. Schumpeter, 《*Capitalism, Socialism, and Democracy*》 (New York: Harper Perennial, 1942).

4. Paula Span, "Hearing Aids at the Mall? Perhaps Congress Could Make It Happen," 〈*New York Times*〉, June 12, 2017.

5. Kim Cavitt, "2016: Will It Be the Year of the Disruption? Gosh, I Hope So," Hearing HealthMatters.org, February 26, 2016, https://hearinghealthmatters.org /

hearinprivatepractice/2016/hearing–aid–industry–disruption–2016–gosh–i–hope–so/.

6. "The Hidden Risks of Hearing Loss," Johns Hopkins Medicine, n.d., https:// www .hopkinsmedicine .org/health /healthy aging /healthy body /the –hidden –risks –of – hearing –loss .

7. "Hear Better," Bose, 2019, https://www.bose.com/enus/products/wellness / conversation enhancing headphones /hearphones.html.

8. "FDA Allows Marketing of First Self–Fitting Hearing Aid Controlled by the User," FDA, press release, October 5, 2018, https://www.fda.gov/NewsEvents/Newsroom / PressAnnouncements/ucm622692.htm.

9. Morgan Housel, "When You Change the World and No One Notices," Collaborative Fund, September 3, 2016, http://www.collaborativefund.com/blog /when–you–change–the– world–and–no–one–notices/.

10. "Gartner Hype Cycle," Gartner, https://www.gartner.com/en/research /methodologies / gartner–hype–cycle.

11. William A. Sahlman and Howard Stevenson, "Capital Market Myopia," 〈*Journal of Business Venturing*〉 1 (1985):7–30.

12. Grove, 《*Only the Paranoid Survive*》.

13. Amazon in 1996: Michael H. Martin, "The Next Big Thing: A Bookstore?," 〈*Fortune*〉, December 9, 1996.

14. Clayton M. Christensen, 《*The Innovator's Dilemma: When New Technologies Cause Great Firms to Fail*》 (Boston: Harvard Business School Press, 1997).

01 눈은 가장자리에서부터 녹는다

1. Shona Ghosh, "'Christ, This Guy Has the Fate of European Democracy in His Hands,'" Business Insider Australia, May 24, 2018, https://www.businessinsider.com.au/mark– zuckerberg–facebook–power–democracy–2018–5.

2. Russell Brandom, "Google's Bad Day in Congress Came at the Worst Possible Time," The Verge, September 6, 2018, https://www.theverge.com/2018/9/6 /17827854 /google– congress–regulation–facebook–twitter–ftc–complaints .

3. Andrew S. Grove, 《*Only the Paranoid Survive: How to Exploit the Crisis Points That Challenge Every Company and Career*》 (New York: Doubleday, 1996).

4. "Privacy: An Interpretation of the Library Bill of Rights," American Library Association, amended July 1, 2014, http://www.ala.org/advocacy/intfreedom /librarybill/ interpretations/privacy.

5. Sarah Sluis, "Digital Ad Market Soars to $88Billion, Facebook and Google Contribute 90% of Growth," AdExchanger, May 10, 2018, https://adexchanger.com /online-advertising/digital-ad-market-soars-to-88-billion-facebook-and-google -contribute-90-of-growth/.

6. Steve Kroft, "The Data Brokers: Selling Your Personal Information," ⟨60 Minutes⟩, first aired March 9, 2014, CBS, https://www.cbsnews.com/news/the-data-brokers-selling-your-personal-information /.

7. Alessandro Acquisti, "Privacy and Market Failures: Three Reasons for Concern, and Three Reasons for Hope," ⟨Journal on Telecommunications and High Technology Law⟩ 10, no. 2(2012): 227–33, http://jthtl.org/content/articles/V10I2 /JTHTLv10i2 Acquisti. PDF.

8. Samantha Schmidt, "This Site Will Remove Your Mug Shot—for a Price, Authorities Say. Its Owners Are Charged with Extortion," Morning Mix (blog), ⟨Washington Post⟩, May 18, 2018, https://www.washingtonpost.com/news/morning-mix/wp/2018/05/18/this-site-will-remove-your-mug-shot-for-a-price-now-its -owners-are-charged-with-extortion/.

9. "Disable Third-Party Cookies in Firefox to Stop Some Types of Tracking by Advertisers," Mozilla Support, n.d., https://support.mozilla.org/en-US/kb/disable-third-party-cookies.

10. Jason Murdock, "Facebook Is Tracking You Online, Even If You Don't Have an Account," ⟨Newsweek⟩, April 17, 2018, https://www.newsweek.com/facebook-tracking-you-even-if-you-dont-have-account-888699.

11. David Nield, "Here's All the Data Collected from You as You Browse the Web," ⟨Field Guide⟩, Gizmodo, December 6, 2017, https://fieldguide.gizmodo.com/heres-all-the-data-collected-from-you-as-you-browse-the-1820779304.

12. Katherine Bindley, "Why Facebook Still Seems to Spy on You," ⟨Wall Street Journal⟩, February 28, 2019, https://www.wsj.com/articles/facebook-ads-will-follow-you-even-when-your-privacy-settings-are-dialed-up-11551362400?mod=hp_lead_pos7.

13. Sam Schechner and Marc Secada, "You Give Apps Sensitive Personal Information. Then

They Tell Facebook," ⟨*Wall Street Journal*⟩, February 22, 2019, https://www.wsj.com/articles/you–give–apps–sensitive–personal–information–then–they–tell–facebook–11550851636?mod=searchresults&page=1&pos=4&mod=article_ inline.

14. Gordon Whitson, "How to Stop Your Smart TV from Tracking What You Watch," ⟨*New York Times*⟩, July 26, 2018.

15. Sapna Maheshwari, "TVs That Find an Audience for Your Data," ⟨*New York Times*⟩, July 5, 2018.

16. Sarah Perez, "47.3 Million U.S. Adults Have Access to a Smart Speaker, Report Says," TechCrunch, March 7, 2018, https://techcrunch.com/2018/03/07/47–3–million–u–s–adults–have–access–to–a–smart–speaker–report–says/.

17. Corky Siemaszko, "Little Did She Know, Alexa Was Recording Every Word She Said," NBC News, May 24, 2018, https://www.nbcnews.com/tech/tech–news/little–did–she–know–alexa–was–recording–every–word–she–n877286.

18. Nicholas Carlson, "Well, These New Zuckerberg IMs Won't Help Facebook's Privacy Problems," Business Insider, May 13, 2010, https://www.businessinsider .com/well–these–new–zuckerberg–ims–wont–help–facebooks–privacy–problems–2010 –5.

19. Saul Hansell, "Site Previously for Students Will Be Opened to Others," ⟨*New York Times*⟩, September 12, 2006.

20. Adam Fisher, "Sex, Beer, and Coding: Inside Facebook's Wild Early Days," ⟨*Wired*⟩, July 10, 2010, https://www.wired.com/story/sex–beer–and–coding–inside –facebooks–wild–early–days/.See also Adam Fisher, Valley of Genius: The Uncensored History of Silicon Valley (New York: Twelve, 2018).

21. Rebecca Greenfield, "2012: The Year Facebook Finally Tried to Make Some Money," ⟨*Atlantic*⟩, December 14, 2012, https://www.theatlantic.com/technology/archive/2012/12/2012–year–facebook–finally–tried–make–some–money/320493/.

22. Natasha Lomas, "A Brief History of Facebook's Privacy Hostility Ahead of Zuckerberg's Testimony," Tech Crunch, April 10, 2018, https://techcrunch.com /2018/04/10/a–brief–history–of–facebooks–privacy–hostility–ahead–of–zuckerbergs–testimony/.

23. Julia Angwin and Terry Parris Jr., "Facebook Lets Advertisers Exclude Users by Race," ProPublica, October 28, 2016, https://www.propublica.org/article/facebook–lets–advertisers–exclude–users–by–race.

24. Rita Gunther McGrath, "The EU's $5 Billion Fine Is Bad News for Google—but It's Not About the Money," ⟨*Fortune*⟩, July 20, 2018, http://fortune.com/2018/07/20 /google-android-chrome-eu-fine-antitrust-laws/.

25. James F. Haggerty, "Commentary: How Facebook's Response Ignited the Cambridge Analytica Scandal," ⟨*Fortune*⟩, March 27, 2018, http://fortune.com/2018 /03/27 facebook-cambridge-analytica-data-scandal-crisis-investigation/.

26. Kevin Granville, "Facebook and Cambridge Analytica: What You Need to Know as Fallout Widens," ⟨*New York Times*⟩, March 19, 2018, https://www.nytimes.com /2018/03/19/ technology/facebook-cambridge-analytica-explained.html.

27. Lindsey Bever, "Why Apple Co-Founder Steve Wozniak Is Joining the #DeleteFacebook Movement," The Switch (newsletter), ⟨*Washington Post*⟩, April 9, 2018, https://www. washingtonpost.com/news/the-switch/wp/2018/04/09/why-apple-co-founder-steve-wozniak-is-joining-the-deletefacebook-movement/.

28. John Herrman, "What Happens When Face-book Goes the Way of Myspace?," ⟨*New York Times Magazine*⟩, December 12, 2018.

29. Ed Mazza, "Apple Co-founder Steve Wozniak Ditches Facebook After Data Scandal," HuffPost, April 9, 2018, https://www.huffingtonpost.com/entry/steve-wozniak-quits-facebook us _5acaf56ee4b09d0a119529bf.

30. Madison Malone Kircher, "Facebook Is at War and Mark Zuckerberg Is Its General," ⟨*Intelligencer*⟩, November 19, 2018, http://nymag.com/intelligencer/2018 /11/mark-zuckerberg-declared-facebook-at-war.html.

31. Olivia Solon, "George Soros: Facebook and Google a Menace to Society," ⟨*Guardian*⟩, January 26, 2018, https://www.theguardian.com/business/2018/jan/25 /george-soros-facebook-and-google-are-a-menace-to-society.

32. Tim Berners-Lee, "The World Wide Web: Past, Present and Future," August 1996, https://www.w3.org/People/Berners-Lee/1996/ppf.html.

33. Danah Boyd, "Will Facebook Learn from Its Mistake?," *Apophenia* (blog), September 7, 2006, http://www.zephoria.org/thoughts/archives/2006/09/07/will facebook l.html; Danah Boyd, "Facebook's 'Privacy Trainwreck': Exposure, Invasion, and Drama," *Apophenia* (blog), September 8, 2006, https://www.danah.org/papers / FacebookAndPrivacy.html.

34. Nick O'Neill, "7 Surefire Signs Your New Facebook Friend Is a Fake," ⟨*Adweek*⟩, March 3, 2011, https://www.adweek.com/digital/fake–facebook–friend/.

35. James Jacoby and Anya Bourg, "Facebook Insider Says Warnings About Data Safety Went Unheeded by Executives," ⟨*Frontline*⟩, first aired March 20, 2018, PBS, https://www.pbs.org/wgbh/frontline/article/facebook–insider–says–warnings–about–data–safety–went–unheeded–by–executives/.

36. James Vincent, "Former Facebook Exec Says Social Media Is Ripping Apart Society," The Verge, December 11, 2017, https://www.theverge.com/2017/12/11 /16761016 /former–facebook–exec–ripping–apart–society.

37. Nellie Bowles, "Early Facebook and Google Employees Form Coalition to Fight What They Built," ⟨*New York Times*⟩, February 5, 2018.

38. Antonio Garcia Martinez, ⟨*Chaos Monkeys: Obscene Fortune and Random Failure in Silicon Valley*⟩ (New York: HarperCollins, 2016).

39. Antonio Garcia–Martinez, "I'm an Ex–acebook Exec: Don't Believe What They Tell You About Ads," ⟨*Guardian*⟩, May 2, 2017, https://www.theguardian.com /technology/2017/may/02/facebook–executive–advertising–data–comment.

40. Brian Mastroianni, "Survey: More Americans Worried About Data Privacy Than Income," CBS News, January 28, 2016, https://www.cbsnews.com/news/truste–survey–more–americans–concerned–about–data–privacy–than–losing–income/.

41. Paul Mozur, Mark Scott, and Mike Isaac, "Facebook Is Navigating a Global Power Struggle," ⟨*New York Times*⟩, September 18, 2017.

42. Larry Elliott, "Is It Time to Break Up the Tech Giants Such as Facebook?," ⟨*Guardian*⟩, March 25, 2018, https://www.theguardian.com/business/2018/mar/25/is –it–time–to–break–up–the–tech–giants–such–as–facebook.

43. Sapna Maheshwari, "Senators Urge Investigation of Smart TV Industry, Citing Privacy Concerns," ⟨*New York Times*⟩, July 13, 2018.

44. Deepa Seetharaman, "Facebook Morale Takes a Tumble Along with Stock Price," ⟨*Wall Street Journal*⟩, November 14, 2018, https://www.wsj.com/articles /facebook–morale–takes–a–tumble–along–with–stock–price–1542200400.

45. Casey Newton, "Facebook's Morale Problem Is Getting Worse," The Verge, December 6, 2018, https://www.theverge.com/2018/12/6/18128267/facebook–morale–uk–

parliament–emails–privacy–competition.

46. Leo Sun, "Amazon Becomes a Major Contender in Digital Advertising: A Foolish Take," ⟨*USA Today*⟩, October 2, 2018, https://www.usatoday.com/story /money/ markets/2018/10/02/amazon-contender-digital-advertising-sales/37920325 /b.

47. Salvador Rodriguez, "Former Instagram CEO on Why He Quit Facebook: 'No One Ever Leaves a Job Because Everything's Awesome,' " CNBC, October 15, 2018, https://www. cnbc.com/2018/10/15/instagram-former-ceo-kevin-systrom-on-why –he–left– facebook.html.

48. Amy Webb, ⟨*The Signals Are Talking: Why Today's Fringe Is Tomorrow's Mainstream*⟩ (New York: PublicAffairs, 2016).

49. Sara Salinas, "Facebook's 'Family' Is Getting Smaller, as Several Executives Head for the Exits in a Turbulent Year," CNBC, September 3, 2018, https://www .cnbc. com/2018/09/01/all–the–facebook–executives–who–announced–departure–so –far– in–2018.html.

50. Nick Bilton, " 'Oh My God, What Have I Done': Some Early Facebook Employees Regret the Monster They Created," ⟨*Vanity Fair*⟩, October 12, 2017, https://www.vanityfair.com/ news/2017/10/early–facebook–employees–regret–the–monster–they–created.

51. Salvador Rodriguez, "Inside Facebook's 'Cult–Like' Workplace, Where Dissent Is Discouraged and Employees Pretend to Be Happy All the Time," CNBC, January 8, 2019, https://www.cnbc.com/2019/01/08/facebook–culture–cult–performance–review – process–blamed.html.

52. Aarti Shahani, "Mark Zuckerberg's Big Blind Spot and the Conflict Within Facebook," *All Tech Considered* (blog), NPR, October 31, 2017, https://www.npr .org/sections/allt echconsidered/2017/10/31/560667628/mark–zuckerbergs–big–blind –spot–and–the– conflict–within–facebook.

53. Jose Antonio Vargas, "The Face of Facebook," ⟨*The New Yorker*⟩, September 20, 2010, https://www.newyorker.com/magazine/2010/09/20/the-face-of-facebook.

54. Jen Chung, "After Porn & Masturbation Incidents, LinkNYC Removes Web Browsing from WiFi Kiosks," Gothamist, September 14, 2016, http://gothamist.com /2016/09/14/ free porno spigots cut off.php.

55. Stephen Denning, ⟨*The Age of Agile: How Smart Companies Are Transforming the Way*

Work Gets Done》 (New York: AMACOM, 2018).

56. Chris Zook and James Allen, "Reigniting Growth," 《*Harvard Business Review*》, March 2016.

57. Motley Fool Staff, "Home Depot Is Doing Everything Right," The Motley Fool May 23, 2017, https://www.fool.com/investing/2017/05/23/home-depot-is-doing-everything-right.aspx.

58. Peter Sims, 《*Little Bets: How Breakthrough Ideas Emerge from Small Discoveries*》, repr.ed. (New York: Simon & Schuster, 2013).

59. Mark Wilson, "Adobe's Kickbox: The Kit to Launch Your Next Big Idea," 《*Fast Company*》, February 9, 2015, https://www.fastcompany.com/3042128/adobes-kickbox-the-kit-to-launch-your-next-big-idea.

60. "Discover Kickbox," Adobe, n.d., https://kickbox.adobe.com/what-is-kickbox.

61. Noam Scheiber, "Steady Shifts for Workers Help Stores, Too," 《*New York Times*》, March 28, 2018.

62. John Bielenberg, Mike Burn, and Greg Galle, 《*Think Wrong: How to Conquer the Status Quo and Do Work That Matters*》 (San Francisco: Instigator Press, 2016).

63. Reza Moaiandin, "How Facebook Ignored Security Warnings for 3 Years," 《*CPO Magazine*》, April 20, 2018, https://www.cpomagazine.com/2018/04/20/how-facebook-ignored-security-warnings-for-3-years.

64. Claudia Geib, "Here's Why That Recent Abuse of Facebook Data Matters," Futurism, March 20, 2018, https://futurism.com/abuse-facebook-data-cambridge/.

65. Shahani, "Mark Zuckerberg's Big BlindSpot."

66. Dan Ackman, "Pay Madness at Enron," 《*Forbes*》, March 22, 2002, https://www.forbes.com/2002/03/22/0322enronpay.html#3cec42dd7a6d.

67. Bill Chapell, "Aereo's TV Streaming Service Is Illegal, Supreme Court Says," *The Two-Way* (blog), NPR, June 24, 2014, https://www.npr.org/sections/thetwo-way/2014/06/25/325488386/tech-firm-aereo-performs-an-illegal-service-supreme-court-says.

68. Jeff John Roberts, "Facebook Has Been Hit by Dozens of Data Lawsuits. And This Could Be Just the Beginning," 《*Fortune*》, April 30, 2018, http://fortune.com/2018/04/30/facebook-data-lawsuits/.

69. Zeynep Tufekci, "Mark Zuckerberg Is in Denial," 〈New York Times〉, November 15, 2016.

70. Karen Zraick, "Mark Zuckerberg Seeks to Clarify Remarks About Holocaust Deniers After Outcry," 〈New York Times〉, July 18, 2018.

71. John Markoff, "Social Networks Can Affect Voter Turnout, Study Says." 〈New York Times〉, September 13, 2012.

72. Dave Carpenter, "Rand McNally Adapts to New Age with Software, Gadgets," 〈Houston Chronicle〉, October 18, 2006, https://www.chron.com/busines/technology /article/ Rand–McNally–adapts–to–new–age–with–software–1511674.php.

73. See Scott D. Anthony, Clark G. Gilbert, and Mark W. Johnson, 《Dual Transformation: How to Reposition Today's Business While Creating the Future》 (Cambridge: Harvard Business Review Press, 2017).

74. "Hi, We're . . . Nice to Meet You," Mailchimp,n.d., https://mailchimp.com /did –you– mean/.

02 전략적 변곡점의 초기 신호

1.   Patrick Marren, email communication with author, February 28, 2019.

2.   Clifford Stoll, "Why the Web Won't Be Nirvana," 〈Newsweek〉, February 26, 1995, http:// www.newsweek.com /clifford–stoll–why–web–wont–be–nirvana–185306.

3.   Claire Cockburn and T. D. Wilson, "Business Use of the World–Wide Web," 〈Information Research〉 1, no. 2 (1995), http://www.informationr.net/ir/1–2/paper6 .html.

4.   Bill Gates, with Nathan Myhrvold and Peter Rinearson, 《The Road Ahead》 (New York: Viking, 1995).

5.   Stephen G. Blank, "Why Tim Cook Is Steve Ballmer and Why He Still Has His Job at Apple," blog post, October 24, 2016, https://steveblank.com/2016/10/24 /why–tim–cook– is–steve–ballmer–and–why–he–still–has–his–job–at–apple/.

6.   Sanjay Purohit, interview with author, December 14, 2018.

7.   See, for example, Mark Heymann, "Spotlight on Service: Integrating Workforce Management with Employee Engagement to Optimize Customer Satisfaction and Profitability," 〈Global Business and Organizational Excellence〉 34, no. 5 (2015): 6–12; Lisa Cain, Sarah Tanford, and Lenna Shulga, "Customers' Perceptions of Employee Engagement: Fortifying the Service–Profit Chain," 〈International Journal of Hospitality &

Tourism Administration⟩ 19, no. 1 (2018): 52–77; Ieva Martinaityte, Claudia Sacramento, and Samuel Aryee, "Delighting the Customer: Creativity–Oriented High–Performance Work Systems, Frontline Employee Creative Performance, and Customer Satisfaction," ⟨Journal of Management⟩ 45, no. 2 (2019): 728–51; and Dharmendra Mehta and Naveen K. Mehta, "Employee Engagement: A Literature Review," ⟨Economia: Seria Management⟩ 16, no. 2 (2013): 208–15.

8. Amy Edmondson, "Psychological Safety and Learning Behavior in Work Teams," ⟨Administrative Science Quarterly⟩ 44 (1999): 350–83; Peter Cauwelier, "Building High–Performance Teams Through Action Learning," ⟨Action Learning: Research and Practice⟩ 16, no. 1 (2019): 68–76.

9. Matt Weinberger, "Satya Nadella: 'Customer Love' Is a Better Sign of Success Than Revenue or Profit," Business Insider, October 7, 2015, http://www .businessinsider.com/ microsoft–ceo–satya–nadella–on–culture–2015–10.

10. Sam Harnett, "How Delivery Apps Are Changing the Restaurant Industry," Marketplace, November 19, 2018, https://www.marketplace.org/2018/11/19 /business/how–delivery–apps–are–changing–restaurant–industry.

11. P. Schoemaker and C. A. J. M. van der Heijden, "Integrating Scenarios into Strategic Planning at Royal Dutch/Shell," ⟨Planning Review⟩, May/June, 1992.

12. Andrew S. Grove, "Surviving a 10X Force," ⟨Strategy & Leadership⟩ 25, no. 1 (1997): 35–37.

13. Derek Alexander Muller, "This Will Revolutionize Education," YouTube, December 1, 2014, https://www.youtube.com/watch?v=GEmuEWjHr5c.

14. Paula J. Hane, "Fathom This: Academic and Cultural Institutions Partner to Create Interactive Knowledge Company," Information Today, April 10, 2000, http:// newsbreaks. infotoday.com/nbreader.asp?ArticleID=17822.

15. Karen Hua, "Education as Entertainment: YouTube Sensations Teaching the Future," ⟨Forbes⟩, June 23, 2015, https:// www.forbes.com/sites/karenhua/2015/06/23 /education–as–entertainment–youtube–sensations–teaching–the–future /#73ea596247c2.

16. "37 Percent of May 2016 Employment in Occupations Typically Requiring Postsecondary Education," US Department of Labor, Bureau of Labor Statistics, June 28, 2017, https://

www.bls.gov/opub/ted/2017/37–percent–of–may–2016 –employment–in–occupations–
typically–requiring–postsecondary–education.htm?view full.

17. Joseph B. Fuller and Manjari Raman, "Dismissed by Degrees: How Degree Inflation
Is Undermining U.S. Competitiveness and Hurting America's Middle Class" (report,
Accenture, Grads of Life, and Harvard Business School, October 2017), https://www.hbs.
edu/managing–the–future–of–work/Documents/dismissed–by –degrees.pdf.

18. Jeffrey J. Selingo, "Wanted: Factory Workers, Degree Required," ⟨New York Times⟩,
January 30, 2017.

19. Timothy McMahon, "College Tuition and Fees vs Overall Inflation," InflationData.com,
June 14, 2012, https://inflationdata.com/articles/charts/college –tuition–fees–inflation/.

20. Anthony Cilluffo, "5 Facts About Student Loans," Pew Research Center, August 24, 2017,
http://www.pewresearch.org/fact–tank/2017/08/24/5–facts–about–student –loans/.

21. Selingo, "Wanted: Factory Workers."

22. Dan Schawbel, "10 Workplace Trends You'll See in 2018," ⟨Forbes⟩, November 1, 2017,
https://www.forbes.com/sites/danschawbel/2017/11/01/10–workplace–trends–youll–
see–in–2018/#68a0ecc4bf22.

23. Cathy Sandeen, "The Emerging World of Alternative Credentials," Higher Education
Today (blog), American Council on Education, October 1, 2013, https:// www.
higheredtoday.org/2013/10/01/the–emerging–world–of–alternative–credentials/.

24. Mordy Golding, "What's Next in L&D: Experts Reveal Predictions for 2017," The Learning
Blog, LinkedIn, January 19, 2017, https://learning.linkedin.com/blog /learning–thought–
leadership/what_s–next–in–l –d––experts–reveal–predictions–for–2017.

25. Ainsley Harris, "Say Hello to the University of Microsoft," ⟨Fast Company⟩, June 17, 2015,
https://www.fastcompany.com/3046941/say–hello–to–the–university–of–microsoft.

26. John Holusha, "Steel Mini–Mills Could Bring Boon or Blood Bath," ⟨New York Times⟩,
May 30, 1995.

27. Clayton Christensen, Michael B. Horn, and Curtis Johnson, ⟪Disrupting Class: How
Disruptive Innovation Will Change the Way the World Learns⟫, exp. ed. (New York:
McGraw–Hill Education, 2016).

28. Michael M. Harmon, "Business Research and Chinese Patriotic Poetry: How Competition
for Status Distorts the Priority Between Research and Teaching in U.S. Business

Schools," ⟨*Academy of Management Learning & Education*⟩ 5, no. 2 (2006): 234–43.

29. Stephen Denning, "Why Business Schools Teach Yesterday's Expertise," ⟨*Forbes*⟩, May 27, 2018.

30. Scott Jaschik, "When Colleges Rely on Adjuncts, Where Does the Money Go?," Inside Higher Ed, January 5, 2017, https://www.insidehighered.com/news/2017/01 /05/study-looks-impact-adjunct-hiring-college-spending-patterns.

31. Jillian D'Onfro, "Jeff Bezos' Brilliant Advice for Anyone Running a Business," Business Insider, January 31, 2015, https://www.businessinsider.com/jeff-bezos -brilliant-advice-for-anyone-running-a-business 2015-1.

03 희미한 신호를 먼저 발견하는 법

1. Matthew S. Olson, Derek van Bever, and Seth Verry, "When Growth Stalls," ⟨*Harvard Business Review*⟩, March 2008.

2. Rita Gunther McGrath, 《*The End of Competitive Advantage: How to Keep Your Strategy Moving as Fast as Your Business*》 (Boston: Harvard Business Review Press, 2013).

3. Michael E. Porter, 《*Competitive Advantage: Creating and Sustaining Superior Performance*》 (New York: Free Press, 1985).

4. Tim Brown and Roger L. Martin, "Design for Action," ⟨*Harvard Business Review*⟩, September 2015.

5. Kaitlyn Tiffany, "The Absurd Quest to Make the 'Best' Razor," Vox, December 11, 2018, https://www.vox.com/the-goods/2018/12/11/18134456/best-razor-gillette -harrys-dollar-shave-club.

6. Adam Alter, 《*Irresistible: The Rise of Addictive Technology and the Business of Keeping Us Hooked*》 (New York, Penguin Press, 2017).

7. Alexei Agratchev, "New Metrics for a New Retail Industry," The Robin Report, May 2, 2016, https://www.therobinreport.com/new-metrics-for-a-new-retail-industry.

8. "The Teens Market in the U.S.,"Packaged Facts, June 1, 2007, https://www .packagedfacts.com/Teens-1493744/.

9. Ylan Q. Mui, "As the Kids Go Buy," ⟨*Washington Post*⟩, June 4, 2007.

10. Ryan Knutson and Theo Francis, "Basic Costs Squeeze Families," ⟨*Wall Street Journal*⟩, December 1, 2014.

11. Elizabeth A. Harris and Rachel Abrams, "More Plugged-In Than Preppy," 〈New York Times〉, August 28, 2014.

12. Vanessa Friedman, "Stepping Off the Runway," 〈New York Times〉, February 11, 2016.

13. Walter Loeb, "Zara Leads in Fast Fashion," 〈Forbes〉, March 30, 2015, https:// www. forbes.com/sites/walterloeb/2015/03/30/zara-leads-in-fast-fashion /#6b316b759447.

14. Lauren Thomas, "Amazon's Shoe Business Sees Double-Digit Growth, and the Year Is Only Halfway Over," CNBC, August 3, 2017, https://www.cnbc.com/2017 /08 /03/ amazons-shoe-business-sees-double-digit-growth-and-the-year-is only -halfway-over.html.

15. Nerijus Adomaitis, "Statoil to Become Equinor, Dropping 'Oil' to Attract Young Talent," Reuters, May 15, 2018, https://www.reuters.com/article/us-statoil-agm -equinor/ statoil-to-become-equinor-dropping-oi-to-attract-young-talent -idUSKCN1IG0MN.

04 고객에게 답이 있다

1. Stu Woo, "Under Fire, Netflix Rewinds DVD Plan," 〈Wall Street Journal〉, October 11, 2011.

2. Ashley Rodriguez, "Netflix Was Founded 20Years Ago Today Because Reed Hastings Was Late Returning a Video," Quartz, August 29, 2017, https://qz.com /1062888/netflix-was-founded-20-years-ago-today-because-reed-hastings-was-late-a-returning-video/.

3. Charlie Gaudet, "6 Strategies Netflix Can Teach Us for Dominating Our Market," Predictable Profits, n.d., https://predictableprofits.com/6-strategies-netflix-can -teach-us-dominating-market/.

4. Ashlee Kieler, "On This Day in 1984, the Supreme Court Saved the VCR from Certain Death," Consumerist, January 17, 2014, https://consumerist.com/2014/01 /17/on-this-day-in-1984-the-supreme-court-saved-the-vcr-from-certain-death/.

5. E. Scott Mayfield, "Netflix (2000)" (case study, Harvard Business School, September 2000; revised January 2016).

6. Rumble Press, "If Only Blockbuster Had Listened to Enron . . . : How Blockbuster Blew a Chance to Dominate Videoon-Demand," Medium, n.d., https:// medium.com/ⓐ rumblepress/if-only-blockbuster-had-listened-to-enron-4166752a78de.

7. Jason Del Ray, "This Is the Jeff Bezos Playbook for Preventing Amazon's Demise," Recode, April 12, 2017, https://www.recode.net/2017/4/12/15274220/jeff –bezos-amazon–shareholders–letter–day–2–disagree–and–commit.

8. "Blockbuster: Its Failure and Lessons to Digital Transformers," submission, Digital Initiative, Harvard Business School, February 2, 2017, https://digit.hbs.org /submission/ blockbuster–its–failure–and–lessons–to–digital–transformers/.

9. Michael Liedtke and Mae Anderson, "Blockbuster Tries to Rewrite Script in Bankruptcy," Boston.com, September 23, 2010, http://archive.boston.com/business/ articles/2010/09/23/blockbuster tries to rewrite script in bankruptcy/.

10. Ian MacMillan and Rita Gunther McGrath, "Discover Your Products' Hidden Potential," ⟨Harvard Business Review⟩, June 1996.

11. W. Sean Owen, "Why Netflix Can't Match Blockbuster's Competitive Advantage," Seeking Alpha, March 27, 2007, https://seekingalpha.com/article/30771–why–netflix-cant–match–blockbusters–competitive–advantage.

12. John Antioco, "Blockbuster's Former CEO on Sparring with an Activist Shareholder," ⟨Harvard Business Review⟩, April 2011.

13. Greg Satell, "A Look Back at Why Blockbuster Really Failed and Why It Didn't Have To," ⟨Forbes⟩, September 5, 2014, https://www.forbes.com/sites/gregsatell /2014/09/05/a–look–back–at–why–blockbuster–really–failed–and–why–it–didnt–have-to/#6f0d31ac1d64b.

14. "Netflix Offers Subscribers the Option of Instantly Watching Movies on Their PCs," Netflix, press release, January 16, 2007, https://media.netflix.com/en/press–releases/ netflix–offers–subscribers–the–option–of–instantly–watching–movies–on–their–pcs-migration–1.

15. Ryan Lawler, "Netflix: The Future Is Streaming," Gigaom, May 27, 2010, https://gigaom. com/2010/05/27/netflix–the–future–is–streaming/.

16. Rex Crum, "Netflix Facing a Fight Against Obsolescence," Market Watch, October 25, 2011, https://www.marketwatch.com/story/netflix–facing–a–fight–against-obsolescence–2011–10–25.

17. Nick Wingfield and Brian Stelter, "How Netflix Lost 800,000 Members, and Good Will," ⟨New York Times⟩, October 24, 2011, https://www.nytimes.com/2011/10/25/technology/

netflix–lost–800000–members–with–price–rise–and–split–plan.html.

18. Rebecca Greenfield, "Netflix Snaps Up DVD.com Domain," 〈*Atlantic*〉, March 30, 2012.

19. Rani Molla, "Netflix Now Has Nearly 118 Million Streaming Subscribers Globally," Recode, January 22, 2018, https://www.recode.net/2018/1/22/16920150 /netflix–q4–2017–earnings–subscribers.

20. Gerry Smith, "Who Killed the Great American Cable Bundle?," Bloomberg, August 8, 2018, https://www.bloomberg.com/news/features/2018–08–08/who–killed–the–great–american–cable–tv–bundle.

21. Sarah Perez, "Netflix Reaches 75% of US Streaming Service Viewers, but YouTube Is Catching Up," Tech Crunch, April 10, 2017, https://techcrunch.com /2017/04/10/netflix–reaches–75–of–u–s–streaming–service–viewers–but–youtube–is–catching–up/.

22. Alex Sherman, "Reed Hastings Won by Studying Amazon—Then Running in the Opposite Direction," CNBC, June 16, 2018, https://www.cnbc.com/2018/06/13 /netflix–reed–hastings–inspiration–amazon.html.

23. Wingfield and Stelter, "How Netflix Lost 800,000 Members."

24. Matthew Ball, "Netflix Isn't Being Reckless, It's Just Playing a Game No One Else Dares (Netflix Misunderstandings, Pt. 3)," Redef, July 8, 2018, https://redef .com/original /5b40 0a2779328f4711d5675e?curator=MediaREDEFb.

25. Kis Leswing, "Two Photos of Tiger Woods Taken 16 Years Apart Show How Much Smartphones Have Changed the World," Business Insider, August 11, 2018, https:// www.businessinsider.com/tiger–woods–photos–show–how–smartphones–changed–the–world–2018–8.

26. Lawrence Van Gelder, "Medallion Limits Stem from the 30's," 〈*New York Times*〉, May 11, 1996, https://www.nytimes.com/1996/05/11/nyregion/medallion–limits–stem–from–the–30–s.html.

27. Ameena Walker, "In NYC, 139 Prized Yellow Taxi Medallions Will Hit the Auction Block," Curbed New York, June 11, 2018, https://ny.curbed.com/2018/6 /11/17450366/nyc–taxi–medallions–bankruptcy–auction.

28. Megan McArdle, "Why You Can't Get a Taxi," 〈*Atlantic*〉, 2012.

29. Winnie Hu, "Uber, Surging Outside Manhattan, Tops Taxis in New York City," 〈*New York Times*〉, October 12, 2017, https://www.nytimes.com/2017/10/12/nyregion/uber–taxis–

new–york–city.html?module=inline.

30. Shona Ghosh, "Underpaying Drivers Is 'Essential' to Uber's Business Model, According to a New Study on Low Wages," Business Insider, March 7, 2018, https://www.businessinsider.in/Underpaying–drivers–is–essential–to–Ubers–business–model–according–to–a–new–study–on–low–wages/articleshow/63202511.cms.

31. Dan Primack, "Scooter Startup Bird Is Seeking a $2Billion Valuation," Axios, June 12, 2018, https://www.axios.com/scooter–startup–bird–is–seeking–a–2–billion –valuation–1528813078–11187061–2a49–440c–a2e6–65e74faad5ec.html.

32. Associated Press, "Amazon, Buffett, JPMorgan Chase Tackle US Health Care Tapeworm," Marketplace, January 30, 2018, https://www.marketplace.org/2018/01 /30/ health–care/amazon–buffett–jpmorgan–chase–tackle–us–health–care–tapeworm.

33. "Why Is Health Care So Expensive?," ⟨Consumer Reports⟩, September 2014.

34. "Pharmacy Benefit Managers (PBMs) 101," National Community Pharmacists Association, n.d., http://www.ncpa.co/pdf/leg/nov12/pbm one pager.pdf.

35. Charley Grant, "Hidden Profits in the Prescription Drug Supply Chain," ⟨Wall Street Journal⟩, February 24, 2018.

36. Adam J. Fein, "The Outlook for Pharmacy Benefit Management: Evolution or Disruption?" (handout, 2018 National Conference of the Pharmacy Benefit Management Institute, Palm Springs, CA, March 5, 2018), http://drugchannelsinstitute.com/files/ PBMI–PBM_Outlook–Drug_Channels–Fein–Mar2018–Handouts.pdf.

37. Neil Weinberg and Robert Langreth, "Drug Costs Too High? Fire the Middleman," Bloomberg, March 3, 2017, https://www.bloomberg.com/news/articles /2017–03–03/ drug–costs–too–high–fire–the–middleman.

38. Jared S. Hopkins, "Drug–Price Plan Echoes a Regulatory Remnant of Financial Crisis," Bloomberg, May 17, 2018, https://www.bloomberg.com/news/articles/2018–05–17/ drug–price–plan–echoes–a–regulatory–remnant–of–financial–crisis.

39. Briana Montalvo, "Many Overpay for Prescriptions When Co–pays Are Higher Than Drug Prices: Study," ABC News, March 15, 2018, https://abcnews.go.com /Health/overpay–prescriptions–pays–higher–drug–prices–study/story?id=53767651.

40. Michael Hiltzik, "The 'Clawback': Another Hidden Scam Driving Up Your Prescription Prices," ⟨Los Angeles Times⟩, August 9, 2017, http://www.latimes.com /business/

hiltzik/la–fi–hiltzik–clawback–drugs–20170809–story.html.

41. Jacklyn Wille, "Prescription Drug Clawbacks Under Fire from Lawmakers, Lawyers," Bloomberg, March 23, 2018, https://www.bna.com/prescription–drug–clawbacks–n57982090234/.

42. Todd N. Bisping, "Caterpillar Breaks New Ground Managing the Prescription Drug Supply Chain," 〈American Journal of Pharmacy Benefits〉 2, no. 2 (2010): 103–5.

43. Eileen Koutnik–Fotopoulos, "Coalition Fights for Total Transparency," 〈Pharmacy Times〉, February 1, 2006.

44. John Carroll, "Having Mined Gold in Pharmacy Deal, Caterpillar Sets Sights on Gold–Standard Therapies," 〈Biotechnology Healthcare〉 6, no. 2 (2009): 49–50.

45. Staff Report, "Bulldozing Pharmacy Benefit Managers, Caterpillar Engineers Drug Cost Savings," 〈Workforce〉, December 1, 2009, http://www.workforce.com /2009/12/01/ bulldozing–pharmacy–benefit–managers–caterpillar–engineers–drug–cost–savings/.

46. "Amazon Is Likely to Succeed at Healthcare and Have Lasting, Disruptive Impact: Five Scenarios Show How It Will Enter and Prevail," Cision PR Newswire, March 26, 2018, https://www.prnewswire.com/news–releases/amazon–is–likely–to–succeed–at–healthcare–and–have–lasting–disruptive–impact–five–scenarios–show–how–it–will–enter–and–prevail–300619075.html.

05 상황에 따라 계획을 수정하기

1. "Jeff Bezos: People Who Are Right a Lot Listen a Lot," Conversation Agent, n.d., https://www.conversationagent.com/2016/11 /jpeople–who–are–right–a–lot–listen–a–lot.html.

2. Rita Gunther McGrath and Ian C. MacMillan, 《Discovery–Driven Growth: A Breakthrough Process to Reduce Risk and Seize Opportunity》 (Boston: Harvard Business Review Press, 2009).

3. Paul Saffo, "Six Rules for Effective Forecasting," 〈Harvard Business Review〉, July–August 2007.

4. Peter Sims, 《Little Bets: How Breakthrough Ideas Emerge from Small Discoveries》, repr. ed. (New York: Simon & Schuster, 2013).

5. McGrath and MacMillan, 《Discovery–Driven Growth》

6. Nassim Nicholas Taleb, 《Antifragile: Things That Gain from Disorder》 (New York:

Random House, 2012).

7. Pierre Leroy and Ryan P. McManus, "Value Creation and Corporate Survival in the Digital Revolution," Venture Lab, July 12, 2016, http://theventurelab.blogspot .com/2016/07/ value–creation–and–corporate–survival.html;Ryan P. McManus, "Understanding the Past, Present, and Future of the Digital Revolution," *BoardTalk* (blog), NACD, September 26, 2017, https://blog.nacdonline.org/posts/digital–past –present–future.

8. Douglas Galbi, "U.S. Annual Advertising Spending Since 1919," Galbi Think!, September 14, 2008, https://www.galbithink.org/ad–spending.htm.

9. Thomas Bagshaw, "The Evolution of Google AdWords—A $38 Billion Advertising Platform," *WordStream* (blog), April 3, 2015, https://www.wordstream.com/blog/ws /2012/06/05/evolution-of-adwords.

10. Elisa Gabbert, "How Does the AdWords Auction Work? [Infographic]," *WordStream* (blog), July 27, 2018, https://www.wordstream.com/blog/ws/2011/11 /16/how–adwords– works.

11. John E. Lincoln, "How Does Pay–Per–Click Work?," Ignite Visibility, 2019, https:// ignitevisibility.com/how–does–ppc–work/.

12. Suzanne Vranica and Jack Marshall, "Plummeting Newspaper Ad Revenue Sparks New Wave of Changes," ⟨*Wall Street Journal*⟩, October 20, 2016, https://www .wsj. com/articles/plummeting–newspaper–ad–revenue–sparks–new–wave–of–changes –1476955801.

13. Barry M. Staw, "Knee–Deep in the Big Muddy—A Study of Escalating Commitment to a Chosen Course of Action," ⟨*Organizational Behavior and Human Performance*⟩ 16, no. 1(1976): 27.

14. "BBC Was 'Complacent' over Failed £100m IT Project," BBC News, April 10, 2014, https://www.bbc.com/news/entertainment–arts–26963723.

15. Peter Brightwell, "Standardising Media Delivery in a File–Based World" (research white paper, no. WHP 158, BBC, December 2007), http://downloads.bbc .co.uk/rd/pubs/whp/ whp–pdf–files/WHP158.pdf.

16. Robert N. Charette, "BBC Blows £98 Million on Digital Media Initiative," ⟨*IEEE Spectrum*⟩, May 30, 2013, https://spectrum.ieee.org/riskfactor/computing/it/bbc– blows–984m–on–digital–media–initiative–project.

17. "Siemens Selects Cinegy for BBC's Digital Media Initiative," TV Technology, April 23, 2008, https://www.tvtechnology.com/opinions/siemens-selects-cinegy-for -bbcs-digital-media-initiative.

18. House of Commons, Committee of Public Accounts, "The BBC's Management of Its Digital Media Initiative," Twenty-Ninth Report of Session 2010-11 (London: Stationery Office, April 7, 2011), https://publications.parliament.uk/pa/cm201011/cmselect/cmpubacc/808/808.pdf.

19. Elizabeth Daniel and John Ward, "BBC's DMI Project Failure Is a Warning to All Organisations," ⟨Computer Weekly⟩, June 2013, https://www.computerweekly.com / opinion/BBCs-DMI-project-failure-is-a-warning-to-all-organisations.

20. "design and development work": House of Commons, Committee of Public Accounts, "The BBC's Management of Its Digital Media Initiative."

21. Dominic Coles, "The BBC Announces the Closure of the Digital Media Initiative — DMI," About the BBC (blog), May 24, 2013, http://www.bbc.co.uk/blogs /aboutthebbc/entries/1b3fa3ed-9775-32e7-a68c-9a8272d7c23c.

22. Becky Ham, "Scientists Must Adapt to 'Inflection Point' in Cancer Research, Says Biden," American Association for the Advancement of Science, February 18, 2018, https://www.aaas.org/news/scientists-must-adapt-inflection-point-cancer -research-says-biden.

23. Nicholas Carlson, "After Selling a Startup to Google for $81 Million, 26-Year-Old Nat Turner Now Wants to Solve Healthcare," Business Insider, June 5, 2012, https://www.businessinsider.com/after-selling-a-startup-to-google-for-81 -million-26-year-old-nat-turner-now-wants-to-solve-healthcare-2012-6.

24. Sarah Buhr, "Swiss Pharma Company Roche Is Buying Flatiron Health for $1.9 Billion," Tech Crunch, February 15, 2018, https://techcrunch.com/2018/02/15 /swiss-pharma-company-roche-is-buying-flatiron-health-for-1-9-billion/.

25. "How Invite Media's Founder Is Making Sure Success 'Wasn't a Fluke,' " ⟨Financial Post⟩, February 8, 2012, https://business.financialpost.com /entrepreneur/fp-startups/how-invite-medias-founder-is-making-sure-success -wasnt-a-fluke.

26. Ibid.

27. "Nat Turner: Young, Entrepreneurial and Google-Owned," interview with Knowledge@ Wharton High School, February 5, 2011, http://kwhs.wharton.upenn .edu/2011/02/nat-

turner–young–entrepreneurial–and–google–owned/.

28. Mary Woods, "Nat Turner Disrupts the Health Care Industry," YPO, February 2017, https://www.ypo.org/2017/02/entrepreneur–nat–turner–shakes–up–the–health –care–industry/.

29. Richard Feloni and Daniel Richards, "The 32–Year–Old Who Sold His First Company for $80 Million and a Second for $2 Billion Talks About Writing to Richard Branson, How He's a Terrible Employee, and Why He Never Intends to Build Companies to Sell Them," Business Insider, March 12, 2018, https://www .businessinsider.com/nat–turner–flatiron–health–interview–2018–3.

30. Ibid.

31. Ibid.

32. Woods, "Nat Turner Disrupts the Health Care Industry."

33. Jennifer Bresnick, "FDA: Real–World Data, Machine Learning Critical for Clinical Trials," HealthIT Analytics.com, January 31, 2019, https://healthitanalytics.com/news/fda–real–world –data–machine–learning–critical–for–clinical–trials.

34. "Pivotal Study Validates Real–World Mortality Endpoint for Oncology Research," Flatiron, press release, May 14, 2018, https://flatiron.com/press/press–release /validates–real–world–mortality–endpoint/.

35. C. H. Bartlett, J. Mardekian, M. Cotter, et al., "Abstract P3–17–03: Concordance of Real World Progression Free Survival (PFS) on Endocrine Therapy as First Line Treatment for Metastatic Breast Cancer Using Electronic Health Record with Proper Quality Control Versus Conventional PFS from a Phase 3 Trial," in 2017 ⟨San Antonio Breast Cancer Symposium⟩, supplement, ⟨Cancer Research⟩ 78, no. 4 (2018), http://cancerres.aacrjournals.org/content/78/4 Supplement/P3–17–03.

36. David Shaywitz, "The Deeply Human Core of Roche's $2.1 Billion Tech Acquisition—and Why It Made It," ⟨Forbes⟩, February 18, 2018, https://www.forbes .com/sites/davidshaywitz/2018/02/18/the–deeply–human–core–of–roches–2–1b–tech –acquisition–and–why–they–did–it/#6395534029c2.

37. Jake Cook, "Steve Blank: Lessons from 35 Years of Making Startups Fail Less," 99U, November 29, 2012, http://99u.com/articles/7256/steve–blank–lessons–from –35–years–of–making–startups–fail–less.

38. Carol Seagle and Lisa Jones Christensen, "Case Study: Procter & Gamble's Pur," 〈*Financial Times*〉, March 2, 2011, https://www.ft.com/content/1415f250-44fe-11e0-80e7-00144feab49a.

39. Yuting Su, "Octobo—a Toy That Can Actually Respond to Feedback from Children and Truly Engage Them in Genuine Interactive Play," OpenIDEO, February 14, 2018, https://challenges.openideo.com/challenge/ecprize/submission/octobo.

40. "Meet the Entrepreneur Revolutionizing Toys by Blending Physical and Digital Play," Comcast NBCUniversal LIFT Labs for Entrepreneurs, August 27, 2018, https://lift.comcast.com/2018/08/meet-the-entrepreneur-revolutionizing-toys-by-blending-physical-and-digital-play/.

06 조직문화부터 바꿔야 한다

1. Adam Lashinsky, "What Makes Amazon CEO Jeff Bezos Such a Visionary Leader," 〈*Fortune*〉, April 14, 2017, http://fortune.com/2017/04/14/data-sheet-be-like-jeff-bezos/.

2. Gokce Sargut and Rita Gunther McGrath, "Learning to Live with Complexity," 〈*Harvard Business Review*〉, September 2011.

3. Dean Takahashi, "The Rise and Fall of Microsoft's Xbox Champions, Robbie Bach and J Allard," VentureBeat, May 25, 2010, https://venturebeat.com/2010/05 /25/microsofts-longtime-entertainment-executives-robbi-bach-and-j-allard-resign/.

4. Steve Lohr, "Microsoft Says Internet Browser Idea Arose Long Before Netscape," 〈*New York Times*〉, August 6, 1998, https://www.nytimes.com/1998/08/06/business/microsoft-says-internet-browser-idea-arose-long-befor-netscape.html.

5. Ibid.

6. Ibid.

7. "405 Million Mobile Phones Sold in 2000, and Makers Still Get Stung," 〈*Los Angeles Times*〉, January 10, 2001, http://articles.latimes.com/2001/jan/10/business /fi-10497.

8. Jason Duane Hahn, "The History of the Sidekick: The Coolest Smartphone of All Time," 〈*Complex*〉, September 11, 2015, https://www.complex.com/pop-culture /2015/09/history-of-the-side kick.

9. Chris DeSalvo, "The Future That Everyone For-got-Some of the Work We Did at

Danger," Medium, January 5, 2014, https://medium.com/@chrisdesalvo/the–future–that–everyone–forgot–d823af31f7c.

10. Donna Kardos, "Microsoft to Acquire Danger, Maker of Sidekick Technology," ⟨*Wall Street Journal*⟩, February 11, 2008, https://www.wsj.com/articles/SB120274323781658967.

11. Ibid.

12. Joshua Topolsky, "What Killed the Kin?," Engadget, June 30, 2010, https://www.engadget.com/2010/06/30/what–killed–the–kin/.

13. Jay Yarrow, "Meet Andy Lees, the Man in Charge of Saving Microsoft," ⟨*Forbes*⟩, May 26, 2010, https://www.forbes.com/sites/velocity/2010/05/26/meet–andy–lees–the–man–in–charge–of–saving–microsoft–read/#2e85454878c8.

14. Chris Ziegler, "Life and Death of Microsoft Kin: The Inside Story," Engadget, July 2, 2010, https://www.engadget.com/2010/07/02/life–and–death–of–microsoft–kin–the–inside–story/.

15. Ibid.

16. Ibid.

17. Preston Gralla, "Microsoft's Ballmer Loses Big Bonus over Kin, Phone, Tablet Failures," ⟨*Computerworld*⟩, October 1, 2010, https://www.computerworld.com /article/2469355/mobile–apps/microsoft–s–ballmer–loses–big–bonus–over–kin––phone––tablet–failures.html.

18. Ziegler, "Life and Death of Microsoft Kin."

19. Derek Thompson, "Why Steve Ballmer Failed," ⟨*Atlantic*⟩, August 23, 2013, https://www.theatlantic.com/business/archive/2013/08/why–steve–ballmer–failed /278986/.

20. "Ballmer Laughs at iPhone," YouTube, September 18, 2007, https:// www .youtube .com /watch?v=eywi0h_Y5_U.

21. Derek Thompson, "Why Steve Ballmer Failed."

22. Nicholas Thompson, "Why Steve Ballmer Failed," ⟨*The New Yorker*⟩, August 23, 2013, https://www.newyorker.com/business/currency/why–steve–ballmer–failed.

23. Charles Cooper, "Satya Nadella Promises Customers a 'People–Centric IT,' " CNET, February 4, 2014, https://www.cnet.com/news/satya-nadella-promises –customers–a–people–centric–it.

24. Matt Weinberger, "Satya Nadella: 'Customer Love' Is a Better Sign of Success Than Revenue or Profit," Business Insider, October 7, 2015, http://www .businessinsider.com/ microsoft–ceo–satya–nadella–on–culture–2015–10.

25. Frederick Winslow Taylor, 《The Principles of Scientific Management》 (New York: Harper & Brothers, 1911).

26. Sarah O'Connor, "When Your Boss Is an Algorithm," 《Financial Times》, September 8, 2016, https://www.ft.com/content/88fdc58e–754f–11e6–b60a –de4532d5ea35.

27. Rita Gunther McGrath, 《The End of Competitive Advantage: How to Keep Your Strategy Moving as Fast as Your Business》 (Boston: Harvard Business Review Press, 2013).

28. Simon London, "Microsoft's Next Act," podcast, April 2018, 《McKinsey Quarterly》, https://www.mckinsey.com/industries/high–tech/our–insights/microsofts –next–act.

29. Andrew Nusca, "The Man Who Is Transforming Microsoft," 《Fortune》, November 11, 2016, http://fortune.com/satya–nadella–microsoft–ceo.

30. Satya Nadella, Greg Shaw, and Jill Tracie Nichols, 《Hit Refresh: The Quest to Rediscover Microsoft's Soul and Imagine a Better Future for Everyone》 (New York: HarperCollins, 2017).

31. Carol Dweck, 《Mindset: The New Psychology of Success》 (New York: Random House, 2007).

32. Harry McCracken, "Satya Nadella Rewrites Microsoft's Code," 《Fast Company》, September 18, 2017, https://www.fastcompany.com/40457458/satya–nadella– rewrites–microsofts–code

33. Nusca, "The Man Who Is Transforming Microsoft."

34. Adam Bryant, "Satya Nadella, Chief of Microsoft, on His New Role," 《New York Times》, February 20, 2014, https://www.nytimes.com/2014/02/21/business/satya–nadella– chief-of-microsoft-on-his-new-role.html.

35. Gregg Keizer, "Microsoft's Enterprise Phone Strategy Flops as Revenue Evaporates," 《Computerworld》, May 1, 2017, https://www.computerworld.com /article/3193644/ microsofts–enterprise–phone–strategy–flops–as–revenue–evaporates .html.

36. Bryant, "Satya Nadella."

37. McCracken, "Satya Nadella Rewrites Microsoft's Code," https://www .fastcompany. com/40457458/satya–nadella–rewrites–microsofts–code.

38. Ibid.

39. Ibid.

40. Ibid.

41. Nick Wingfield, "A $7 Billion Charge at Microsoft Leads to Its Largest Loss Ever," 〈New York Times〉, July 21, 2015, https://www.nytimes.com/2015/07/22 /technology/ microsoft-earnings-q4.html.

42. Liam Tung, "Ballmer: I May Have Called Linux a Cancer but Now I Love It," ZDNet, March 11, 2016, https://www.zdnet.com/article/ballmer-i-may-have-called -linux-a-cancer- but-now-i-love-it/.

43. McCracken, "Satya Nadella Rewrites Microsoft's Code."

44. McGrath, 《The End of Competitive Advantage》.

07 혁신에도 학습과 노력이 필요하다

1. Peter Drucker, 《Innovation and Entrepreneurship》 (New York: Harper & Row, 1985).

2. OECD Steel Committee, "Presentation for the Council Working Party on Shipbuilding," July 9, 2009, https://www.oecd.org/sti/ind/43312347.pdf.

3. "Klöckner & Co SE," Boersengefluester, July 8, 2013, https://boersengefluester.de/ newarticle/?newsId=13529.

4. World Economic Forum, "Fostering Innovation-Driven Entrepreneurship: A Global Perspective" (private session, Dalian, China, September 11, 2013), http:// www3. weforum.org/docs/AMNC13/WEFAMNC13 FosteringInnovationDrivenEntrepreneurship SessionSummary.pdf.

5. Sangeet Paul Choudary, "The Billion Dollar Startup Disruption," Medium, May 30, 2013, https://medium.com/@sanguit/the-billion-dollar-startup-disruption-67d82e91281f.

6. Gisbert Rühl, "From Steel Distributor to Digital Industry Platform," YouTube, December 10, 2015, https://www .youtube.com/watch?v=RJrKjxsze0s.

7. "It Will Revolutionize the Entire Industry," Vodafone Institute, n.d., https://www .vodafone-institut.de/event/will-revolutionize-entire-industry.

8. Gisbert Rühl, "Disrupting the Steel Industry Through Platforms," SlidesLive, May 8, 2018, https://slideslive.com/38907723/disrupting-the-steel-industry-through - platforms.

9. Gisbert Rühl, "We Want to Revolutionise the Industry," interview by Hansjorg Honegger, Swisscom, October 16, 2017, https://www.swisscom.ch/en/business/enterprise/themen/digital–business /digitalisierung–im–stahlhandel.html.

10. Eric Ries, 《The Lean Startup: How Today's Entrepreneurs Use Continuous Innovation to Create Radically Successful Businesses》 (New York: Crown Business, 2011).

11. Alex Moazed, "Why GE Digital Failed," 《Inc》., January 8, 2018, https://www.inc .com/alex–moazed/why–ge digital–didnt–make–it–big.html.

12. Klöckner & Co., "Annual General Meeting 2017" (presentation, Dusseldorf, May 12, 2017), https://www.kloeckner.com/dam/kco/files/en/investors/annua–general–meeting/2017/Kloeckner Co presentation AGM2017.pdf.

13. Klöckner & Co., "Leading the Digital Transformation of Metal Distribution" (presentation, December 2017), https://www.kloeckner-i.com/wp–content/uploads/2017/12/Kloeckner Co Digitalization December–2017.pdf.

14. Rühl, "We Want to Revolutionise the Industry."

15. Martin Wocher, "A Metal Marketplace," 《Handelsblatt Today》, July 11, 2017, https://global .handelsblatt.com/companies/a–metal–marketplace–795869.

16. Scott D. Anthony, Clark G. Gilbert, and Mark W. Johnson, 《Dual Transformation: How to Reposition Today's Business While Creating the Future》 (Cambridge: Harvard Business Review Press, 2017).

17. Steve Blank and Bob Dorf, 《The Startup Owner's Manual: The Step–by–Step Guide for Building a Great Company》 (Pescadero, CA: K & S Ranch, 2012).

18. Alexander Osterwalder and Yves Pigneur, 《Business Model Generation》 (Hoboken, NJ: John Wiley & Sons, 2010).

19. Zenas Block and Ian C. MacMillan, 《Corporate Venturing: Creating New Businesses Within the Firm》 (Boston: Harvard Business School Press, 1993).

20. Scott D. Anthony, 《The Little Black Book of Innovation: How It Works, How to Do It》 (Boston: Harvard Business Review Press, 2011); Clayton M. Christensen, Scott D. Anthony, and Erik A. Roth, 《Seeing What's Next: Using the Theories of Innovation to Predict Industry Change》 (Boston: Harvard Business School Press, 2004); Clayton Christensen, David S. Duncan, and Taddy Hall, 《Competing Against Luck: The Story of Innovation and Customer Choice》 (New York: Harper Business, 2016).

21. Cindy Alvarez, 《*Lean Customer Development: Build Products Your Customers Will Buy*》, The Lean Series, ed. Eric Ries(Sebastopol, CA: O'Reilly Media, 2014).

22. Curtis Carlson, interview with author, January 10, 2019.

23. Rita Gunther McGrath and Ian C. MacMillan, 《*The Entrepreneurial Mindset: Strategies for Continuously Creating Opportunity in an Age of Uncertainty*》 (Boston: Harvard Business School Press, 2000). Rita Gunther McGrath, Alexander B. van Putten, and Ron Pierantozzi, "Does Wall Street Buy Your Growth Story? For How Long?," 〈*Strategy & Leadership*〉 46, no. 2 (2108): 3–10.

24. Rita Gunther McGrath and Ian C. Mac-Millan, 《*Discovery-Driven Growth: A Breakthrough Process to Reduce Risk and Seize Opportunity*》 (Boston: Harvard Business Review Press, 2009).

25. Nancy Tennant Snyder, 《*Unleashing Innovation: How Whirlpool Transformed an Industry*》, ed. D. L. Duarte (San Francisco: Jossey-Bass, 2008).

26. McGrath and MacMillan, 《*Discovery-Driven Growth*》.

27. Meg Godlewski, "How Skunk Works Got Its Name," 〈*General Aviation News*〉, November 4, 2005, https://generalaviationnews.com/2005/11/04/how-skunk-works-got-its-name.

28. Tracy Kidder, 《*The Soul of a New Machine*》 (Thorndike, ME: Thorndike Press, 1981).

29. Steve Blank, "Why Corporate Skunk Works Need to Die," 〈*Forbes*〉, November 10, 2014, https://www.forbes.com/sites/steveblank/2014/11/10/why-corporate-skunk-works-need-to-die/#498e6ea83792.

30. Steven G. Blank, 《*The Four Steps to the Epiphany: Successful Strategies for Products That Win*》 (Foster City, CA: Cafepress.com, 2006).

31. William Lazonick, "Profits Without Prosperity," 〈*Harvard Business Review*〉, September 2014.

08 변곡점 앞에 선 리더가 해야 할 일

1. Thomas Kolditz, email communication with author, December 29, 2018.

2. Sally Helgesen, 《*The Female Advantage: Women's Ways of Leadership*》, 1st ed. (New York: Doubleday, 1990); Henry Mintzberg, 《*The Nature of Managerial Work*》 (New York: Harper & Row, 1973).

3. Helgesen, 《*The Female Advantage*》.

4. Gail Goodman, "Founders Can't Scale: Gail Goodman at TEDxBeaconStreet," YouTube, December 6, 2013, https://www.youtube.com/watch?v=0NzBgfyRbho. Unless otherwise noted, all the quotes from Goodman in this section are from this talk or from Gail Goodman, "How to Negotiate the Long, Slow, SaaS Ramp of Death" (address, Business of Software USA 2012), blog post by Mark T. Littlewood, February 26, 2013, https://businessofsoftware.org/2013/02/gail–goodman–constant–contact–how–to–negotiate–the–long–slow–saas–ramp–of–death/.

5. Gail Goodman, interview with author, September 13, 2018.

6. Ibid.

7. Patrick Lencioni, 《*The Advantage*》 (San Francisco: Jossey–Bass, 2012).

8. Ibid.

9. L. J. Bourgeois and David R. Brodwin, "Strategic Implementation: Five Approaches to an Elusive Phenomenon," 〈*Strategic Management Journal*〉 5, no. 3 (1984): 241–64.

10. "Everything We Do Starts by Blending the Sciences with the Humanities, the Robots with the Pencils," Robots & Pencils, n.d., http://www.robotsandpencils.com /#expertise.

11. Ibid.

12. Ibid.

13. Andrew Ross Sorkin, "World's Biggest Investor Tells C.E.O.s Purpose Is the 'Animating Force' for Profits," 〈*New York Times*〉, January 27, 2019, https://www.nytimes.com/2019/01/17/business/dealbook/blackrock–larry–fink–letter.html.

14. Steve Denning, "Resisting the Lure of Short–Termism: Kill 'the World's Dumbest Idea,'" 〈*Forbes*〉, January 8, 2017, https://www.forbes.com/sites /stevedenning/2017/01/08/resisting–the–lure–of–short–termism–how–to–achieve–long–term growth/#6e5f03931ca0.

15. Martin Wolf, "The Long and Painful Journey to World Disorder," 〈*Financial Times*〉, January 5, 2017, https://www.ft.com/content/ef13e61a–ccec–11e6–b8ce–b9c03770f8b1.

16. William Lazonick, "Profits Without Prosperity," 〈*Harvard Business Review*〉, September 2014.

17. "BlackRock Investment Stewardship's Approach to Engagement on Human Capital

Management," BlackRock, March 2018, https://www.blackrock.com /corporate/ literature/publication/blk–commentary–engagement–on–human–capital–march2018. pdf.

18. Andrew S. Grove, "Navigating Strategic Inflection Points," ⟨Business Strategy Review⟩ 8, no. 3 (1997): 11–18.

19. See, for example, Ram Charan, "Conquering a Culture of Indecision," ⟨Harvard Business Review⟩, April 2001; Don Sull, ⟨The Upside of Turbulence: Seizing Opportunity in an Uncertain World⟩ (New York: Harper Business, 2009); and Nassim Nicholas Taleb, Antifragile Things That Gain from Disorder (New York: Random House, 2012).

20. Taleb, ⟨Antifragile Things⟩.

21. Stanley McChrystal, with Tantum Collins, David Silverman, and Chris Fussell, ⟨Team of Teams: New Rules of Engagement for a Complex World⟩ (New York: Portfolio/Penguin, 2015).

22. Adam Pisoni, "What Startups Can Learn from General McChrystal About Combining Strategy and Execution," First Round Review, n.d., http://firstround .com/review/what–startups–can–learn–from–general–mcchrystal–about–combining–strategy–and–execution/.

23. Columbia Entrepreneurship, "⟨@sgblank, @rgmcgrath, & @HarperCollins on Corp Innovation: Refactoring the Crazies," YouTube, January 23, 2017, https://www.youtube. com/watch?v=i2bvNB5GeQ&feature=youtu.be.

24. Bryce G. Hoffman, ⟨American Icon: Alan Mulally and the Fight to Save Ford Motor Company⟩ (New York: Crown, 2012).

25. Dinah Eng, "How Maxine Clark Built Build-A-Bear," ⟨Fortune⟩, March 16, 2012, http:// archive.fortune.com/2012/03/16/smallbusiness/build–bear–maxine–clark.fortune/ index.htm.

26. Veneta Rizvic, "Life in Balance: Sharon Price John Solves Work Challenges by Running," ⟨St. Louis Business Journal⟩, October 26, 2018, https://www.bizjournals.com/stlouis/ news/2018/10/26/life–in–balance–sharon–price–john–solves–work.html.

27. Phil Rosenzweig, ⟨The Halo Effect . . . and the Eight Other Business Delusions That Deceive Managers⟩ (New York: Free Press, 2007); Annie Duke, ⟨Thinking in Bets: Making Smarter Decisions When You Don't Have All the Facts⟩ (New York: Portfolio/

Penguin, 2018).

28. Ben Horowitz, 《*The Hard Thing About Hard Things: Building a Business When There Are No Easy Answers*》 (New York: Harper Business, 2014).

29. Thomas Kolditz, 《*In Extremis Leadership: Leading as Though Your Life Depended on It*》 (New York: John Wiley and Sons, 2007).

30. Jena McGregor, "The Extreme Leadership That Got the Thai Soccer Boys out of the Cave Alive," 《*Washington Post*》, July 10, 2018, https://www.washingtonpost.com/news/on-leadership /wp/2018/07/10/the-extreme-leadership-that-got-the-thai-soccer-boys-out-of-the-cave/?utm_term=.930a16f8d991.

31. Kolditz, 《*In Extremis Leadership*》.

32. Justin Bariso, "Microsoft's CEO Sent an Extraordinary Email to Employees After They Committed an Epic Fail," 《*Inc*》., February 23, 2017, https://www.inc.com/justin-bariso/microsofts-ceo-sent-an-extraordinary-email-to-employees-after-they-committed-an-.html.

33. Kolditz, email communication with author.

09 인생에서 변곡점을 만났을 때

1. Eric C. Sinoway, 《*Howard's Gift: Uncommon Wisdom to Inspire Your Life's Work*》 (New York: St. Martin's Press, 2012).

2. "Our Story," Parliament, n.d., https://www.parliamentinc.com/conspire/.

3. "Guaranteeing Measurable Results in Leadership Development on a Global Scale," Marshal Goldsmith Stakeholder Centered Coaching, n.d., https:// sccoaching.com/.

4. David Gelles, "Living as an Example of 'Leading by Example,' " 《*New York Times*》, January 6, 2019.

5. Reid Hoffman, Ben Casnocha, and Chris Yeh, "Tours of Duty," 《*Harvard Business Review*》, June 2013.

6. David Egan, "Here Is What It Takes to Become a CEO, According to 12,000 LinkedIn Profiles," *Talent Blog*, Linked In, https://business.linkedin.com/talent-solutions/blog/trends-and-research/2018/what-12000-ceos-have-in-common.

7. Neil Irwin, "A Winding Path to the Top," 《*New York Times*》, September 10, 2016.

8. Ryan McManus, interview with author, December 6, 2018. All the quotes from McManus

in this section are from this interview.

9. Paula Davis-Laack, "I Used Design Thinking to Reinvent My Career: Here's Why It Worked," 〈*Fast Company*〉, October 16, 2017, https://www.fastcompany.com /40481175/ i-used-design-thinking-to-reinvent-my-career-heres-why-it-worked.

10. Harry McCracken, "How Microsoft's Satya Nadella Became a Netflix Insider," 〈*Fast Company*〉, September 18, 2017, https://www.fastcompany.com/40469252/how-microsofts-satya-nadella-became-a-netflix-insider.

11. Clayton Christensen, "How Will You Measure Your Life?," TedxBoston, 2012, https:// tedxboston.org/speaker/christensen-1.

12. Drake Baer, "Clayton Christensen's Personal Quest to Help You Measure Your Life," 〈*Fast Company*〉, May 18, 2012, https://www.fastcompany.com/1837732/clayton christensens-personal-quest-help-you-measure-your-life.

13. Matthew Brodsky, "Alum 'AMP'ed' to Support Education," 〈*Wharton Magazine*〉, October 6, 2015, http://whartonmagazine.com/blogs/alum-amped-to-support-education/#sthash.fWUNKSXY.dpbs.

감사의 글

1. Morgan Housel, "When You Change the World and No One Notices," Collaborative Fund, September 3, 2016, http://www.collaborativefund.com/blog /when-you-change-the-world-and-no-one-notices/.

모든 것이 달라지는 순간

1판 1쇄 발행 2021년 4월 21일
1판 5쇄 발행 2021년 9월 17일

지은이 리타 맥그래스
옮긴이 김원호
펴낸이 고병욱

책임편집 윤현주 **기획편집** 장지연 유나경
마케팅 이일권 김윤성 김도연 김재욱 이애주 오정민
디자인 공희 진미나 백은주 **외서기획** 이슬
제작 김기창 **관리** 주동은 조재언 **총무** 문준기 노재경 송민진

펴낸곳 청림출판(주)
등록 제1989-000026호

본사 06048 서울시 강남구 도산대로 38길 11 청림출판(주) (논현동 63)
제2사옥 10881 경기도 파주시 회동길 173 청림아트스페이스 (문발동 518-6)
전화 02-546-4341 **팩스** 02-546-8053
홈페이지 www.chungrim.com
이메일 cr1@chungrim.com
블로그 blog.naver.com/chungrimpub
페이스북 www.facebook.com/chungrimpub

ISBN 978-89-352-1348-1 03320